中国国家博物馆馆藏文献研究系列丛书

稀见方志

吕章申　主编

北京时代华文书局

中国国家博物馆馆藏文献研究系列丛书 ——稀见方志

总　序

吕章申

中国国家博物馆馆长

　　中国国家博物馆是中华文化的祠堂和祖庙，这里收藏着各类文物藏品 140 多万件，其中古籍和近现代珍本文献是重要的组成部分。它们不仅是珍贵的历史遗存和研究资料，也是中国国家博物馆一百多年来收藏历史的见证。

　　早在 1912 年 7 月 9 日，国立历史博物馆筹备处在北京国子监建立，它所接收的第一批藏品，就是国子监旧藏礼器和藏书。1921 年，当时的北洋政府又将清内阁大库档案拨交国立历史博物馆。这些古籍文献大多在抗战前随文物南迁运至南京，后几经辗转，或存至台湾，或在中华人民共和国成立后移交北京图书馆（今国家图书馆）。1950 年 3 月，中央革命博物馆筹备处成立，开始向社会公开征集革命文物。1953 年 1 至 6 月，筹备处集中整理三年来征集的文物与图书，其中 3000 余册图书报刊成为以后中国革命博物馆的重要文献收藏。20 世纪 80 年代前后，中国革命博物馆接收了董必武的藏书和黎锦熙的藏书，中国历史博物馆接收了韩寿萱的藏书和唐兰的藏书，这四大捐赠成为馆藏文献中的特藏部分。现在，中国国家博物馆所藏文献主要源自两馆旧藏，部分采自古旧书店、个人捐赠和机构拨交。

　　在大量的珍贵文献藏品中，中国国家博物馆收藏有近千部古籍善本，其中不乏珍稀之本。例如被列入国家古籍珍本名录的元明刻递修本《十三经注疏》，全国仅存三部，我馆藏本中的一些补版及刻工与其他两部并不完全一致，通过比勘异同，可以了解宋元时期汇刻十三经的过程及其成因。馆藏《资治通鉴纲目》历代各种刻本，还有朝鲜活字本，其收集之齐全，为研究《资治通鉴纲目》的版本源流创造了条件。馆藏清代内府写本，如原藏于圆明园的《四库全书》文源阁本，国内仅存两册，我馆收藏有一册《南巡盛典》；清大红绫本《实录》，我馆藏有十一册，为内阁大库旧藏。馆藏历代方志中，有一些是国内稀见之本。如清代首部新疆地方志《钦定皇舆西域图志》的清内府写本、顾祖禹《舆图要览》的清初抄本、洪守一《瓯乘补遗》的道光四年（1824）稿本、吴汝纶《深州志·河渠志》的光绪间抄本，均属新发现的方志文献。馆藏《江津县乡土志》等十余种清代末年编辑的乡土志，传世数量也较少。一些古籍经过名家收藏并留下大量题跋和批校，如明初刻本《纂图互注荀子》卷中有翁同龢跋，清康熙抄本《资治通鉴补正》卷前有徐渭仁题记和李兆洛校记，清抄本《大唐开元占》卷前有康有为长篇题跋，都体现了题校者对所藏文献的认识。尤其是严复评点的《春秋左绣》《三国志》《日知录》《昌黎先生集》《渔洋山人精华录笺注》《渔洋山人古诗选》《惜抱轩今体诗选》等七种古籍，均未被已出版的《严复集》和《严复全集》收录，对于全面认识严复学术思想具有重要意义。馆藏清代和民国时期的未刊稿本则是了解晚清历史细节的重要资料。如两册《曾幕文牍》，是由曾国藩的幕僚草拟的信稿汇编，共计251通信，每通信稿上都有曾国藩亲笔批改，其中169通信未见刊载于2011年岳麓书社出版的《曾国藩全集》。两册《翠薇山馆日记》为任广平知府、大名知府、天津道和保定知府的长启于清咸丰末年至同治初年所写，记述了他在《北京条约》签订后前往天津办理洋务的具体活动；一册《寄影轩幽居录》为其子志润于光绪十二年（1886）所写，记述了其四婶（瑾妃、珍妃之母）分家的过程。

中国国家博物馆收藏的近现代文献典籍中有大量的书、报、刊等出版物。它们主要是按照近现代史的脉络入藏，政治性出版物居多，解放区出版物居多，与中国共产党党史有关的文献居多，有不少是在近现代史上极为珍贵的版本。如咸丰三年（1853）由基督教伦敦布道会在香港出版的刊物《遐迩贯珍》，是鸦片战争后在香港出版的第一份中文新闻性综合刊物，也是最早使用铅字印刷的中文刊物，共出版33期32册，目前国内只有我馆存有《遐迩贯珍》原件6期6册。再如1916年8月创刊于北京，1928年6月停刊的《晨报》，其出版时间从五四运动前到中国共产党成立后，跨越这一中国近现代史上重要转折时期。我馆收藏有完整的《晨报》，20世纪80年代，人民出版社出版的全45册《晨报》影印本就是以我馆的收藏为底本影印的。另外，我馆还藏有不少各解放区刊印的剧本、话本、鼓词等文学作品。当时解放区经济困难，发行量很少，这些革命战争年代保存下来的出版物可以说弥足珍贵。

中国国家博物馆在其百余年的发展过程中，曾得到全国各行各业的支持，馆藏文献中有很多来自于各方面人士的捐赠。例如在董必武捐赠文献中，发现有晚清重臣升允的两册诗稿，所录诗稿与日本昭和十年（1935）铅印本《东海吟》所载并不相重。又如1949年，贺孔才先生将其家传文物5371件捐赠给当时的北京历史博物馆，在这批文物中，有其祖父贺涛的《贺松坡先生手书文稿》二册，经与徐世昌编刻的《贺先生文集》相较，发现篇目内容间有不同。

目前，中国国家博物馆各类文献集中收藏在藏品保管一部、藏品保管二部和图书馆。根据全国第一次可移动文物普查的统计，图书馆藏有这类珍贵文献共计24万余册，在馆藏文献中占有重要的地位，前面所列举的珍贵文献，绝大部分出自图书馆。

中国国家博物馆图书馆是由原中国历史博物馆图书馆和中国革命博物馆图书资料室合并组建而成的。早在20世纪50年代，当时的北京历史博物馆（中国历史博物馆的前身）和中央革命博物馆筹备处（中国革命博物馆的前身）就分别设立了资料室，负责书刊文献的征集和保管。中国历史博物馆图书资料室原来隶属于保管部，1984年9月成为独立的业务部门并改称图书馆。中国革命博物馆图书资料室则长期隶属于陈列部，直到1983年6月正式成为一个部门。

2003 年 2 月，中国国家博物馆在中国历史博物馆和中国革命博物馆基础上重新组建，确立了"人才立馆、藏品立馆、学术立馆、服务立馆"的办馆方针，图书馆也从以往的资料室模式向专业图书馆方向转变。尤其是 2011 年 3 月国家博物馆新馆对外正式开放后，图书馆在功能、定位等方面进行了适应时代需求、与国家博物馆地位相匹配的调整。一是调整藏书结构，不再一味求全求大，而是侧重于与博物馆业务相关的书刊建设；二是开拓服务渠道，不再限于馆藏书刊的借阅，而是根据博物馆展陈和科研的需求，最大限度地提供专业文献的查询和检索；三是开展学术研究，图书馆不能只满足于日常书刊的采编和流通，更不能只做库房管理，不进行藏品研究，图书馆为展陈和科研提供的服务应该是有质量、高水平的知识服务；四是进行专业化队伍建设，相继招聘了图书馆学、历史学、文献学等专业的毕业生，具有博士、硕士学位的人员比例逐年提高，为馆藏文献研究提供了人才保障。中国国家博物馆图书馆也由此进入到一个全新的发展时期，兼有收藏、服务、研究三大功能，全部藏书超过 80 万册，成为文博界最专业、最具格调的图书馆，得到业内人士的高度称誉。

"文物承载灿烂文明，传承历史文化，维系民族精神，是老祖宗留给我们的宝贵遗产。"我们只有对文物进行深入研究，才能准确揭示其内涵和价值，"让收藏在禁宫里的文物、陈列在广阔大地上的遗产、书写在古籍里的文字都活起来"。为此，我馆启动了"中国国家博物馆馆藏文献研究系列丛书"。这套丛书由专题组成，主要涉及图书馆的珍贵文献，兼及藏品保管一部和藏品保管二部重要的同类收藏。对于这些文献，我馆图书馆同仁以往进行了卓有成效的整理和研究，先后校点了《新编凤双飞》《韩湘子全传》《吴虞日记》，编辑出版了《二十六种影印革命期刊索引》《中国历史博物馆古籍善本书目》《中国历史博物馆藏普通古籍目录》，承担了《中国国家博物馆馆藏文物研究丛书·古籍善本卷》和《中国国家博物馆馆藏近现代文物研究丛书·近现代典籍卷》的研究出版工作。而"中国国家博物馆馆藏文献研究系列丛书"则是在通过对图书馆为重点的馆藏各类文献进行一次更加全面梳理的基础上，筛选出一批具有独特史料价值的古籍和近现代文献，从多角度展开专题研究，进一步推动我馆的学术研究水平，更好地服务于社会。这是博物馆工作者肩负的神圣使命，也是我们努力前进的方向。

前　言

林　璜

　　中国修志传统源远流长，对方志的研究历来为学者所重视。近年来，对稀见方志的整理和研究在方志学领域尤受关注。国内外各大收藏机构纷纷整理研究所藏的稀见方志，《稀见中国地方志汇刊》《著名图书馆藏稀见方志丛刊》《故宫博物院藏稀见方志丛刊》《中国科学院文献情报中心藏稀见方志丛刊》等一系列研究丛刊陆续出版。中国国家博物馆作为中华文物收藏最为丰富的博物馆之一，方志类藏书亦相当丰富。整理馆藏稀见方志并加以深入研究，推动中国方志学、文献学、历史学的发展，当是应有之义和必行之举。

　　第一次全国可移动文物普查的数据显示，国家博物馆藏方志类古籍1400多种近15000册，民国方志及各类地图文献1200多种近10000册。方志在馆藏文献中所占比重甚大，非其他专科可比。在方志文献中，有孤本、稿抄本、名家批校本、内府写本、活字刻印本等藏品，世所稀见，价值极高。因此，通过对馆藏稀见方志的研究，可以比较集中地反映国家博物馆所藏文献的文物价值和学术价值。

　　本次稀见方志的选择标准，是通过将馆藏方志文献与《中国古籍善本总目》《中国地方志联合目录》等古籍书目及各大图书馆文献数据库相比对，选出国内收藏量在三种或三种以下的典籍图书，最终择选出二十九种珍稀方志。所选稀见方志，大致可分为府县志、山水志、乡土志和专志四个类别。府县志源于汉代，是传统方志中数量最多的一种，我馆藏稀见府县志计十二种，分别为：正德《嘉善志》、嘉靖《承天大志》、万历《临汾县志》、顺治《蔚州志》、康熙《当阳县志》、康熙《沅州志》、道光《瓯乘补遗》、光绪《深州疆域志》、光绪《深州志·河渠志》、嘉庆《洛川县志》黎锦熙批点本、民国《通县概况一览》、民国《密云概况》。另外，乾隆《钦定皇舆西域图志》虽为省志，但仅有一种，亦附此类之后。山水志，一般包括山志、水志、山水合志等，编撰历史悠久，可追溯至先秦，本次研究精选出《华岳全集》《阴那山志》《玉皇山志》《八华山志》四种。乡土志，特指晚清至民国间编修的具有教育功能的乡土志书或乡土教材，多为抄本。本次研究选出《新兴县乡土志》《连平州乡土志》《江津县乡土志》《茌平县训蒙地理志》四种。专志涵盖最为庞杂，以往常被方志研究者忽视。本次选出《潭柘山岫云寺志》《浦南通州桥志》《陕甘纪行》《石狮桥志》《余姚兰塘乡千金湖浚垦志略》《玉芝园志》《中江第一桥志》《北海公园统计汇览》等八种。其中《陕甘纪行》名为游记，但考其内容多为陕甘一带风土地理人文，实仍为方志，且为稿本，因此收入本书。而《余姚兰塘乡千金湖浚垦志略》从其内容看大体是浚垦千金湖的史料汇编，不是传统的方志，但涉及到余姚千金湖的地貌湖图及浚垦历史，是了解千金湖历史地理的重要史料，颇为罕见，故也收入此次研究之中。

我们为所选二十九种稀见方志分别撰写提要并精选配图。提要内容首先介绍每部方志的基本版本版式，然后述其撰修历史，考证纂修者的生平事迹，分析方志的内容体例，最后讨论方志涉及地方的历史地理情况，并对学界关注的热点问题进行解析。每条提要后配有三到十三张图像，包括每部典籍的原装封面、书首叶、卷首叶以及能反映该部方志特色的内容。

在提要的基础上，我们还针对馆藏方志中值得研究的部分，结合其他史料，撰写了五篇学术论文，置于提要之前。

囿于时间和编纂者学识所限，我们对本次收录方志所进行的研究难免有不尽如人意之处，希望研究者不吝指正，以待日后进一步扩展和完善。

目　录

山水志

乡土志

专 志

简述中国国家博物馆藏明刻本方志

李　靖

摘要：中国国家博物馆藏明代方志四十三种，本文选择了其中的十种，着重从作者、内容及版本状况等方面，进行简单介绍。这十种方志虽不是最稀见者，但其内容大致涵盖了明代方志的各个品类，体现了明代修志的基本特点，是一批极具史料价值的文献。

关键词：中国国家博物馆藏　明代　地方志

中国国家博物馆藏明代方志古籍四十三种，其中十五种为明代刻本和抄本，另二十八种为清刻本。十五种明刻明抄本方志中既有总志、州府县志，也有边关志和山川名胜志，大致涵盖了明代方志的各种品类。总志有万历刻本《大明一统志》、万历刻本《广舆记》两部；州府县志有嘉靖刻本《浙江通志》、正德刻本《姑苏志》、正德刻本《嘉善县志》、万历刻本《临汾县志》等四部；边关志有嘉靖刻本《皇明九边考》和明彩绘本《甘镇总图》两部；山川名胜志包括嘉靖刻本《古今游名山记》、崇祯刻本《武夷山志》、明末大顺政权刻本《华岳全集》、万历刻本《西湖游览志》、《西湖志类钞》和嘉靖刻本《承天大志》、崇祯刻本《帝京景物略》等七部。其中版本较为稀见的正德刻本《嘉善县志》、嘉靖刻本《承天大志》、万历刻本《临汾县志》、大顺政权刻本《华岳全集》四种方志本书将在提要部分进行介绍，明彩绘本《甘镇总图》在《中国国家博物馆馆藏文物研究丛刊·古籍善本卷》中已有考述，此处不再赘述，本文仅就另外十种明刻方志的作者、内容和版本状况进行介绍。

一、总志

总志即全国区域志，《大明一统志》和《广舆记》在明代编纂的总志中极具代表性，《大明一统志》是流传最广的官修总志，《广舆记》则是一部私人撰写的全国区域志，虽流传不广、影响有限，但也代表了明代私撰方志的水平。

1.《大明一统志》（图一）

《大明一统志》九十卷，明代李贤等纂修。明万历万寿堂刻清初剜改重印本。框高21.1厘米，宽14.3厘米。半叶十行，行二十二字，小字双行同。四周单边，白口，单黑鱼尾。版心上记"一统志"，中记卷次、叶次，下记"万寿堂刊"。

李贤[1]，字原德。明代邓州（今河南邓州市）人。宣德八年（1433）中进士，正统十年（1445）后，任考功郎中、文选郎中。景泰二年（1451）上正本十策，被代宗视为座右铭，升兵部右侍郎，转户部侍郎，次年迁吏部右侍郎。天顺元年（1457），英宗复辟后，迁李贤为翰林学士，入内阁，升吏

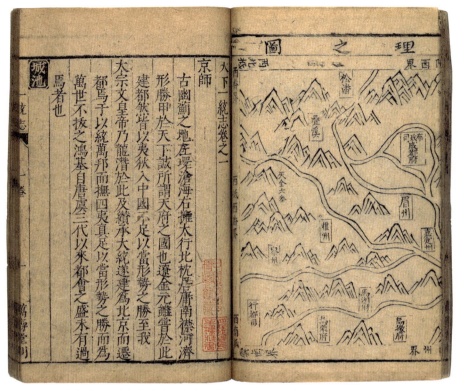

图一：万历《大明一统志》九十卷，李贤等纂修，明万历万寿堂刻清初剜改重印本。首卷首叶题名处"天下"二字应为"大明"所改。

部尚书。天顺五年（1461）加太子太保。成化元年（1465）宪宗即位，进为少保、华盖殿大学士、知经筵事。成化二年（1466）病故，赠特进光禄大夫、左柱国太史，谥文达。著有《鉴古录》《体验录》《看书录》等书。

《大明一统志》始修于英宗天顺二年（1458），五年成书，由吏部尚书兼翰林院学士李贤主修。依《元一统志》例，以天顺时十三布政使司分区，各府、州、县分记建置沿革、郡名、形胜、风俗、山川、土产、公署、学校、书院、公示、关梁、寺观、祠庙、陵墓、古迹、人物、流寓、列女、仙释等门类。书末附"外夷"，记叙四域诸国。此书成书后广为流传，仅在明代就先后六次刊行，即天顺五年

本，弘治十八年（1505）本，嘉靖三十八年（1559）归仁堂本，万历十六年（1588）重修本及万历万寿堂本，此六种版本皆有传世。

国家博物馆藏有两部《大明一统志》，均为清代剜改明万历万寿堂版重印本。行款与嘉靖归仁堂本一致，然版心较小，版片不整齐。清代剜改本版心处原有"大明"二字被挖去，只余"一统志"。其中一部卷首英宗所作"御制天下一统志序"，其"天下"二字应为"大明"所改；另一部御制序为后来手写补配。此志是唯一流传较广的明代总志，在编纂体例和内容上，都对当时的方志纂修颇具影响，为后代提供了相当丰富的史料。

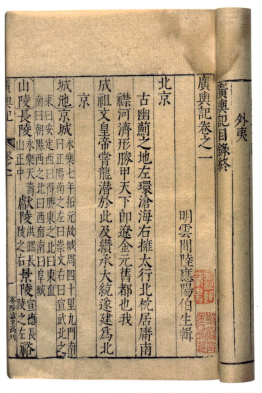

图二：万历《广舆记》二十四卷，陆应阳辑，明万历刻本。首卷首叶。

2.《广舆记》（图二）

《广舆记》二十四卷，明代陆应阳辑，万历刻本。框高21.1厘米，宽14.5厘米。半叶十行，行十九字，小字双行同。左右双边，白口，单黑鱼尾。版心记书名、卷次、叶次。

陆应阳，字伯生，号古塘，青浦县（今上海青浦区）人，有学者据陆氏所题款识考订陆应阳生于嘉靖二十一年（1542），卒于天启六年（1627）。据记载，陆因事牵连，被开除县学生资格，此后绝意仕途，以诗文交游四海。"海内缙绅衿弁，闻伯生名，争倒屣敬席，引为上客，以故燕赵齐鲁河洛之间，足迹殆遍。"[2] 著有《燕草集》《江行稿》《武夷稿》等。

此志卷前有申时行万历庚子（1600）序、冯时可序。卷目依次为：北直隶、南直隶、山西、山东、河南、陕西、浙江、江西、湖广、四川、福建、广东、广西、云南、贵州、九边、外夷。目下以府、州、县分记，再下记建置沿革、形势、山川、土产、关梁、寺庙、陵墓、古迹、名宦、人物等。申时行序中提到"乃搜访遗编，访咨掌故，手自裒辑，为《广舆记》。而大参黄君承玄寔给笔札，资廪饩，以赞其成。既成，为二十四卷。大都取裁《一统志》，而参以历代史官、列省郡乘，删繁就简，举大遗细，而于名宦人物，尤多所考证，间有附益，盖十易寒暑，三易草而后成"。可见此志亦是参考《大明一统志》等书辑录而成。王重民先生也考证此书，指出书中所记人物"止于宋，稍及元人之最知名者，绝不及明"[3]。

国家博物馆所藏《广舆记》卷首钤有"宜秋馆藏"白文方印、"敬胜堂孟氏珍藏"朱文方印、"孟氏珍藏"朱文方印、"子孙永保"白文方印。"宜秋馆"为民国藏书家李之鼎的藏书室名。

二、府州县志

明清以来，朝廷每大举编修总志时，都要求地方先行修志，以备汇纂，这样就促进了各府、州、县志的编纂。明代于此尤为严格，永乐时两次颁定修志条例，对方志编修的门类体例提出具体要求。国家博物馆所藏按行政区划编修的明代方志不多，但通志、府志、县志均有，现就馆藏两部地方政府所纂方志作一简述。

1.《浙江通志》（图三）

《浙江通志》七十二卷，明代胡宗宪修，薛

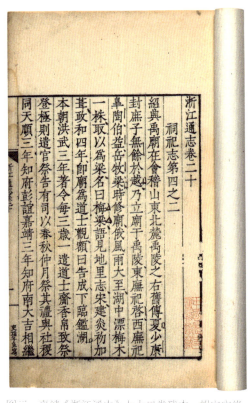

图三：嘉靖《浙江通志》七十二卷残本，胡宗宪修，薛应旂纂，明嘉靖四十年（1561）刻本。卷二十首叶。

应旂纂，嘉靖四十年（1561）刻本。本馆藏三册，分别为十九卷、二十卷、二十一卷。框高19.7厘米，宽13.7厘米。半叶十行，行二十字，小字双行同。四周单边，白口，单黑鱼尾，书口上记书名、卷次，下记叶次，最下方多见刻工名。

胡宗宪[4]，字汝贞，号梅林，徽州绩溪人（今属安徽）。明嘉靖十七年（1538）进士，历知益都、余姚二县，擢御史。嘉靖三十三年（1554）任浙江巡按御史，主持东南抗倭事宜，功劳卓著，嘉靖三十五年（1556）任浙江巡抚。但因其政治上善权谋，又结交严嵩父子，后被逮捕入狱，自尽于狱中。终其一生，功过参半，是一位颇具争议的人物。《浙

江通志》是其任巡抚期间主持修订。薛应旂，明武进（今属江苏）人，字仲常，号方山。嘉靖进士，由慈溪知累迁南京考功郎中，主京察，忤严嵩，谪建昌通判，历浙江提学副使。精通科学文字，与王鏊、唐顺之、瞿景淳齐名。曾受教于王守仁，主"良知"说，晚年研究宋代理学。著有《宋元资治通鉴》《甲子会记》《四书人物考》等。[5]据《浙江通志》序文所记，他参与纂修嘉靖本《浙江通志》应在其离职浙江提学副使之后。

嘉靖《浙江通志》是浙江省最早的省志，于嘉靖四十年刊行。卷首有徐阶序、例义，全浙地理图，全书分为地理志、建置志、贡赋志、祠祀志、官师志、人物志、选举志、艺文志、经武志、都会志、杂志等十一志，志下分细目。例义中记述"两浙地理方域称谓沿革，古今相湮或失其故，今据图乘稽见闻，以求名实不爽。其府州县次第悉尊《大明一统志》先后书之。山川取其望者，其丘泽、水利、古迹以及陵墓桥梁率附见焉。若于地势要害、时事得失无所系者，咸在秘略也。"应为其志下细目的依据。

国家博物馆藏该志第十九卷"祠祀志第四之一"、第二十卷"祠祀志第四之二"及第二十一卷"官师志第五之一"，共三卷。刊刻精良，书口下方多见刻工名，如"吏孙子良写、吏郭智写、何昇、王成、郭智、何器、俞庭"等[6]，皆为江浙一带刻工。

2.《姑苏志》

《姑苏志》六十卷，明代王鏊等撰，嘉靖四十年刻本。本馆藏一册，存第十七、十八两卷。框高22.1厘米，宽16.1厘米。半叶十行，行二十字，小字双行同。左右双边，白口，单黑鱼尾，书口

上记本板字数，中记书名卷次、叶次，最下方多见刻工名。

王鏊，字济之，吴县（今江苏苏州）人。据《明史》本传记载，"成化十年乡试，明年会试，俱第一。庭试第三，授编修。弘治初，迁侍讲学士，充讲官。"正德元年（1506），"进户部尚书，文渊阁大学士。明年，加少傅兼太子太傅"。后因与权贵相左，自请去官。其博学多才、著述颇丰，除《姑苏志》外，还著有《史余》《震泽集》《震泽长语》《震泽纪闻》等。

《姑苏志》为明代苏州的一部府志，卷前有王鏊重修姑苏志序，其后有历代旧序三篇，分别是赵汝谈吴郡志序、宋濂苏州府志序及刘昌姑苏郡邑志序。其后为沿革、守令、科第三表。该志分为沿革、分野等三十一门，其中人物门中又分十三子目。卷后有杜启后序一篇。

关于《姑苏志》的纂修过程，《四库全书总目提要》曾提到"苏州自宋范成大、明卢熊二志后，纂辑久缺。弘治中，吴宽尝与张习、都穆续修未竟，惟遗稿仅存。后广东林世远为苏州守，以其事属鏊。鏊乃与郡人杜启、祝允明、蔡羽、文璧等共相讨论，发凡举例，咸本于宽，而芟繁订讹，多所更益。凡八月而成书"。并评价此志"繁简得中，考核精当。"[7] 清代史论家章学诚及学者钱大昕都曾对《姑苏志》有过评述，均对它的定名提出了疑义，指出王鏊"志苏州而名姑苏"采用了古名，此种做法实不可取，但章学诚评价此书"虽非史家所取，究于流俗恶烂之中，尤为矫出。今本《苏州府志》之可取者多，亦缘所因之故籍足采摭也。"[8]

国家博物馆存《姑苏志》第十七卷坊巷（八

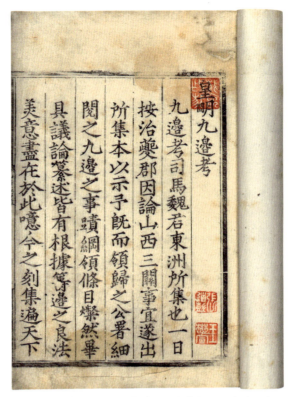

图四：嘉靖《皇明九边考》十卷，魏焕撰，明嘉靖二十一年（1542）夔州知府张环刻本。序首叶。

至二十叶）、第十八卷乡都（一至十六叶），共计二十九叶。其中多叶书口下方记"李清"，李清据考为正德嘉靖间苏州刻字工人[9]，曾参与刊刻南监本《史记集解索引正义》、东雅堂本《昌黎先生集》、嘉趣堂本《六家文选注》等书。

三、边关志

明代极为重视北部边防，常年驻军，设立边关卫所，因而编纂了一批以边关为单位的方志，称为边志、关志、卫志、镇志。国家博物馆所藏嘉靖刻本《皇明九边考》（图四）是其中一部名志。

《皇明九边考》又名《九边图考》，十卷。明代魏焕撰。嘉靖二十一年夔州知府张环刻本。

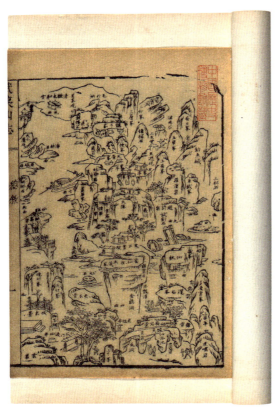

图五：崇祯《武夷志》十九卷，衷仲孺撰，明崇祯十六年（1643）刻本。武夷山势图。

框高 21.5 厘米，宽 15.2 厘米。半叶九行，行二十二字。四周双边，上下黑口，单黑鱼尾。版心记书名、卷次、叶次。

魏焕字原德，长沙人。明嘉靖八年（1529）进士，任嘉兴府推官，后调任兵部主事，升员外郎。因熟谙边陲地理，辑此志后升四川金事。以明习吏事，善于调解民族纠纷著称。

卷首有张环《九边考跋》，蔡巘《九边考叙》，魏焕《皇明九边考引》，目录，凡例。卷末有嘉靖二十年（1541）董策《九边考叙》，赵鸣凤嘉靖甲辰（1544）《叙九边考后》。该志应成书于嘉靖二十三年（1544）。

卷一为镇戍、经略、番夷，附十叶九边总图。卷二至卷九分述辽东镇、蓟州、宣府、大同、三关、榆林、宁夏、甘肃、固原九边，每边之下又分疆域、保障、责任、军马、钱粮、边夷、经略七考，各卷卷首附该边镇地图。凡例中详尽罗列了所辑材料的来源，诸如"镇戍沿革，取诸各边图志"；"城堡墩台墙堑，增旧创新，取诸近年堂稿"；"军马登耗数目，取诸嘉靖拾捌、玖年各边开报手册"；"钱粮定数，取诸户部各司手本"；"文武职官责任，取之本司各科职掌"；"经略多出本司堂稿及桂尚书《舆图要览》、许主事《九边论》并诸公奏议，间亦窃附鄙见。"可见其采用材料之广泛、详尽，确为明代边关志的代表之作。

四、山川名胜志

传世明代方志中，除以行政区划为范围官修通志、府志、州县志外，还有不少以山川、园林、都邑名胜为专题编纂的志书，其中，国家博物馆所藏明刻本《武夷山志》《华岳全集》《西湖游览志》《西湖志类钞》《古今游名山记》和《帝京景物略》均是此类志书中的代表作。

1.《武夷山志》（图五）

《武夷山志》十九卷，明代衷仲孺撰，崇祯十六年（1643）刻本。框高 20.5 厘米，宽 13.5 厘米。半叶九行，行二十字。四周单边，白口，无鱼尾。版心记书名、卷次、篇名、叶次。

衷仲孺，字稺生。福建崇安人。洪武初荐授广东平远知县。

卷首有孙朝让《武夷山志序》，其次为张肯堂题词，其后为武夷山图，然后为武夷总叙。此

图六：万历《西湖游览志》二十四卷，田汝成撰、商维濬重订，明万历四十七年（1619）
商维濬刻本。首卷首叶。

志为明初纂修，是现存最早的武夷山志。全书分为名胜、云构、题刻、仙真、羽流、存疑、物产、游寓、祀典、捃藻、余韵等十一门，末卷为词订，收录增补的诗文。

此志在清代被收入《四库全书》，《四库全书总目》评价此书"体例庞杂、殊不足观。捃藻一篇，几及全书之半，尤乖裁例也。"[10]捃藻即指前人为武夷山所作的诗词、游记等，此志中基本全录，虽占了极大篇幅，遭到四库馆臣的讥讽，但也恰恰保留了全文，为后世保留了一批完整的文献资料。

国家博物馆藏本卷首钤有"王氏信芬阁藏书

印"朱文方印、"山阳段氏珍藏"朱文方印等印。

2.《西湖游览志》（图六）

《西湖游览志》二十四卷，明代田汝成撰，商维濬重订。万历四十七年（1619）商维濬刻本。框高22.5厘米，宽14.2厘米。半叶十行，行二十一字。四周单边、白口、单白鱼尾。版心上记书名，中记卷次、叶次。

田汝成，字叔禾，钱塘（今杭州）人。嘉靖五年（1526）进士。累官至福建提学副使。著有《西湖游览志》《西湖游览志余》《炎徼纪闻》《田叔禾集》等。

卷首有万历己未（1619）商维濬所作"西湖

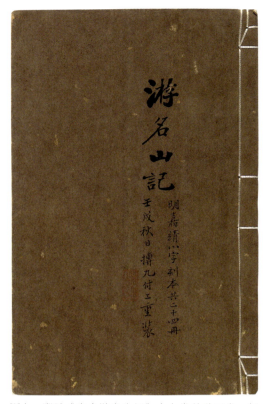

图七：嘉靖《古今游名山记》十七卷总录三卷，何镗辑，明嘉靖四十四年（1565）刻本。封皮题名，有题记。

卷三至七南山胜迹，卷八至十一北山胜迹，卷十二吴山，卷十三至十九南山分脉城内胜迹，卷二十至二十三北山分脉城胜迹，卷二十四浙江胜迹。《四库全书总目提要》评价此书"虽以游览为名，多记湖山之胜，实有关于宋史者为多，……因名胜而附以事迹，鸿纤钜细，一一兼该，非惟可广见闻，并可以考文献，其体在地志杂史之间，与明人游记徒以畅咏登临流连光景者不侔。"[11]

《西湖游览志》成书之后，有多个版本流传于世，国家博物馆藏本为万历四十七年（1619）商惟溶重订本，这是对嘉靖本增补最多的一次编订，称为商氏增删本。卷中钤有"国祯藏书"白文方印，为著名史学家谢国桢收藏之书。

3.《西湖志类钞》

《西湖志类钞》三卷，明代俞思冲编纂，万历四十三年（1615）重刊本。框高20.8厘米，宽12.8厘米。半叶八行，行十八字。左右双边，白口，无鱼尾。书口上记书名，中记卷次、下记叶次。

俞思冲，字似宗，浙江钱塘（今杭州）人。明万历二十三年（1595）进士，历官华亭县令、刑部主事等。此部《西湖志类钞》是据田汝成《西湖游览志》抄录而成，作者进行了重新分类。卷前黄克谦撰"西湖志类钞序"，其次吴之鲸作"西湖新志引言"，卷一图之类，收图十八幅；卷之上，明圣湖；卷之中，山、峰、岭、石、洞、亭、堤、台、江、泉、涧、井、桥等十三类；卷之下，宫、院、祠、庙、寺、庵、观、塔、墓、楼等十类。分类清晰简明，但因资料全部摘取自《西湖游览志》，故郑振铎先生评其"未免寒简"。

新志序"，嘉靖二十六年（1547）田汝成所作"西湖游览志叙"。叙中记载"海内名山，率皆有志，而西湖独无，讵非阙典？曩岁五岳山人黄勉之尝谓余曰：西湖无志，犹西子不写照，霓裳不按谱也，子盍图之。时余敬诺。"记叙了当时田汝成编纂《西湖游览志》的前因。叙中还提到"于是紬集见闻，再证履讨，辑撰此书。叙列山川，附以胜迹。揭纲统目，为卷者二十有四，题曰《西湖游览志》。裁剪之遗，兼收并蓄，分门汇种，为卷者二十有六，题曰《西湖游览志余》。"可见这两部志书当时均已成书。

卷一为西湖总叙，卷二为十锦塘三堤胜迹，

4.《古今游名山记》（图七）

《古今游名山记》十七卷总录三卷，明代何镗辑。嘉靖四十四年（1565）刻本。框高19.1厘米，宽13.3厘米。半叶十四行，行二十七字。左右双边，白口，单白鱼尾。版心记书名、卷次、叶次、刻工。刻工有：熊伟、刘智、余林、张汝德、万伯成、熊秀、严春、张汝美等。

何镗[12]（1507—1585）字振卿，号宝岩，丽水（今浙江丽水）人。嘉靖二十六年（1547）进士，历任进贤知县、开封府丞、潮阳知县、江西提学佥事、广东按察使等职。编著有《中州人物志》《括苍汇纪》等。

卷首有嘉靖四十二年（1563）黄佐序，嘉靖四十三年（1564）吴炳序、王世贞序、王穉登序等四篇，凡例五条，目录，古今游名山记总录。总录三卷，分别为胜纪、名言、类考。其中胜纪、名言录古书关于山川的游览之言，包括《尚书》《穆天子传》《史记》《庄子》《列仙传》《韩诗外传》《新序》《战国策》《说苑》《论语》《高士传》《淮南子》《汉书》《真仙通经》《武夷山志》《世说》《晋书》《传灯录》等。类考录诸书所载古人游历名山大川事迹及道家洞天福地，并山水游赏之赋。正文共十七卷，第一、二卷记北京和南京的游记，其余各卷记各省的游记。卷尾有嘉靖四十四年何镗《游名山记后序》，《游名山记跋》。

国家博物馆藏本封面墨笔题："游名山记，明嘉靖小字刻本，共二十四册，壬戌秋日搏九付工重装"，其后钤有"小石山房"朱文方印。

5.《帝京景物略》（图八）

《帝京景物略》八卷，明代刘侗、于奕正撰，

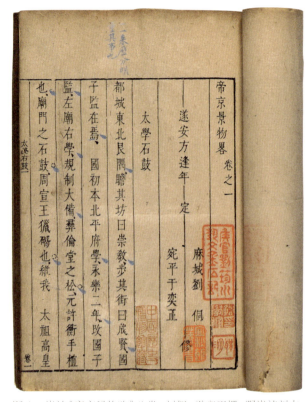

图八：崇祯《帝京景物略》八卷，刘侗、于奕正撰，明崇祯刻本。首卷首叶，钤有"侯官刘筼川艺文金石记"朱文长方印、"宜秋馆藏书"白文长方印。

崇祯刻本。框高19.3厘米，宽13.1厘米。半叶八行，行十九字。四周单边，白口，无鱼尾。版心记篇名、卷次、叶次。

刘侗[13]，字同人，号格庵，湖北麻城人。崇祯七年（1634）进士，后被任命为南直隶（今江苏）吴县知县，死于赴任途中。于奕正，初名继鲁，字司直，宛平（今属北京）人。工于诗，崇祯元年（1628）为秀才，喜结交，好游名山。崇祯七年，在北京与刘侗相识，互为知交，崇祯九年（1636）客死南京。《帝京景物略》，是他们在北京合著的，基本是于奕正提供素材，刘侗执笔撰文。其文属"竟陵派"，后世评价其文笔峻削奇崛，流于怪癖，

故有"奇文"之称。该书初刻于崇祯八年（1635），卷前有方逢年序，刘侗叙，于奕正述《略例》。共八卷，下列一百二十九目，详细描述了北京的山川园林、名胜古迹、人物风俗甚至花鸟鱼虫，颇具史料价值。

国家博物馆藏《帝京景物略》全书有蓝笔圈点、批注，方逢年序后有题记一则："文奇矣嫌诡，錬矣嫌辟，却自成一家，读者当赏其意美正大处。甲辰七月二十五日，外丁卯桥居士识。"题记后钤"臣刘家谋"白文方印。刘家谋，字仲为、芑川，侯官县（今福州）人，清道光十二年（1832）中举，三十年（1850）任台湾府儒学训导，刘家谋在台湾研究民情、搜集掌故。著有《海音诗》《东洋小草》等。

卷首钤有 "刘氏小墨庄藏"朱文方印、"侯官刘筠川艺文金石记"朱文长方印、"筠川"朱文方印、"臣刘永松"白文方印，均为清代藏书家刘永松的印章[14]。刘永松，字筠川，福建侯官（今福州）人，曾在广东为官，喜藏书，周越然、陆心源都收有他的旧藏。卷首还钤有"孙印学稼"白文方印、"宜秋馆藏书"白文方印，"宜秋馆"为民国藏书家李之鼎的藏书室名。

注释：

1. 庄汉新、郭居园编：《中国古今名人大辞典》，警官教育出版社，1991 年，第 414 页。

2. 杨剑兵：《〈樵史通俗演义〉作者考辨》，《明清小说研究》2009 年第 2 期，第 25 页。

3. 王重民辑录：《中国善本书提要》，上海古籍出版社 1983 年，第 183 页。

4. 许菁频：《杭州运河名人》，杭州出版社，2014 年，第 71 页。

5. 赵子廉：《桐柏仙城志》，中央编译出版社，2012 年，第 165 页。

6. 李国庆编：《明代刊工姓名全录》，上海古籍出版社，2014 年。

7. （清）永瑢等撰：《四库全书总目提要》卷六十八《姑苏志提要》，中华书局，1965 年，第 593 页。

8. （清）章学诚：《中国史学要籍丛刊·文史通义》，上海古籍出版社，2015 年，第 333 页。

9. 瞿冕良编著：《中国古籍版刻辞典》，齐鲁书社，2000 年，第 329 页。

10. （清）永瑢等撰：《四库全书总目提要》卷七十六《武夷山志提要》，中华书局，1965 年，658 页。

11. （清）永瑢等撰：《四库全书总目提要》卷七十《西湖游览志提要》，中华书局，1965 年，第 618 页。

12. （清）永瑢等撰：《四库全书总目提要》卷七十四《括苍汇记提要》，中华书局，1965 年，第 643 页。

13. 陈振鹏、张培恒主编：《古文鉴赏辞典》，上海辞书出版社，2014 年，第 430 页。

14. 李玉安、黄正雨编著：《中国藏书家通典》，中国国际文化出版社，2005 年，第 610 页。

【嘉靖】《承天大志》考略

林　璜

摘要：《承天大志》是明嘉靖帝亲自下令编纂的关于湖北安陆的史志典籍。该志纂修于嘉靖四十二年（1563）年初，完成于嘉靖四十五年（1566）二月。《承天大志》分十二纪，主要记载了兴献王、嘉靖帝在安陆地区的活动情况。"基命纪"记载兴献王朱祐杬的生平及言行；"符瑞纪"记载与兴献王相关的祥瑞；"龙飞纪"记正德十六年（1521）嘉靖皇帝朱厚熜继承大统并前往北京登基的史实；"圣孝纪"记载嘉靖皇帝继位后追尊生父生母的过程；"大狩纪"记载嘉靖十八年（1539）嘉靖皇帝祭祀显陵；"宫殿纪"主要绘写兴献王在安陆的王府宫殿；"陵墓纪"绘写显陵的规制；"宝谟纪"收录兴献王及王妃蒋氏撰述的文章；"御制纪"收录明世宗嘉靖皇帝撰述的与兴献王夫妇相关的文章；"恩泽纪"叙述兴献王和嘉靖皇帝对家乡安陆的恩惠；"礼乐纪"记述祭祀显陵的各种礼仪器具及制度；"苑田纪"记载兴献王所拥有田地园林。本志的编纂和内容带有强烈的政治意图，且文体非史非志，被叙述主体也在兴献王与嘉靖皇帝之间不断变换。但同时真实收录了明代嘉靖年间重大历史事件大礼议之争的相关史料，且用词典雅，编排得当，刻印精美，纸幅巨大，装帧样式比照同时期录副的《永乐大典》，为明代地方志书中的一个特例。

关键词：《承天大志》　安陆　大礼议之争

《承天大志》是明嘉靖年间由内阁重臣组织编修，嘉靖皇帝亲自审定的一部史志典籍。"承天"二字，源于嘉靖皇帝朱厚熜从安陆入继皇位后，于明嘉靖十年（1531）升当时的安陆州（治所长寿县）为承天府，附郭长寿县也同时改名为钟祥县，嘉靖十八年（1539）又改钟祥县为兴都。承天修志，由此而起。《承天大志》虽为地方志书，但从编修过程到内容体例均与寻常地方志书殊异。《承天大志》是嘉靖皇帝亲自审阅，编修又与明代大礼议之争、内阁首辅变迁等重要历史事件息息相关。惜《承天大志》明内府刻本残佚严重，

难得一见，《中国地方志联合目录》仅记国家图书馆存有《承天大志》明刻本卷十八残本以及卷十九、卷三十六的旧抄本。[1]然中国国家博物馆内尚存明刻本卷十二宫殿纪，则鲜为人知。民国二十六年（1937），重庆钟祥书局重新编印出版《承天大志》，目前存世亦不多，《中国地方志联合目录》记仅重庆图书馆藏有一部。[2]

中国国家博物馆藏嘉靖《承天大志》卷十二《宫殿纪》十三叶。《宫殿纪》原为十四叶，馆藏本缺第四叶宫殿图。封皮黄布云纹，墨题大字书名，小字"宫殿纪　卷之十二"。页高44.7厘

图一：明内府刻本《承天大志》卷十二封面。

由当时都御史顾璘担任总裁，嘉靖二十一年（1542）修成，文稿上呈，嘉靖皇帝并不满意。《承天大志·纂修题奏》评论："体例不合，事实差误，复命礼部删订。"[3] 归有光《题兴都志后》中也说："此志后复进呈，上以手拨去，礼部遂不敢刊行。"[4]《兴都志》作为承天府设置之后第一部方志，虽未曾刊行，但对相关史料进行了搜罗整理，为后来《承天大志》的编纂奠定了基础。

嘉靖四十二年（1563），朝廷重启修志之议，"先年虽允守臣之奏纂修典志，竟以体裁不合，未睹成画，……乞下礼部重议纂辑"。[5] 礼部原本想重新修订《兴都志》，但嘉靖皇帝对此志极为重视，故而最终不仅体例内容基本都重新编定，且书名也由内阁徐阶等人奏请嘉靖皇帝重新定名[6]，已完全不同于最初的《兴都志》。《承天大志》的纂修应是从嘉靖四十二年年初开始。同年四月中旬建立修志馆，选址于皇极门（奉天门，嘉靖时改名皇极门）东西两庑，也即明宫殿主殿皇极殿旁廊屋。纂修伊始，礼部将《兴都志》抄发湖广巡抚衙门，并由湖广巡抚选择素有才名、擅长编修史志的学人，修订其中错漏，添补嘉靖二十一年以后至嘉靖四十二年间新增之事，最后统一上交朝廷修志馆。嘉靖四十二年四月下旬，新志体例以及十二纪的名称就已确定。嘉靖四十三年（1564）三月，该志第一纪《基命纪》、第二纪《符瑞纪》纂成，并作为以后各纪范本上呈嘉靖皇帝。同年，嘉靖皇帝亲定书名为《承天大志》。嘉靖四十五年（1566）二月底，全志四十卷编成，共四十册，由内府梓校刊印。

《承天大志》编纂是嘉靖皇帝为彰显龙兴

米，宽 56.8 厘米。四周双边，白口，无鱼尾。框高 26.7 厘米，宽 37.3 厘米。书口上印书名卷次，中记卷名，下记叶码。半叶九行，行十八字。卷首叶钤"中国历史博物馆藏"朱文长方印。（图一）（图二）此版式与国家图书馆藏卷十八残本样式一致，均为明嘉靖内府初刻本。

一、《承天大志》的纂修

《承天大志》的纂修始末，朱志先《〈兴都志〉与〈承天大志〉纂修考述》一文中有所论述。《承天大志》纂修之前，有《兴都志》的纂修作为尝试和基础。嘉靖二十年（1541）初，承天府知府吴惺、礼部尚书严嵩倡议以《禹贡》为范例修《兴都志》，

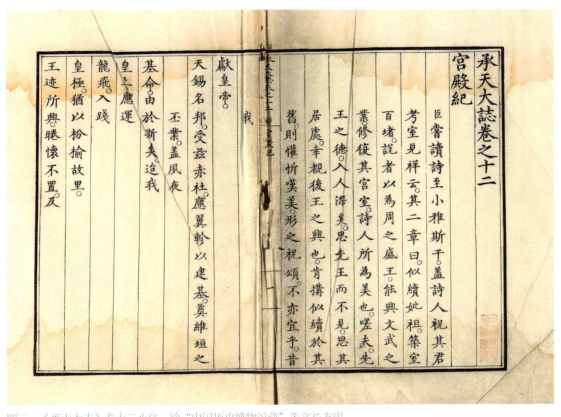

图二：《承天大志》卷十二小序，钤"中国历史博物馆藏"朱文长方印。

之地、帝王之威，推崇其生父生母之尊的着意之举，因书中内容涉明代中叶大礼议之争，修志演为当时内阁权争的一种方式，纂修人员也多次变动。朱志先《〈兴都志〉与〈承天大志〉纂修考述》中提及《承天大志》纂修人员变动："嘉靖四十二年四月，董份为副总裁官，张居正、林燫、诸大绶、吴可行为纂修官。此时期的总裁官是徐阶和袁炜。嘉靖四十四年（1565）五月，严讷、李春芳为纂修《承天大志》的总裁官，六月，张居正任《承天大志》副总裁官。除上述几位外，参与纂修的人员还有孙铤、顾从礼、林偕春、陶文僖、高拱和瞿景淳，以及幕后献策者冯轲等。"[7]其间，徐阶、张居正、林燫等几人参与纂修较多。特别是张居正，十二纪的小序和尾赞中至少有十种由其撰写[8]，通过这次纂修，他也更为嘉靖皇帝所赏识。内阁重臣轮番担任纂修官，方志馆选址皇极殿旁，嘉靖皇帝亲定书名，这三点最直观地反映出当时明朝廷对《承天大志》纂修的重视。嘉靖皇帝甚至要求依《承天大志》订正《大明一统志》，将《承天大志》送往显陵，并颁与两京文武百官及直隶府、州县、布政司衙门。这些都说明《承天大志》虽以承天府一地为名，却具有独特地位。

二、《承天大志》的基本体例和内容

嘉靖二十一年所编《兴都志》虽稀见全本，但从主纂官顾璘《兴都志进呈表》可知，全书分典制（卷一至卷九）、郡邑（卷十至卷二十四）二门。门下分类，典制分皇言、陵墓、规制、宫邸、城池六类；郡邑分开郡、登民、制用、建规、分职、征献、征文、外志、杂志九类。这个体例为嘉靖皇帝所不喜，认为不能体现帝王故里之尊位，要求《承天大志》参考《明伦大典》重定体例，最终参照《汉书·帝纪》之意，定为十二纪。《承天大志》正文前有《纂修题奏》《进承天大志表》《纂修凡例》《纂修职名》。正文共分为十二类，以"纪"为类名以显示帝王之尊，每纪内容繁简不一：基命纪（卷一至卷五）、符瑞纪（卷六）、龙飞纪（卷七）、圣孝纪（卷八至卷十）、大狩纪（卷十一）、宫殿纪（卷十二）、陵寝纪（卷十三至卷十四）、宝谟纪（卷十五至卷二十四）、御制纪（卷二十五至卷三十二）、恩泽纪（卷三十三至卷三十五）、礼乐纪（卷三十六至卷三十九）、苑田纪（卷四十）。十二纪每纪前有小序，后有尾赞，其具体内容详析如下：

1. 基命纪

基命，原指人主应天命而得其位，语出《尚书·洛诰》："周公拜手稽首曰：'朕复子明辟，王如弗敢及天基命定命，予乃胤保，大相东土，其基作民明辟。'"[9]以"基命"为名，且为第一纪，彰显《承天大志》编纂的政治意图。"基命纪"主要以时间为序记载兴献王朱祐杬的生平及重要言行，内容大体取自《实录》，可信度颇高。按该纪所记，朱祐杬是明宪宗朱见深长至成年的第二个儿子[10]，母为当时宪宗邵宸妃。明孝宗朱祐樘是其异母兄，明武宗朱厚照为其侄。朱祐杬生于明成化十二年（1476）七月初二，成化二十三

年（1487）受封兴王，弘治四年（1491）娶妻蒋氏。弘治七年（1494）朱祐杬到达安陆兴王府，正德十四年（1519）因暑热死于安陆，正德十五年（1520）明孝宗赐谥号"献"，故史称"兴献王"。嘉靖三年（1524）又被嘉靖皇帝加尊为"献皇帝"。兴献王王妃蒋氏生于成化十三年（1477），是嘉靖皇帝朱厚熜的生母，嘉靖十七年（1538）年去世，嘉靖十八年与兴献王合葬于显陵。从"基命纪"的记载中可以看出，兴献王为政较为宽和，乐诗书，不甚喜奢侈玩乐，对嘉靖皇帝朱厚熜的教导也多为读书明理。如正德九年（1514）三月，"帝在宫中谓上曰'汝年已长，正好读书明理以进于道。凡读书务令精熟。读得遍数多，自然坚固。……。汝今日能勤学好问，则他日嗣位，制治保邦，必有条理。勉哉勉哉。'"[11]因此，《承天大志》对兴献王的评价是："帝天性恭俭，其于嗜好澹如也，独好学问。朝退即御便殿与儒臣讲论书史，虽寒暑不能辍。"[12]

2. 符瑞纪

"符瑞纪"，记载兴献王及嘉靖皇帝在安陆时出现的各种祥瑞，类于通常方志中的"祥异"类目。以符瑞为名，也有帝王得天命必有祥瑞异象作为预兆出现的涵义。符瑞纪内容颇为简略，始于弘治七年十一月，终于嘉靖四十一年（1562）十一月。较详细的叙述是正德二年（1507）八月，嘉靖帝出生时的景象，"上诞生于兴邸，是日宫中有红光烛天，……人皆谓大圣人志征，至是果验焉"。[13]

3. 龙飞纪

"龙飞"一般形容帝王的兴起或得位。"龙飞纪"详细记述正德十六年（1521）嘉靖皇帝朱

厚熜承袭皇位并前往北京登基的过程。该纪首先记正德十六年三月丙寅（十四）明武宗朱厚照颁布继位遗诏，司礼监太监、驸马都尉、大学士、礼部尚书等人前往迎当时的兴王朱厚熜入京继位。当月月底朱厚熜在安陆王府承运殿接受遗诏。正德十六年四月初，朱厚熜拜辞兴献王陵墓及兴献王妃蒋氏，在安陆王府属臣及家乡耆旧的欢送下前往北京。朱厚熜到达北京远郊良乡后，当时的礼部及内阁大学士杨廷和等人请其以皇子身份继位，由东安门入太华殿，朱厚熜拒绝并直接外驻停留。后议定从大明门入京，朱厚熜才接受并于四月二十日正式登基，随即颁布登基诏令。嘉靖皇帝在登基之前与北京臣僚的第一次较量，实为日后大礼议之争——即皇权与阁权之争的前奏。"龙飞纪"仅以数百字的记载，就将嘉靖帝聪慧敏感的性格特征展露无遗。

4. 圣孝纪

"圣孝纪"承继"龙飞纪"，记载嘉靖皇帝即位后追尊生父、生母及祖母寿安皇太后邵氏及由此引发的大议礼之争。该纪以时间为序，清晰完整地记述了大议礼之争的过程及各方的观点依据。大议礼之争从嘉靖皇帝继承皇位伊始就初现端倪，嘉靖元年（1522），礼部以汉成帝时立陶王为太子和宋英宗时濮议之争等旧事为据，请求嘉靖皇帝改称兴献王夫妇为皇叔父、皇叔母。嘉靖皇帝是兴献王夫妇独子，对此无法接受。张璁随即上书，提出"继统非继位"[14]的观点，这次争辩最终以兴献王夫妇上帝号而多方妥协告终。

嘉靖三年六月，议礼之争开始更激烈地爆发，在桂萼、席书、方献夫等人上书的支持下，嘉靖皇

帝又命群臣再议兴献王夫妇的尊号，最后以加"皇"字尊称而达成妥协，兴献王夫妇尊号为"本生皇考恭穆献皇帝"及"本生圣母章圣皇太后"。[15]但当年七月，嘉靖皇帝就明确且态度坚决地将"本生"二字去除，并认为自己应称明孝宗为"皇伯考"。嘉靖三年至嘉靖七年（1528），嘉靖皇帝对追尊生父生母表现出极为强硬的态度，不再令群臣议论，乾坤独断，且多次撰文谈及继位之初群臣在大议礼问题上对他的压制，对此极为不满。嘉靖七年以后，臣僚反对上尊号的意见渐少，而借此事阿谀之辈增多。嘉靖十年时甚至有人建议将安陆州升为京师，内阁和礼部认为京师之地不可轻变，建议升安陆州为府，得到嘉靖皇帝的同意。嘉靖十八年，嘉靖皇帝南巡安陆祭祀显陵后，已很少再有追尊生父生母方面的争辩。直到嘉靖四十一年，嘉靖皇帝或有感于天命不久，又频繁追祭显陵。该纪记事止于嘉靖四十二年正月。

5. 大狩纪

"大狩"，指帝王出外巡视。"大狩纪"则主要记载嘉靖十八年嘉靖皇帝到显陵祭祀兴献王的史事。此纪内容也与圣孝纪相关，但不再局限于追尊父母方面，是介绍祭祀及礼仪的过程和规制，仅一卷，内容较为简单。但末尾以白话记载了嘉靖皇帝对安陆百姓的训示，语言生动平实，与全书风格迥异：

"说与故里的众百姓每，我父母昔在孝宗皇帝时，封国在这里。我父母积许大的德行，生我承受天位。今日我为父母来到这里，你每也有昔年的旧老，也有与我同后生者，今日一相见。但只是我全没德行，父母都天上去了。这苦情你每

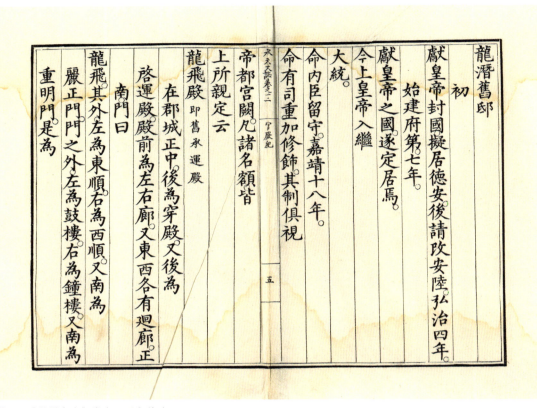

图三：《承天大志》卷十二正文首叶。

也见么。我今事完回京，说与你每几句言语。各要为子的尽孝道，为父的教训子孙，长者抚那幼的，幼的敬那长的，勤生理，做好人。依我此言语，况我也不能深文这等与你每说，以便那不知文理之者，教他便省的，你每可记着。"[17]

此段话语虽简单，但仍从中透露出嘉靖皇帝对家乡安陆非同一般的感情和亲近，与传统官方文献不同，更近于真实，殊为难得。

6. 宫殿纪

"宫殿纪"，主要绘述兴献王在安陆王府的宫殿。中国国家博物馆存本就是此卷。（图三）兴献王府始建于弘治四年，弘治七年兴献王定居安陆时已全部完工。嘉靖皇帝入继大统后，嘉靖十八年命令以帝都宫阙规制重新修建，并亲自为各宫改名。《宫殿纪》先绘府邸"龙飞宫殿图"，然后具体行文说明。首先自然是中轴主殿，从南至北，前为龙飞殿（原为承运殿）、启运殿，后为卿云宫（原前寝宫）、凤翔宫（原后寝宫）。随后先介绍内府东侧，正殿东北的隆庆殿（原家庙），东南的神厨、纯一殿（原书堂），内府西侧则为中正斋。内府之外，先是府邸东北角，嘉靖十九年（1540）建成的泰禋殿、永配殿，二殿后是受命殿、青云殿，实际规制相当于王府的世子府。府邸西南在嘉靖十八年嘉靖皇帝回安陆祭祀前有大规模重修，为銮驾宫、御马房、广充仓、守备公署、典膳所等等，主要是臣属仆从居住使用，

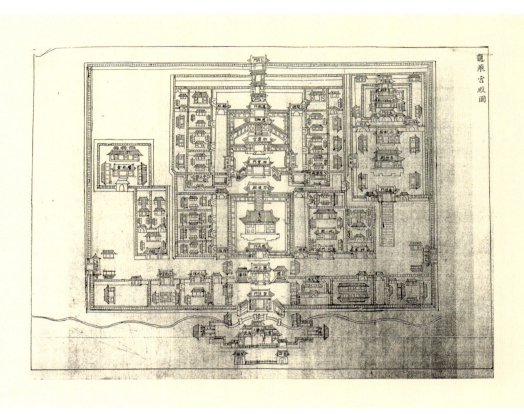

图四：《承天大志》卷十二《宫殿图》，《重庆图书馆藏稀见方志丛刊·承天大志》第23册第421—422页，国家图书馆
出版社，2014年。

以便嘉靖皇帝前往祭告。最后则介绍府邸前侧的
邸内、邸外诸门，以及邸外的春街，元佑宫。除
各殿各宫的大致方位，文中还介绍了各殿的规制、
建造时间、功用等相关内容。如隆庆殿作为祭庙，
同时记载嘉靖二年（1523）二月祭祀时的礼制规格。
记纯一殿时则附带说明兴献王别号"纯一道人"，
由此可知该殿定名的原因。本纪所附的兴献王府
宫殿绘图，（图四）既展现了明代藩王王府的基
本规制，又反映了嘉靖皇帝入继帝位后的各种改
制，是了解明代王府规制的一份详细记录。

　7. 陵墓纪

　　"陵墓纪"，记兴献王夫妇在纯德山陵墓显

陵的营造历史、祭祀规格、陵宫规制等等。该纪
小序中提及："臣谨以山川形胜、陵宫规制，各
为一图，详其事如左。"因此"陵墓纪"首先绘《显
陵山川委络图》，并记正德十五年四月，嘉靖皇
帝朱厚熜为兴献王选陵址于纯德山，嘉靖三年定
名为显陵，其后不断提高祭祀的规格。嘉靖十八
年原兴献王妃蒋氏死后，嘉靖皇帝又将她与兴献
王合葬于显陵。纪中以时间为序叙述显陵的营造、
合葬等大事后，又绘《显陵图》，以说明陵中宝城、
裬恩殿（原享殿）、明楼、石碑、神库、神厨等
建置的位置和功用，随后介绍历年对显陵的修缮，
管理显陵官员仆从的数量、职司。最后，兴献王

的长子、长女及次女皆早丧，附陵于该地，也随附说明于后。

8.宝谟纪

宝谟之名，取自《尚书·胤征》："圣有谟训，明征定保。"[18]意为圣人所谋之教训，可以为世明证，定国安家。"宝谟纪"收录兴献王及王妃蒋氏的撰述文章，以序跋、诗词、奏疏为主，共九卷，为全书分量最重的部分。

该纪将兴献王的撰述分为九类：奏疏、序跋、记、铭、墓表、赋、楚辞、古乐府、诗。奏疏共十二篇，《陈五事辞谢敬皇帝疏》《请迎养孝惠皇太后疏》《问安太皇太后上敬皇帝疏》《问安太皇太后疏》《太皇太后崩奉慰敬皇帝疏》《御北虏疏》《进银助边疏》《论抚驭苗夷疏》《再进银助边疏》《议置铲罪疏》《请征勤流贼疏》《奉慰毅皇帝巡边疏》。序跋十九篇，《易经直讲序》《书经讲章序》《诗经疏略序》《重刊少微通鉴节要序》《纲目忠谏节要序》《小学旁训序》《养正录序》《本草考异序》《本草食品便览序》《本草食品续编序》《医方选要序》《医方选要跋》《外科集验方序》《外科集验方跋》《恩纪诗序》《恩纪诗后序》《含春堂稿序》《含春堂稿后序》《女训序》。

序跋之后，记有《乐丰年记》；铭有《古端溪竹月砚铭》；墓表有《封中兵马指挥蒋敩墓表》和《封孺人吴氏墓表》；赋有《阳春台赋》和《汉江赋并序》；另有一篇楚辞及二十四篇古乐府。卷二十至卷二十三皆是诗类，是收录撰述中最多的一类，共分十种诗体：四言诗、五言古诗、七言古诗、五言律、七言律、辞赋、七言排律、五言绝句、七言绝句、诗余。卷二十四则收兴献王

妃蒋氏所作的《女训自序》及《女训》每类的小序。

《宝谟纪》收兴献王作品最多的是序跋和诗文，以兴献王仅仅四十四年的寿龄而言，称得上著述颇丰，可佐证《承天大志·基命纪》中兴献王"独好学问"的评价。

9.御制纪

"御制纪"收录明世宗嘉靖皇帝所撰与兴献王夫妇相关的文章。卷二十五开篇为嘉靖九年（1530）冬至在圜丘进行祭天大典后，嘉靖皇帝所作的《钦天记颂》，其后是《明堂或问》《明伦大典序》《皇考恭穆献皇帝实录序》《皇考恭穆献皇帝宝训序》《皇考恭穆献皇帝诗集序》《圣母章圣皇太后女训序》《皇考献皇帝尊谥册文》《皇考睿宗尊谥册文》《圣母章圣皇太后尊号册文》《皇妣献皇后慈谥册文》《皇考恭穆献皇帝睿功圣德碑》《皇考赐修承天府庙学碑》《元佑宫纪成碑》《皇考尊谥记》《皇考登阳春台北望诗识》。卷三十收十五篇祭告文，卷三十一收《福瑞赋并序》，卷三十二收各种诗赋。御制纪所收，大多与大礼议之争相关，尤其是《明堂或问》《明伦大典序》《皇考尊谥记》中嘉靖皇帝直接阐明对大礼议的态度和观点，是记述这段历史的重要文献史料。

10.恩泽纪

"恩泽纪"次第叙述兴献王和嘉靖皇帝对家乡安陆的恩惠，共三卷。此纪涉及面较广，但按该纪卷前小序所记，实际有三个比较重要时间节点，"献皇帝初就国"，"皇上光绍丕图入践皇极"，"（皇上）大驾南巡光临旧邸"[19]。该纪所记始于弘治八年（1495）二月，兴献王弘治七年

年底安陆封地，弘治八年开始正式参与当地治理，卷三十三及卷三十四记述兴献王在封地的各项政令措施。兴献王死于正德十四年七月，此段记事止于正德十四年五月。最后一卷中，所记由前两卷的兴献王"帝命"变为嘉靖皇帝"上命"，记正德十六年四月嘉靖皇帝入继大统时如何加恩安陆。嘉靖十八年嘉靖皇帝南巡安陆后，所记主要是如何修建管理兴献王及王妃蒋氏合葬的显陵，记事止于嘉靖四十二年正月。

11. 礼乐纪

"礼乐纪"，记述祭祀显陵的各种礼器及制度，卷前小序称"谨条具其礼仪祭告之文，及乐章礼器之数"。其中卷三十六记嘉靖元年三月"上皇考尊号"时的礼制与祭文，卷三十七记嘉靖十八年三月嘉靖皇帝南巡祭祀显陵时的礼制与祭文。卷三十八记每年祭祀兴献王夫妇的规制和惯例。卷三十九记嘉靖皇帝历年送往显陵的各种祭器，始于嘉靖元年，终于嘉靖十九年。

12. 苑田纪

"苑田纪"记载兴献王所拥有田地园林。苑田大致分为苑囿、庄田。苑囿收旧邸内园、从岵山、阳春台、果园、菜园等五处，记其位置、植被及功用，并附加兴献王赏玩几处景点时所撰诗文，与宝谟纪、御制纪相呼应。庄田则记兴献王夫妇及他们已过世子女的围坟规模，并录周边收租田地田亩数及收租房屋大小数量。按此纪统计，兴献王庄园共有九千三百九十二顷土地，四千三百一十八间房舍。尾赞中称嘉靖皇帝从登基伊始就非常重视苑田，并严令对皇陵的戒备及田产收支记录必须仔细清晰。嘉靖皇帝确是明代少有的几位较为

重视陵墓修缮管理的皇帝。苑田纪作为《承天大志》最后一纪，内容虽不甚多，价值和分量仍不可轻视。

三、嘉靖《承天大志》的特点与价值

《承天大志》的纂修过程、内容、命名，都极为特殊，几乎无法将之归入任何一种为人熟知文献类型中。《承天大志》最大的特色，就是其编纂体例和记述内容带有强烈的政治色彩。《承天大志》编纂者参修此书，基本都是为了借此谋求嘉靖皇帝的赏识，积累政治资本。《承天大志》的所有内容也处处显露出推尊嘉靖皇帝生父生母的意图。如十二纪的定名，均要彰显帝王之威严。文中每纪前后序赞，不论述每部分的内容总概，而是多方赞美兴献王的德行及嘉靖皇帝的孝顺。地方志的编修，时常会有奉承当朝、有褒无贬等问题。但如《承天大志》全文意在推崇赞美帝王的，也极为少见。

《承天大志》的第二个特点，是非史非志，文体极为特殊。《承天大志》的基础《兴都志》虽然编修目的同样带有明显的政治意图，但体例上分典制和郡县，仍属传统地方志汇一方之文献，记一方之史事的范畴。而嘉靖皇帝不满意《兴都志》体例，改编为《承天大志》十二纪之体例后，即使仍以志为书名，实际体例已经完全不同于一般的地方志。《承天大志》的内容，也多为记录兴献王、嘉靖皇帝的生平、言行与撰述，并没有收录方志应该记录的承天府地理沿革、人文物产等方面的内容，因此很难称其为志体。

从《承天大志》十二纪的"纪"字来看，有类于史书"帝纪"之意。《承天大志》中确实记

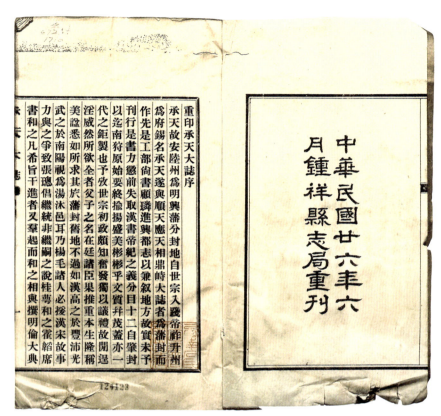

图五：重庆图书馆藏《承天大志》，民国二十六年（1937）钟祥县志局重刊本。

载了许多兴献王、嘉靖皇帝二人的生平、言行，且多以年为序逐条罗列。但这些记载一般都与承天府相关，如记兴献王重点在其到达封地之后的施政及著述，记嘉靖皇帝更明显是只收录与安陆及兴献王相关的言行与事迹。《承天大志》的内容实际上还是受到一地的约束，带有地方文献的特点，因此也不能归为纪传体或编年体史书。

《承天大志》非史非志的文体特点，使得被叙述的行为主体不断变换，这也成为《承天大志》第三个特点。开篇"基命纪"主要记载的是兴献王的生平和言行，"符瑞纪"也只与兴献王相关，但随后的"龙飞纪""圣孝纪""大狩纪"均是记载嘉靖皇帝的事迹。"宝谟纪"记兴献王撰述，"御制纪"又转向嘉靖皇帝。"恩泽纪"最明显，前半段为兴献王在安陆的仁政，后半段就转为叙述嘉靖皇帝对安陆的恩施。不断转换的叙述行为主体，只能通过与安陆相关此条进行规范，才能保证所收材料不至于漫无边际，纷繁庞杂。

《承天大志》虽不似一般地方志，又难归为寻常史体，但价值亦不可小视。

首先，《承天大志》真实收录了明代嘉靖年间重大历史事件大议礼之争的相关史料，议礼之争的时间脉络及背景情况都得到较清晰的展示，明代中叶皇权阁权之争、党争之烈、朱学心学之辩，

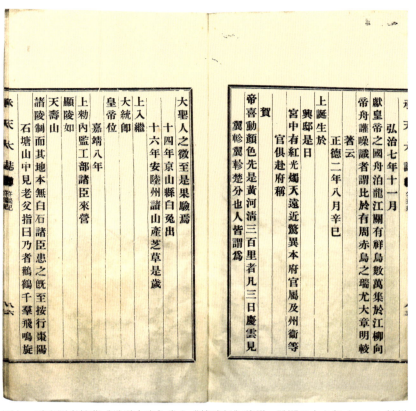

图六：重庆图书馆藏《承天大志》卷六《符瑞纪》首页，民国二十六年（1937）钟祥县志局重刊本。

也暗含其中。且《承天大志》为嘉靖皇帝亲审亲定，对各方言行记载，撇除阿谀溢美之词，基本的事件及时间应该是确切的，真实性不亚于实录，也不可为研究者忽视。

其次，《承天大志》编修者虽变换不断，但参与者皆是一时俊才，文学修养之高及史学积淀之深均非寻常文人能及。又因该书必须上呈御览，用词用典不敢稍有差漏。因此《承天大志》语句典雅，又不至于佶屈聱牙，编排合理精当，前后照应，全书收罗相关史料也颇为齐全，几无遗漏。其编修史籍的过程和方式，仍有许多供后来者可学可思之处。另外，《承天大志》最初为嘉靖年间内府刻本，用纸用墨考究，装帧精美，在传世的明代刻本中也是极为罕见的。后来民国二十六年的铅印本，尽管保证了《承天大志》内容上的完整，但改变了明代刻本的版式，且出现不少错漏。如每纪小序与正文之间，明代刻本一般有明显的字体大小变化，并且正文另起一页以示区别，民国铅印本全无区分，正文与小序混同（图五）（图六）；卷十九版心应为"宝谟纪五"，民国铅印本错印为"宝谟纪四"；卷八《圣孝纪一》中"正德十六年上诞膺宝命入嗣大统，四月壬午辞献皇帝陵墓"[20]错录为"四年壬午"。民国铅印本的美学价值和史料价值都远不如明代刻本。

当代学界在研究明代承天府历史及大礼议之争时，更多利用万历《承天府志》中的记载。但《承天府志》中许多史料实际是直接摘自《承天大志》。

随着《承天大志》明内府初刻本的重新面世，这部四百多年前的典籍，其文献价值和史料价值必将得到更多的关注与重视。

注释：

1. 中国科学院北京天文台主编：《中国地方志联合目录》。中华书局，1985 年，第 623 页。

2. 同上。

3. （明）徐阶、张居正等编修：《承天大志》卷前《纂修题奏》，民国二十六年（1937）钟祥县志局重刊本。

4. 归有光：《震川集》卷五《题兴都志后》，文渊阁《四库全书》，上海古籍出版社，1987 年。

5. 《明世宗肃皇帝实录》卷五百二十，嘉靖四十二年四月。

6. 《承天大志》卷前《纂修题奏》中记，嘉靖四十三年，内阁奏请"乞圣明裁训并钦定书名"，嘉靖皇帝批"此史臣之职，我无与焉名其纪，卿等拟上方是"，纂修官复请"事体重大，与他书不同，……至于书名之不拟，惟臣等愚昧，万万不能"，嘉靖皇帝复批"卿等不肯拟，上可名曰承天大志"。

7. 朱志先：《〈兴都志〉与〈承天大志〉纂修考述》，《中国地方志》，2013 年第 7 期，第 44—45 页。

8. （明）张居正：《新刻张太岳先生文集》卷十，明万历（1573—1620）刻本。

9. （汉）孔安国传，（唐）孔颖达正义：《尚书正义》，上海古籍出版社，2007 年，第 592 页。

10. 《承天大志》中称朱祐杬是"宪宗纯皇帝次子"，但其实前有皇长子（无名）、悼恭太子朱祐极年幼夭折，朱祐杬应为第四子。

11. （明）徐阶、张居正等编修：嘉靖《承天大志》卷四，民国二十六年（1937）钟祥县志局重刊本。

12. （明）徐阶、张居正等编修：嘉靖《承天大志》卷五，民国二十六年（1937）钟祥县志局重刊本。

13. （明）徐阶、张居正等编修：嘉靖《承天大志》卷六，民国二十六年（1937）钟祥县志局重刊本。

14. （明）徐阶、张居正等编修：嘉靖《承天大志》卷八，民国二十六年（1937）钟祥县志局重刊本。

15. （明）徐阶、张居正等编修：嘉靖《承天大志》卷八，民国二十六年（1937）钟祥县志局重刊本。

16. （明）徐阶、张居正等编修：嘉靖《承天大志》卷十一，民国二十六年（1937）钟祥县志局重刊本。

17. （明）徐阶、张居正等编修：嘉靖《承天大志》卷十三，民国二十六年（1937）钟祥县志局重刊本。

18. （汉）孔安国传，（唐）孔颖达正义：《尚书正义》，上海古籍出版社，2007 年，第 270 页。

19. （明）徐阶、张居正等编修：嘉靖《承天大志》卷三十三，民国二十六年（1937）钟祥县志局重刊本。

20. （明）徐阶、张居正等编修：嘉靖《承天大志》卷四，民国二十六年（1937）钟祥县志局重刊本。

中国国家博物馆藏《瓯乘补遗》稿本考略

林　璜

摘要： 中国国家博物馆藏清代温州学者洪守一著《瓯乘补遗》稿本。稿本目前保存完好，字迹清晰完整，是清代温州较为重要的私人纂修地方志。《瓯乘补遗》编成于道光四年（1824），当时未能刊行。至道光三十年（1850），改名《瓯乘拾遗》梓印。比较稿本与印本，道光四年时《瓯乘补遗》的框架和基本内容已然完整，刻本的改动大多是为了保证志书的真实和精核以及补充后续内容。《瓯乘补遗》可补嘉庆《温州府志》之阙，对研究清代温州历史文化和方志学发展均有助益。

关键词：《瓯乘补遗》　洪守一　地方志

瓯乘，古指温州府一带，其名取自汉代册封的东瓯国。温州自古文风昌盛，人杰地灵，才人学者层出不穷。温州之地方志，作为温州地域和历史最重要的文献资料，积淀亦极为深厚，南北朝时期已有刘宋郑缉之撰《永嘉郡记》。自宋至清，温州不仅官修府县志代代传承不绝，民间私人修志之风亦颇盛行，佳志频出。《瓯乘补遗》是清代嘉道中期温州学人洪守一所纂修之私志，本意为补乾隆《温州府志》之不足。该志初稿本现藏中国国家博物馆，现通行刻本为后改名之《瓯乘拾遗》，亦是清中后期温州之难得佳志。

一、《瓯乘补遗》作者之生平及史料记载

洪守一（1769—1860），字观亭，一字灌亭，号贯之，晚年号后河居士，清温州瑞安人。洪氏藏书楼棣花屋藏书颇丰，有"万卷图书空堆案"之称，是清晚期温州一带著名的藏书楼，惜民国以后藏书散佚，湮没无踪。

瑞安洪姓，自明代从安徽迁居瑞安，家资富庶，人才辈出，为当地名门。洪守一自幼读书，少有才名，清乾隆五十三年（1787）入泮，曾师从温州永嘉知名学者陈舜咨，在学术风格上深受陈舜咨影响。陈舜咨，字咨牧，号春堤，嘉庆六年（1801）岁贡，后虽仕进屡挫，但学识极为广博，尤工诗赋，受到阮元、刘镮之、李銮宜等学政重臣的看重[1]，曾历主松川、梅溪、金鳌诸书院讲席，著有《茶话轩诗集》，删定《东瓯诗存》并改名《瓯雅》。史志方面，陈舜咨编著有《孤屿志》八卷，《温州经籍志》评此志："《孤屿志》以释元奇《江心志》为蓝本，因旧志明不雅驯，取谢灵运诗语改题。其书卷首为胜迹，余则皆艺文，于旧志略有增删，亦间附考订。……较旧志稍为精审也。"[2]陈氏这种极重艺文，文辞精当考究，擅长考订增补前人著述的治学风格，正与洪守一在《瓯乘补遗》中所表现出来的学术风格一致。

嘉庆初年以后，洪守一已经成为家乡颇为知

名的学者，因此嘉庆十三年（1808）就受邀参与了《瑞安县志》的编纂。嘉庆《瑞安县志》，为当时瑞安知县张德标主持编纂，嘉庆十三年开始修，嘉庆十四年（1809）竣工刊刻。瑞安在明清两代共编成六部县志，而嘉庆本是其中质量最好的。后孙诒让曾勘校标注，并评价此志"能据史传纠正其失，在吾乡诸志尚为佳本"。[3] 这次对本县地方志的编纂，使洪守一更有机会全面了解本地的地理人文情况，故其在后来编修《瓯乘补遗》时也承认："我瑞人也，所载掌故他邑不及采访，惟安固略详。"另外，《瓯乘补遗》许多方志编纂的方式和特点与《瑞安县志》如出一辙。如山川风俗方面的内容喜以录入名人诗作的方式代替描述；偏重艺文经籍，《瓯乘补遗》中这两部分内容占全书三分之一以上。可见此次参与《瑞安县志》的过程对洪守一影响之大。

除嘉庆《瑞安县志》和《瓯乘补遗》外，洪守一还曾重辑《俗字编》，撰有诗集《后河吟草》。《俗字编》原为清代康熙时瑞安学者余国光所编，记录瑞安方言词语八百余条，后散佚，嘉庆年间洪守一重辑此书。《俗字编》中洪守一提出了汉字通俗化的问题，与清晚期汉字改革运动相关，在考证一些俗字字源时，涉及许多温州风俗历史，亦是洪守一重要学术成果。

洪守一一生未曾仕进，故留存下来的相关史料不多。而最为温州本地史志重视提及的，则是他为人慷慨仗义，对当地水利事业极有贡献。如资银4000余两疏浚瑞塘河40余里，修桥50余座，又修江塘20余处。道光二十七年（1847）年，官府因洪氏在水利上慷慨救急，加封其为六品衔义士，瑞安知县孙源撰《重修瑞安官塘碑记》表彰其事。

二、《瓯乘补遗》的编纂及过程

清乾隆年间，李琬、齐召南编成《温州府志》三十六卷。道光初年，洪守一认为前志年久缺漏，决定加以辑补，道光四年（1824）编成《瓯乘补遗》，然当时未能刊行。至道光二十九年（1849），年过八旬的洪守一在子侄洪澜等人的帮助下，重新整理早年存稿，改名《瓯乘拾遗》，道光三十年（1850）交爱吾堂梓印。

《瓯乘补遗》中洪守一自叙："郡志自齐息园先生修后，年以周甲，此其将修时耶。余质钝且弱龄废学，长而撑持家计，笔墨几如分外事。戊辰分修邑志，披览所及，有涉瓯事者，岁摘录之，迄今成帙。弗忍□□修郡志者，庶足供采择于万一欤。"[4]（图一）

后通行刻本《瓯乘拾遗》序言前半段基本完全一致，只是《拾遗》中将"年以周甲"变为"届今几近百载"。并记录二十五年后的刊刻始末："现齿届杖朝，眼目昏花，深虑从前手辑□□□□□□平生心力竟归乌有。乃名侄澜编次之。名曰《瓯乘拾遗》，交付梨枣。虽鲜见浅闻，遗漏滋多，然汇成稿□□□□修志乘者采择焉。庶于吾瓯文献不无少补云尔。"《补遗》后署"道光四年且月□□日后河观亭居士识"，《拾遗》则署"道光贰拾有玖年乙酉春，安固八十一老人洪守一谨志"。[5]（图二）

从序言中可知，洪守一从早年就注意收集梳理与温州府相关的史料，且对以前所修的温州地方志有较全面的了解。他序言中提及"年以周甲，

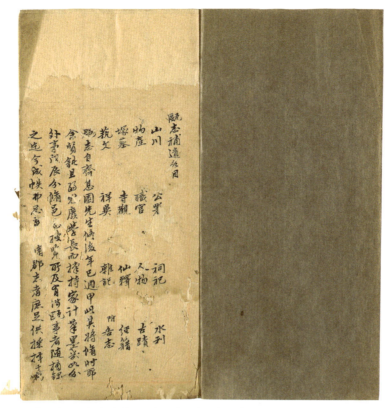

图一：《瓯乘补遗》卷前洪守一序，清道光四年稿本，国家博物馆藏。

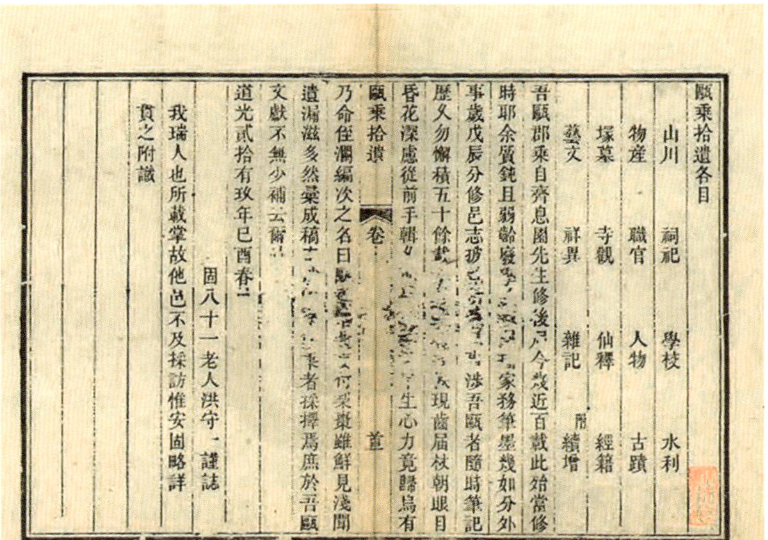

图二：《瓯乘拾遗》卷前洪守一序，清道光三十年爱吾堂刻本，国家图书馆藏。

此其将修时"，正符合清代以后逐步成熟的地方志当每六十年一修的志学理念。

《瓯乘补遗》共3万余字，洪守一编撰此志是为补《温州府志》之缺。但其自称："我瑞人也，所载掌故他邑不及采访，惟安固略详。"《瓯乘补遗》内容上确有所偏重，以补清代道光朝以前的瑞安史料为主。洪守一并不认为仅凭己力能全面覆盖温州全府相关史志，因此《瓯乘补遗》并不求全责备，而注重择选了各类史料中比较稀见或者自己比较熟悉的部分，希望能对修全志者有所助益。

这部方志最终得以刊刻，得益于洪守一家族和亲朋的帮助。如其侄洪澜负责了大部分的编次工作，外甥张墫、张增负责校订，孙洪庆长负责参订。私编家刻的地方志易有粉饰溢美之嫌，然而《瓯乘补遗》并没有出现对洪氏家族的偏袒，也无耽于乡野逸闻，而是中正平和地摘录史料，并因本地士绅耆老大量参与，内容真实可信。《瓯乘补遗》作为小型地方志的功用，得到了很好的实现。

三、中国国家博物馆藏《瓯乘补遗》的基本情况

中国国家博物馆所藏，乃是道光四年洪守一初撰此志时的手稿，彼时仍名《瓯乘补遗》。《瓯乘补遗》稿本，一册五十六叶，三十三至三十四

叶间夹二叶素纸，为补入"重修礁石江塘记略"等内容。书高24.1厘米，宽12.6厘米。朱丝栏，框高17厘米，宽10.2厘米。四周双边，白口。半叶九行，行二十三至二十五字不等。行楷抄录，首页首行题书名"瓯乘补遗"，随后为类目，类目后洪守一序，文中间有墨笔顿点断句。原稿较残破，经加衬重装，封面已失题签。（图三）

《瓯乘拾遗》刻本的初印本数量应该不多，即使是晚清刻本，现今留存也极少，仅国家图书馆、浙江图书馆、温州图书馆等几处收藏。而中国国家博物馆藏的《瓯乘补遗》作为洪守一手稿，更是极为珍贵的孤本。手稿中艺文和祥异中被刻本选入续增的内容，均用朱笔小字题"入续增"。由此可知，道光四年手稿成书至道光二十九年刊刻这二十五年间，手稿本一直为洪守一所珍藏。后这手稿散入民间，直至中国国家博物馆从中国书店购买入此书，幸保存完好，得以全本。

四、国家博物馆《瓯乘补遗》稿本和通行《瓯乘拾遗》刻本内容之对校

《瓯乘补遗》稿本成书与《瓯乘拾遗》刻本刊印之间相距长达二十五年，内容上自然有所变化。

首先在类目上的比校：（见表）

书名	类目							
《瓯乘补遗》	山川	公署	祠祀	水利	物产	职官	人物	古迹
	冢墓	寺观	仙释	经籍	艺文	祥异	杂记	（附）各志
《瓯乘拾遗》	山川	祠祀	水利	学校	物产	职官	人物	古迹
	冢墓	寺观	仙释	经籍	艺文	祥异	杂记	（附）续增

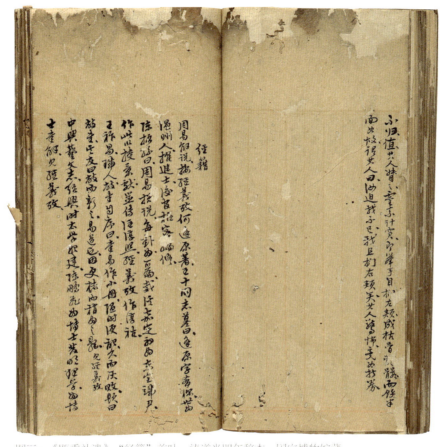

图三：《瓯乘补遗》"经籍"首叶、清道光四年稿本、国家博物馆藏。

《拾遗》没有"公署"，多出"学校"。但实际上《拾遗》正文中"学校"没有具体内容，而《补遗》中"公署"部分也只有"何镗有备赈义仓记"，"田升有瑞安善济院记"二行记录，无具体内容。

正文的内容，则有以下变化：

山川、祠祀、职官、古迹、冢墓、寺观、仙释几部分，刻本基本没有改动早年手稿本的内容，仅微调格式，如将一些史料出处从每条末尾统一调整为每条史料顶头处。

祥异部分，《补遗》首三条改入《拾遗》续增，其余都没有改动。

物产部分，《拾遗》末尾增添"谢灵运游名山志有高桐""花木考温州山中放杖木""五侯鲭龙牙竹"三条。

人物部分，《补遗》"元时《涿郡志》有诗人卢挚"，《拾遗》无此条，但改添"销暑录四灵学晚唐诗""西湖游览志韩侂胄荐叶适"两条；《补遗》"《耳新》萧鸣凤……道遇张永嘉聪。张使为己推造"，《拾遗》无此条；《补遗》"两高明""两周旋""两刘根""六白云先生"，《拾遗》均无；而《拾遗》末尾填"徐俨夫"一条，《补遗》无。

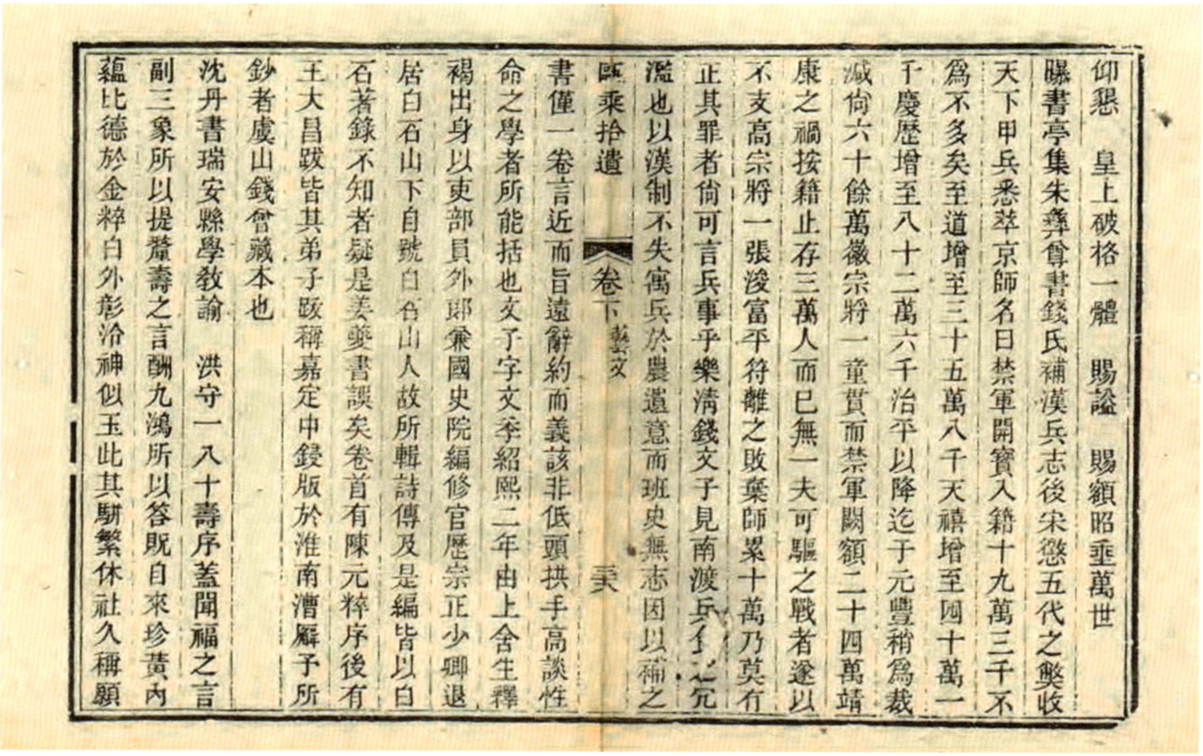
仰懇　皇上破格一體　賜謚　賜額昭垂萬世
曝書亭集朱彝尊書錢氏補漢兵志後宋懲五代之弊收
天下甲兵悉萃京師名曰禁軍開寶入籍十九萬三千不
爲不多矣至道增至三十五萬八千天禧增至四十萬一
千慶歷增至八十二萬六千治平以降迄于元豐稍爲裁
減尚六十餘萬徽宗將一童貫而禁軍闕額二十四萬靖
康之禍按籍止存三萬人而已無一夫可驅之戰者遂以
不支高宗將一張浚富平符離之敗棄師累十萬乃莫有
正其罪者尚可言兵事乎樂清錢文子見南渡兵[illegible]之冗
濫也以漢制不失寓兵於農遺意而班史無志因以補之
甌乘拾遺　卷下藝文
書僅一卷言近而旨遠辭約而義該非低頭拱手高談性
命之學者所能括也文子字文季紹熙二年由上舍生釋
褐出身以吏部員外郎兼國史院編修官歷宗正少卿退
居白石山下自號白石山人故所輯詩傳及是編皆以白
石著錄不知者疑是姜夔書誤矣卷首有陳元粹序後有
王大昌跋皆其弟子跋稱嘉定中鋟版於淮南漕廨予所
鈔者虞山錢曾藏本也
沈丹書瑞安縣學教諭　洪守一八十壽序蓋聞福之言
副三象所以提釐壽之言酬九鴻所以答貺自來珍黃內
蘊比德於金粹白外彰洽神似玉此其騶繁休祉久稱願

图四：《瓯乘拾遗》“艺文”中“沈丹书瑞安县学教谕洪守一八十寿序”，清道光三十年爱吾堂刻本，国家图书馆藏。

水利部分，《补遗》第二条“瑞安新埭”，《拾遗》无。

经籍部分，《补遗》列《四库全书总目提要》所收录的温州文人集部文献，《拾遗》无。

艺文部分，《补遗》“戴咫园章恭毅祠诗”，《拾遗》改入续增；《拾遗》在艺文末增添“沈丹书瑞安县学教谕洪守一八十寿序”一文。（图四）

杂记、附编部分，《拾遗》增补最多。如杂记“吴氏汲古轩阅赵孟頫长幅”“《西湖游览志》岳坟诗无虑千首”“《净慧寺志》马宋英”“《行营杂录》朱熠本”“《鞠坡丛话》王十朋”“张璁议改孔子为先师”“何为然《识小编》永嘉王泰”等条，均是《拾遗》后添。而《补遗》中原有的“科目姓名”一条则被删去。（图五）

附编部分，《拾遗》之续增除有前文提及祥异和艺文调入几条外，还收入《补遗》附志中的“林培厚瓯会馆记”、夹页中的草稿“重修礁石江塘记略”，又增添“重修瑞安官塘碑记”“重修塘口桥节略”“许真君祠”“伍公庙”等数文。而《补遗》原附志的主体内容“四库各郡县志”则被删去。

比较两书可知，道光四年（1824）时《瓯乘补遗》的框架和基本内容已然完整，文字也经过较为认真的校对抄录，应该已有成书刊刻的计划。稿本与刻本类目设置极为相似，且并不因所辑内容之多寡而细分或者废弃类目，说明洪守一在方志框架上的理念是比较成熟完整的。不过稿本其

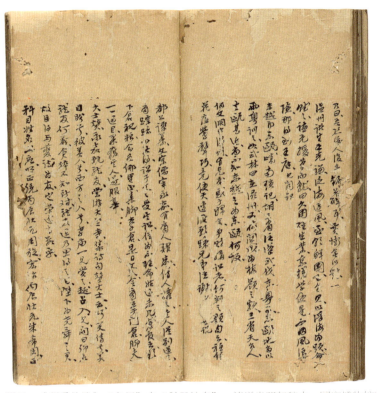

图五：《瓯乘补遗》"杂记"中"科目姓名"，清道光四年稿本，国家博物馆藏。

中公署、水利、寺观几个部分，内容都非常简单，仅有一两条，这或许因为这几个方面乾隆《温州府志》比较周全，缺漏不多，但也有留待他日继续补充的意思。可惜的是这几部分直到二十五年后刻本刊刻时也没有太多增添，因此实际《瓯乘补遗》在道光初年已基本完成。

从内容的增删看，刻本的改动大多是为了保证志书的真实和精核。例如人物中"两高明""两周旋""两刘根""六白云先生"，这些材料繁琐而并不重要，《拾遗》才将之删去。而张永请萧鸣凤为其推算未来，则或因为人熟知或因过于荒诞，《拾遗》选择废弃也有其道理。但手稿在内容也保有一些刻本所无的重要内容。如《补遗》

在经籍中有四库所收温州学人文集，杂记中有科目姓名，附志中列四库收温州相关的郡县志等等。这些内容以洪守一的个人学力未能保证准确全面，《拾遗》选择删去，但从史料的重要性和地方志对于地方文献保护整理的角度来说，却是相当珍贵和值得保留的。

民国温州瑞安学人张棡在其日记中记："（民国二十七年）十二月十三日 装订旧藏《瓯乘拾遗》一册。是书系瑞安姻丈洪贯之先生手册，顾详略得中，较孙同元之《永嘉闻见录》似过之。至孟锦城《永嘉轶事》一书亦佳，惜外间少见传本，而从叶雨琴先生处得之，亦足备吾瓯掌故也。"[6]对这部方志评价不低。后《中国地方志集成浙江府县志辑》，亦选择此志附于乾隆《温州府志》，证明此志确实能补齐召南所修乾隆《温州府志》之不足。洪守一编纂这部方志之"平生心力"并无落空，确可无愧于乡邦故老。

注释：

1. 林启享《茶话轩集序》中提及："当时如阮芸台、刘信芳两宗师，秦小岘、朱沧湄、李石农三观察，莫不叹赏其诗文。李公知之尤深，罗致幕中，凡撰著并属商定。"

2.（清）孙诒让：《温州经籍志·卷三十四》，光绪三年刻本。

3.（清）孙诒让：《温州经籍志·卷三十四》，光绪三年刻本。

4.（清）洪守一：《瓯乘补遗·卷首》，道光四年稿本。

5.（清）洪守一：《瓯乘拾遗·卷首》，道光三十年爱吾堂刻本。

6. 张棡：《张棡日记》，上海科学院出版社，2003 年，第 561 页。

从《玉芝园志》看玉芝园及其园林文学

贾　浩

摘要： 玉芝园地处今江西省奉新县赤田镇高冈村，是晚清官员许振祎的宅园。该园利用天然山水巧妙布景，建筑精湛，花木繁多，还有大量名人诗赋集成的题联。本文以园主之孙许祖禧编辑的《玉芝园志》为基础，对这座已废园林的造园艺术和园林文学加以分析。

关键词： 玉芝园　许振祎　《玉芝园志》

奉新县高冈村是赣西北九岭山脉与鄱阳湖盆地交界地带的一座小村庄。今天，从卫星地图上看去，它和临近的村落并无太大区别。然而从清末至 20 世纪 70 年代，这里曾有一处全县规模最大的私家园林——玉芝园。此园布局巧妙，景观秀丽，且有文人学士琳琅满目的品题为林泉增色，堪称近代江西古典园林中的杰作。园废后，知者渐少，相关介绍亦不多见。[1]

中国国家博物馆藏有《玉芝园志》一册，系初代园主许振祎之孙许祖禧于 1929 年所辑，此书收录玉芝园图和许振祎的亲友、门生所作的各类题咏文字，保存了该园建筑与相关文化资料，仅印百册，十分稀见。今玉芝园虽已无存，但借助《玉芝园志》这一珍贵文献，人们仍可以对其景观和园林文学有所了解。（图一）

一、园主家族与玉芝园的兴废

玉芝园的创建者许振祎，字伟人，号仙屏，清道光七年（1827）生于江西南昌府奉新县高冈村一个衰而复起的地主家庭，系其父许献琛第五

子。许家自太高祖起屡试不第，祖父许腾以行医为业，献琛为廪生，至许振祎长兄许振礽考取道光庚子科（1840）进士后，家道始有改观。[2]许振

图一：《玉芝园志》不分卷，一册，许祖禧辑，民国十八年（1929）十二月许祖禧刻本。

图二：《玉芝园志》卷首"许文敏公五十岁肖像"。

祎于道光二十四年（1844）中秀才，二十七年（1847）拔贡，咸丰三年（1853）年考取八旗官学教习，在京中与邓辅纶、高心夔等文人结交。[3] 同年，太平天国定都南京，进军江西，邓辅纶携许振祎至南昌，为其父江西按察使邓仁堃招募"江军"，与太平军作战。"江军"被太平军消灭后，许振祎转入湘军幕府办理文案，对曾国藩竭尽忠诚。咸丰四年（1854），曾国藩被太平军大败于湖口，宾从四散，许振祎随侍左右，一夜办理官书八十份，深受其赏识。[4] 咸丰九年（1859），许振祎考取举人，同治二年（1863）中进士，改翰林院庶吉士，四年（1865）散馆，授编修。同治八年（1869）充贵州乡试副考官，十年（1871）任陕甘学政，

光绪八年（1882）授河南彰卫怀道，十二年（1886）历江宁布政使，十六年（1890）任东河河道总督，二十一年（1895）改广东巡抚。戊戌变法期间，广东巡抚被裁撤，他乞假回籍，次年病逝，年73岁，谥号"文敏"。（图二）

许振祎政治观点保守复古，极力反对新学。但他于陕甘学政任上多录回族子弟入学、创建泾阳味经书院、实行陕甘分闱；任彰卫怀道时轻徭薄赋；督办河防亦有成绩，并倡建开封信陵、瓣香和济宁池楼书院[5]，在文教、财政、建设等方面均有所建树，故被时人称为"名臣"，在世时屡获奖掖，身后亦有"恩荣"。光绪二十六年（1900），两江总督江苏巡抚鹿传霖奏请将许振祎附祀南京曾国藩祠，二十九年（1903），河南巡抚张人骏亦请将其附祀开封曾祠[6]，并将事迹宣付国史馆立传。

玉芝园第二代主人许恩绪（1867—1918），字熙甫，系许振祎独子。他随许振祎宦游各地，未应科举，恩荫叙官至江苏试用道[7]，不就，改任民政部咨议，武昌起义爆发后弃官归乡。许恩绪仇视辛亥革命，曾向地方官告发奉新帅康仁农民起义，使其未及举事即被捕杀。民国后，许恩绪为避兵乱，举家迁居上海，逝于寓中。许振祎父子与陈宝箴、陈三立父子交谊深厚，许恩绪亡故后，陈三立为其撰写了墓志铭。[8]

玉芝园最后一位园主许祖禧（1909—1986），字汪度，为许恩绪次子。1926年江西南昌私立鸿声中学毕业，从事过教师、律师等职业。1929年，他将玉芝园图和许振祎的亲友、门生为此园所作的各类题咏文字辑录成书，命名为《玉芝园志》，刊刻百册，分赠亲友，以期"园以文传，

文以园著"。1933 年，河南省图书馆将许振祎祠堂部分屋舍变更用途，许祖禧曾与之发生诉讼。[10]

玉芝园建成于清同治十二年（1873）。[11] 许振祎旧居在太平天国战争期间"家具皆空，惟屋存耳"[12]，他出仕后打算重建住宅"以博亲欢"，同治八年典试贵州时，已有构筑园林的想法，因财力不足，仅"买地十笏"，又"虚绘一图，置之箧中"留作准备。[13] 同治十年出任陕甘学政后，俸入稍厚，遂于十一年（1872）委托门生孔继昌在家乡督建了宅第"恩养堂"，第二年又在其西侧引山泉为池，建造水榭、亭台，取曾国藩集苏轼诗题赠的楹联"玉芝紫笋生无数，凤雏骥子日相高"[14] 命名为"玉芝园"。许振祎修建此园，原打算作奉亲养老和自己致仕乡居之用，不料事与愿违，他于同治十二年任满还家，其父次年三月就病重不治，许振祎不禁哀叹"奉亲特辟玉芝园，恩养堂成渍泪痕"。[15] 光绪二年（1876），许振祎丁忧服满后起复入京，从此宦迹南北，很少得暇归乡长住，偶一入园，每感"作个主人仍是客，不知添得许多愁"。[16]

民国时期，因社会动荡，玉芝园日渐凋敝，许祖禧辑录《玉芝园志》时，已流露出"深惧斯园文物之或泯也"的忧虑。[17] 中华人民共和国成立后，玉芝园主体建筑曾作为小学使用，1973 年因建公社礼堂被拆，今地面建筑已然荡毁。[18]

二、玉芝园景观概略

许振祎世居奉新县城东南的高冈村（又名大泽村、岗咀头村），明正德年间，其先祖即由西南不远处的罗塘迁居于此。这里地如其名，是平原

上的一小块丘陵，玉芝园依山势而建，坐北朝南，北高南低。全园占地约 50 亩，四周砌有青砖围墙，大门位于东南方，建重檐门楼，门外开设月池以供防火。围墙内兼有宅第和园林，东部是住宅区和祠堂，恩养堂和乡贤公祠两组建筑分居左右，均为江西常见的三进天井式院落，前有空地，后带跨院。西部约三分之二面积皆是园林，主要景观二十四处，计有：舫斋、烟雨楼、杨柳池台、秋籁阁、鸥湖、鹿岩、在山泉、青山谷、紫藤花下、度月廊、来青亭、水边篱落、桂丛、松洲、飞来三岛、碧栏桥、一拳石、柳帘香榭、腻绿坪、西涧、南楼、蔬香圃、蓉堤、鞠花潭，合称"玉芝园二十四景"。（图三）

中国传统园林景观命名素来重视用典，从许振祎亲友为玉芝园二十四景的题赠来看，园中景名大部分取自古人以归隐为题的诗词，试图营造出一种远离尘嚣、遁迹山林的氛围。（表 1）

借助《玉芝园志》收录的园图，可以稍窥园林昔日风貌。玉芝园内东为庭院建筑，西为园林区，园林利用地势，形成西北高，东南低，西北山，东南水的背山面水布局，俨然是中国自然地貌的缩影。进玉芝园大门后，入左侧题"小辋川馆"的二门，有小院垂柳称"柳帘香榭"。院中左手月门"香海巢"内为"青珊馆"院落，东西厢房分别名"紫藤花下"和"蕉云槛"，院中植翠竹、紫藤花、芭蕉，还有一座来自袁枚随园的假山石。[19] 院北端为二层书房兼藏书楼"万卷楼"，楼西侧"秋籁阁"庋藏书画，楼北有桂树密匝的"桂丛"和遍栽木芙蓉的"蓉堤"。

发源于蓉堤之下的"在山泉"形成一条溪流纵贯园中，沿岸栽种梅花，称"水边篱落"，溪

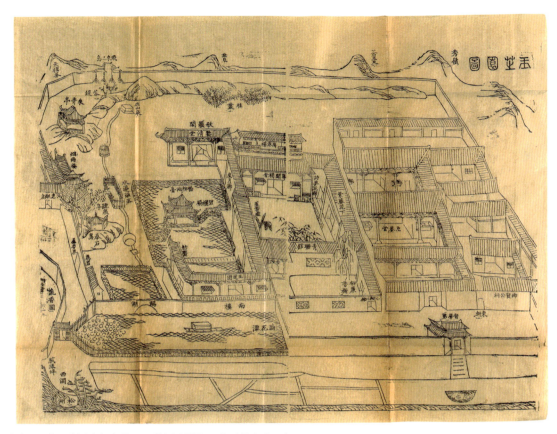

图三：《玉芝园志》卷前"玉芝园全图"，绘于清光绪二年。

表1　玉芝园部分景名用典出处及文献依据

景名	用典出处	文献依据
舫斋	黄庭坚《次韵寄滑州舅氏》：舫斋闻有小溪山，便是壶公谪处天。	吴光显《舫斋》：舫斋曾诵涪翁句，今见先生结屋偏。
烟雨楼	钱惟善《和季文山斋早春》：烟雨楼台春似画，水云窗户昼生寒。	烟雨楼题联：烟雨楼台春似画，水云窗户昼生寒。
秋籁阁	欧阳修《秋声赋》：四无人声，声在树间。	胡湘林《秋籁阁》：声自树间出，风生万壑幽。

景名	用典出处	文献依据
鸥湖	黄庭坚《登快阁》：万里归船弄长笛，此心吾与白鸥盟。	孔继昌《鸥湖》：白鸥曾与盟心久，飞傍阑干绝可怜。
鹿岩	王维《鹿柴》：空山不见人，但闻人语响。	吴光显《鹿岩》：空山月出人语响，疑是幽人王右丞。
在山泉	杜甫《佳人》：在山泉水清，出山泉水浊。	陈琅《在山泉》：杜氏有高咏，在山泉水清。
来青亭	徐渭《来青亭》：亭非邀翠入，山自送青来。	胡瀛生《来青亭》：更从天际望诸山，山势来楼青来了。
水边篱落	林逋《梅花》：雪后园林才半树，水边篱落忽横枝。	吴光显《水边篱落》：三枝两枝梅格瘦，长篱短篱波影斜。
桂丛	淮南小山《招隐士》：桂树丛生兮山之幽，偃蹇连蜷兮枝相缭。	孔继昌《桂丛》：芳丛如共小山游，散得天花处处幽。
松洲	苏轼《戏作种松》：我昔少年时，种松满东冈。	陈琅《松洲》：问得种松术，青松种满洲。
南楼	李白《陪宋中丞武昌夜饮怀古》：清景南楼夜，风流在武昌。	胡瀛生《南楼》：武昌清景南楼夜，李白奇怀一倾泻。

水在园东南部汇聚成池，其园内部分称"鸥湖"，南墙外部分为"鞠花潭"。以在山泉为界，园中景观又分为东西二部分，东南为池沼，池上建有楼台，西北有假山，山间点缀亭阁，二者以在山泉为纽带，相互联络。

穿过青珊馆西侧"度月廊"即为鸥湖，湖中种植荷花水草，散养水鸟游鱼，"碧栏桥"曲折横穿湖面，桥中央有水亭"杨柳池台"，台南池上还有"舫斋"和"南楼"两处水榭，其中南楼是园中最佳的观景所在，登上此楼，不仅能够遍

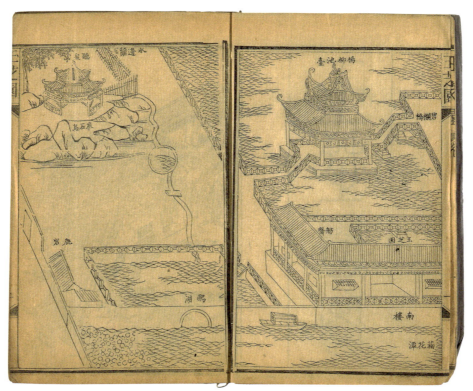

图四：《玉芝园志》卷前"玉芝园园林南部分图"，图中南楼为全园观景最佳处。

览全园，还可向北远眺九岭山脉风光，向南俯瞰园外桑田菜圃，许振祎曾有诗称"尽收风物入南楼，楼下花光倒影流"。[20]（图四）

园西侧和北侧环以垒土而成的假山，山脉西北角有牌楼题"飞来三岛"，山势取蓬莱仙岛之意耸成三峰，中间主峰建"烟雨楼"，南北峰分别有"听泉亭"和"来青亭"，其中听泉亭内陈设着一块奇石，所在山峰又称"拳石岛"。山脉至拳石岛为止，其南有名为"鹿岩"的鹿舍，饲养了许振祎从陕甘带回的几头獐鹿。

玉芝园地处乡间，二十四景中有几处别具田园风光：鞠花潭西开渠引水，用以灌溉玉芝园西的田地，渠名"西涧"，水中有数株松树，称为"松洲"。园西墙外有菜畦"蔬香圃"、桑麦田"腻绿坪"以及粮囤"惠邻仓"。

玉芝园中四季花木繁茂，植有丹桂、银桂、月月桂、红梅、白梅、酸梅、千层茶、翠柏、红枫、樱花、木笔、芙蓉、兰花、海棠和相思柳等200余种奇花异卉，林木葱茏，花香不断，堪称一处乡间盛景。[21]

奉新当地虽旧有帅氏锁石园，然至道光年间即衰败不堪，晚清时期，江西名园亦不多，玉芝园建成时，其规模不仅是一县之最，在全省也已颇足称道。许振祎自述："爰从弱冠奔走京国，往来梁、吴、楚、粤，辄于山水佳处，未能忘情"[22]，可见他在设计玉芝园的景观时，曾经借鉴了南北各地名园的一些特点。这座园林究竟具体参考了哪些其他名园，尚需进一步查证。

三、玉芝园中的诗文集会

许振祎毕生喜以诗文会友，咸丰三年入京时即"选为文酒之会，名闻公卿间"[23]，在翰林院时与诸多名士唱和，提督学政后，又选拔了一些以文学见长的后辈，因而其故旧、门生中不乏当时知名的文人学士，《玉芝园志》收录了许多他们为许振祎创作的诗文。这些题咏作于同治十二年至光绪二年，大致分属于两个时期：许振祎任陕甘学政时，即曾请人为玉芝园作记；居父丧丁忧在家期间，"忧伤成疾，至不能寐"[24]，适值玉芝园新成，于是经常携门人在园中夜游吟咏，又邀外地亲友为此园作记，以山水诗文排遣悲情。

《玉芝园志》共录入了 10 位作者所作的记、赋 5 篇，诗、词 144 首。通过分析这些作品及其作者身份，既能了解园中诗文集会的情况，也可部分反映许振祎的交游范围。下面依照编次顺序，对园志中诗文作者略作说明，并对其作品加以简单介绍。

1. 沈文荧《玉芝园记》

沈文荧（1833—1886），字心灿，号敬轩，又号梅史、春萍馆，浙江余姚（今属慈溪市）人。咸丰九年举人，曾在漕运总督邵灿、宁绍台道张景渠幕中，参与镇压太平军、捻军。同治四年赴陕，先后入陕西提督雷正绾、刑部侍郎袁保恒军幕，官至陕西商州知州，光绪三年至五年（1877—1879）为驻日本公使随员。[25]沈文荧著作颇多，有《春萍馆诗钞》《古文钞》《磨盾草》《栈车草》《塞

垣日记》《西北行程记》《东槎诗文》《东瀛日记》《西师录》《眠琴榭词》等[26]，今皆不传，现存诗文主要收录于黄遵宪驻整理的与日人的笔谈材料和王韬《淞滨琐话》中，《玉芝园记》则仅见于园志。

沈文荧曾与许振祎在陕西共事，此文系其在陕时应许之请为玉芝园图所作。文章由称赞奉新人杰地灵、玉芝园美不胜收，转而颂扬许振祎的人品和功绩，最后祝愿玉芝园能像裴度集贤园、司马光独乐堂一样名传千古，虽无甚新意，但骈四俪六、辞藻华丽，可算一篇合格的应景之作。

2. 姚劭諴《玉芝园记》

姚劭諴（1827—？），字质夫，陕西澄城（今渭南市澄城县）人，秀才出身，曾任陕西城固县学训导，后受聘为味经书院协理[27]，曾力劝许振祎尽快修建宅园，以便奉亲。姚劭諴著述传世者仅有此文。

本文作于许振祎从陕甘学政离任之际，为散文体，姚劭諴对许的一官之赐感激备至，文章也极尽歌功颂德之能事。全文以夏侯胜所言"有阴德者，必飨其乐，以及子孙"为核心，以许家道光季年"室内产紫芝"为许献琛有德之证，称赞其能"得贤宦为之子，得名园为之娱"，文末又称因秦士皆颂许氏父子之德，玉芝园他日必定还会户生芝兰。

3. 高心夔《玉芝园记》

高心夔（1835—1883），原名梦溪，字伯足，号陶堂，又号碧湄、东蠡，江西湖口（今九江市湖口县）人。咸丰元年（1851）举人，十年（1860）进士，曾两任吴县(今苏州市姑苏区)知县，著有《陶堂志微录》五卷、《陶堂遗文》《恤诵》《碑概》

各一卷。[28]其人天资颖异，工诗善书，是近代"汉魏六朝诗派"代表人物，本人自视甚高，但因早年投入肃顺门下，位列"肃门五君子"之首，辛酉政变后受到排挤，终生郁郁不得志。

高心夔与许振祎早年即交谊甚厚，曾在京中游宴文薮，"出门累车骑，并席持肱肘"[29]，二人后来还结为姻亲，关系更加深密。许振祎丁忧期间一度打算归田，他致信高心夔，称"身病且衰"，请作园记"以文字释忧"，高氏遂赠此文。这篇《玉芝园记》虽然用词古奥，但感情色彩强烈，文章追述许振祎入仕以来的经历，对其才华大加称赞，又反复责备他"托衰自诡"，言下之意是劝其尽快出山做官。此文收入《陶堂志微录》，李慈铭曾评价其词意"不免稍杂"[30]，但其立意新颖，特点鲜明，在园志收录诸记中可算佳作。

4. 熊树滋《玉芝园赋》

熊树滋，字干臣，陕西镇安（今商洛市镇安县）人，是许振祎在陕西录取的生员，随其由秦入赣，后于光绪二十一年任河南武陟县主簿[31]，传世著述仅有此赋。熊树滋《玉芝园赋》以玉芝园二十四景入文，历数各处景观之佳妙，文辞中规中矩。

5. 吴光显《玉芝园赋并序》《玉芝园二十四咏》

吴光显，字仲明，陕西西乡（今汉中市西乡县）人，同治癸酉科（1873）优贡，为补任教谕[32]，也是随许振祎归乡的门人，生平著述仅见于《玉芝园志》。其赋内容与水平和熊树滋相近，二十四咏均为七言绝句，其中《杨柳池台》是一首送春诗：

杨柳池台

池边杨柳袅青丝，扬出梅痕蘸水时。

春去堂堂谁解惜，自临池上自敲诗。

此诗首二句形象地描写了杨柳池台中所见的暮春风光，后二句化用苏辙《送春》诗"春去堂堂不复追，空余草木弄晴晖"，但态度较为达观，在他的二十四咏中质量属于上乘。

6. 胡瀛生《玉芝园二十四咏》

胡瀛生，字子惠，号海峰，奉新县人。咸丰九年乡试大挑二等候选教谕，同治十年冬参与筹办当地民团，镇压棚民温开梢等人组织的起义[33]，同治十三年（1874）中进士[34]，光绪三年（1877）任宝应（今扬州市宝应县）知县[35]，四年（1878）七月补江宁（今南京市江宁区）知县[36]，著述仅见于《玉芝园志》。其二十四咏为七言律诗，《舫斋》一首较有代表性：

舫 斋

十年鼓舵沧江月，恶浪狂风寄愁绝。

不如挂笏看山云，一楼兴可清秋发。

君今列屋如乘船，表里花木回溁湲。

溪山佳处忽大笑，挂起西窗水接天。

首二句感叹许振祎为官艰辛，三四句化用黄庭坚《送谢公定作竟陵主簿》诗"挂笏看度南山云"对其归隐田园表示理解，五六句写出舫斋的建筑特点，末二句化用苏轼《南堂》诗"客来梦觉知何处，挂起西窗浪接天"来赞扬园主的豁达开朗。本诗虽多用前人成句，但别具意象，饶有情致。

7. 胡湘林《玉芝园二十四咏》

胡湘林（1857—1925），字竹沅，号揆甫，江西新建（今南昌市新建区）人，许振祎女婿。其父胡家玉（1808—1886）为道光二十一年（1841）探花，官至通政司参议。胡湘林于光绪元年（1875）中举，三年成进士，改庶吉士，授翰林院编修。

历任陕西同州知府、西安知府、山西冀宁道、广东布政使司，光绪三十三年至宣统元年（1907—1909）护理两广总督，辛亥革命后寓居上海。[37] 其诗作仅见于《玉芝园志》。

胡湘林二十四咏为五言绝句，其中《柳帘香榭》一首清新淡雅，较为佳胜：

柳帘香榭

袅袅门前柳，青青故近人。

飞香不飞絮，酿得一帘春。

8. 陈琅《玉芝园二十四咏》

陈琅（1850—1922），后改名田，字崧山，贵州贵筑（现属贵阳市）人。同治八年贵州乡试解元[38]，光绪十二年进士，授翰林院编修，改官御史，转给事中。光绪二十六七年（1900—1901）间，曾两次上章弹劾奕劻、袁世凯，名动一时，辛亥革命后蛰居在京。陈琅潜心嗜古，著述甚丰，辑有《明诗纪事》二百卷、参与辑成《黔诗纪略后编》三十卷、《略计》三卷，著有《陈给谏遗诗》《听诗斋诗》《遗文》《周渔璜先生年谱》等。[39]

陈琅为贵州"同光体"诗家代表，时人称"崧山之诗，侪辈独绝"[40]，其二十四咏为五言律诗，《秋籁阁》《鸥湖》《来青亭》清苍幽峭，有宋诗格调。

秋籁阁

寂处闻天籁，红尘了不侵。

丛篁森远韵，高阁警秋心。

新雁前汀起，残蝉晚树吟。

松风谁制曲，大壑自张琴。

鸥　湖

海上鸥谁昵，晴波漾碧湖。

眠沙真狎侣，戏水恰将雏。

蓼岸梳毛羽，芦汀入画图。

浮沉吾任尔，前路浪花粗。

来青亭

纵眼何空阔，孤高耸一亭。

招山来列坐，放鹤入苍冥。

画墨遥粘碧，矜衫欲混青。

几回搔首望，万仞削云屏。

9. 孔继昌《玉芝园二十四咏》

孔继昌，字兆五，浙江萧山（今杭州市萧山区）人，寄籍贵州，同治九年（1870）举人，一说同治十二年举人[41]，后官花翎同知衔候补知县。孔继昌诗作仅见于《玉芝园志》，二十四咏为七言律诗，《烟雨楼》一首甚费心思。

烟雨楼

烟雨空濛到此楼，凌虚拥出半天秋。

回栏曲曲青都卷，画栋阴阴翠欲浮。

作态与谁添画稿，醉吟宛若坐沧州。

一声长笛催山月，消尽人间尔许愁。

首句直引清人陈文述《蔡浣霞烟雨倚楼图》"江山跌宕容吾辈，烟雨空濛到此楼"，从玉芝园烟雨楼联想到嘉兴南湖烟雨楼，五六句"醉吟宛若坐沧州"拟王士祯《闻滕王阁落成》诗"吹笛宛若坐沧州"，以烟雨楼暗喻滕王阁，第七句又化用明宣宗潇湘八景图诗《远浦归帆》中的"长笛一声山月低"，把烟雨楼比作岳阳楼。孔继昌通过巧妙集句，将烟雨楼与历史上的名楼隐隐关联起来，使读者由此及彼，引发情感上的共鸣。

10. 宋家蒸《玉芝园词二十四阕·调寄菩萨蛮》

宋家蒸（1828—1892），字云浦，奉新人，为许振祎好友。同治二年进士，历任署安徽歙县知县，四川营山、夹江、蓬溪、盐亭、洪雅、峨眉（今乐山市辖峨眉山市属）知县，以循吏称。[42] 宋家蒸喜好诗词，有《述闻斋诗草》十七卷、《谱杏轩词草》四卷。[43] 此外，还参修了同治十一年版《奉新县志》。

后人论宋家蒸诗风为"格调高古，天趣横生"[44]，其词也约略如是，《蔬香圃》《松洲》两阕可为代表。

蔬香圃

秋菘春韭随时种，晨蔬摘罢还提罋。莺语晚晴天，一畦飞翠烟。

土膏香饱腹，真笑鸡豚俗。芝草有仙根，暖风生更芬。

松 洲

天风唤得虬龙起，涛声谡谡飞前浦。雪后卷帘看，此心同岁寒。

云间双鹤至，点破千重翠。明月趁朝晴，携锄剔茯苓。

以上诸人诗文大都是命题之作，旨在夸赞玉芝园林泉秀美，称颂主人志趣高洁，同时又不忘委婉地劝说其早日起复为官，虽然不乏文字优美者，但由于题材上的限制，文学成就并不算杰出。然而，一些作者在晚清政治、文学史中尚有一定地位，《玉芝园志》中所录诗文又是其仅存于世的个人作品，故而有一定资料价值。

四、玉芝园题联赏析

题联是中国古典园林艺术中不可或缺的部分，《玉芝园志》保存了园中景观的题联。这些联语大部分摘集古人名句而成，不仅对仗工整，格律严谨，而且意蕴流畅，浑然天成，是玉芝园园林文学的精华，其中题于"荷芰水亭开"（即柳帘香榭别名）的"帘卷夕阳流水高山芳草外，诗成春夜清风明月画楼中"更是被誉为"奉新第一联"。[45] 下面以表格形式，对这些联语略加分析。（表2）

表 2 玉芝园景观题联

景观	联语	出典
头门	昨者作堂名醉墨 朝来拄笏看西山	上联集苏轼《石苍舒醉墨堂》：昨者作堂名醉墨，如饮美酒销百忧。（13） 下联集苏轼《次韵胡完夫》：老去上书还北阙，朝来拄笏看西山。（22）
	秋稼如海 天花在庭	不详。
	骅骝开道路 水木湛清华	上联集杜甫《奉简高三十五使君》：骅骝开道路，鹰隼出风尘。（18） 下联集谢混《游西池》：景昃鸣禽集，水木湛清华。

景观	联语	出典
小辋川馆	松篁有天籁 山水含清晖	上联出处不详。 下联集谢灵运《石壁精舍还湖中》：昏旦变气候，山水含清晖。（2）
	今夕只可谈风月 谪居犹得住蓬莱	上联集《梁书·徐勉传》：今夕只可谈风月，不宜及公事。 下联集元稹《以州宅夸于乐天》：我是玉皇香案吏，谪居犹得住蓬莱。
柳帘香榭	独倚栏杆看花立 故种芭蕉待雨声	上联集李建勋《独夜作》：空庭悄悄月如霜，独倚栏杆伴花立。 下联集陆游《题书斋壁》：旋煎罂粟留僧话，故种芭蕉待雨声。
	风飐檀烟销篆印 月移花影上栏杆	上联集温庭筠《访知玄上人遇暴经因有赠》：风飐檀烟销篆印，日移松影过禅床。 下联集王安石《夜值》：春色恼人眠不得，月移花影上栏杆。
香海巢	诏恩尚许归田里 平生漫说古战场	上联集苏轼《过新息留示乡人任师中》：往虽不及来有年，诏恩倘许归田里。（14） 下联集苏轼《送李方叔下第诗》：平生漫说古战场，过眼终迷日五色。（15）
	钩帘归乳燕 移柳待山莺	上联集苏轼《次韵定慧钦长老见寄》：钩帘归乳燕，穴纸出痴蝇。 下联集刘长卿《送袁处士》：种荷依野水，移柳待山莺。
钓矶	花气袭人浑欲醉 鹊声穿树喜新晴	上联集陆游《东窗遣兴》：花气袭人浑欲醉，鸟声唤客又成愁。 下联集陆游《村居书喜》：花气袭人知骤暖，鹊声穿树喜新晴。
	重帘不卷留香久 三径初成乐事多	上联集陆游《书室明暖终日婆娑其间倦则扶杖至小园戏作长句》：重帘不卷留香久，古砚微凹积墨多。（24） 下联集苏轼《次韵周邠》：南迁欲举力田科，三径初成乐事多。（22）
	太古乾坤随处有 江西山水真吾邦	上联集黄庭坚《赋陈季张北轩杏花》：岂如大醉升糟丘，太古乾坤随处有。 下联集苏轼《江西一首》：江西山水真吾邦，白沙翠竹石底江。（15）

景观	联语	出典
红药栏	流揽古今当日永 静观山水乐天和	不详。
青珊瑚馆	香山诗句留池上 彭泽高怀寄菊中	不详。
紫藤花下	小窗虚幌相妩媚 曲沼游鱼信往还	上联集苏轼《眉子砚歌》：小窗虚幌相妩媚，今君晓梦生春红。（14） 下联化用苏轼《秋兴》：野鸟游鱼信往还，此身同寄水云间。（22）
	闲看书册应多味 直为鲈鱼也自贤	上联集苏轼《赠仲勉子文》：闲看书册应多味，老傍入门想更慵。（22） 下联集苏轼《戏书吴江三贤画像》：不须更说知机早，直为鲈鱼也自贤。（26）
	百丈游丝争绕树 万叠春山翠入楼	上联集卢照邻《长安古意》：百丈游丝争绕树，一群娇鸟共啼花。 下联集欧阳修《寄徐巽秀才》：千重锦浪翻如箭，万叠春山翠入楼。
	青山上下狷鸟乐 处士风流泉石间	上联集苏轼《柏家渡》：柏家渡夕日欲落，青山上下猿鸟乐。 下联集苏轼《与毛令方尉游西菩提寺》：尚书清节衣冠后，处士风流泉石间。
诗梦花禅	到此诗情应更远 不是花时肯独来	上联集张籍《寄和州刘使君》：到此诗情应更远，醉中高咏有谁听。 下联集苏轼《冬至日独游吉祥寺》：何人更似苏夫子，不是花时肯独来。
尊闻精舍	平生万变阅沧桑幕府使槎 无补涓埃甘下泽 隙地三分容水竹樊川杜曲 尚将丘壑慕前修	自拟。
	此中大佳自得于湖山以外 为善最乐所居在廉让之间	不详。

景观	联语	出典
尊闻精舍	千岁老根生乳节 一家终日住楼台	上联集苏轼《铁拄杖》：柳公手中黑蛇滑，千年老根生乳节。（14） 下联集元稹《以州宅夸于乐天》：四面常时对屏障，一家终日在楼台。
水镜堂	入则孝出则弟为君子儒先立乎其大者 依于人游于艺友天下士又尚论古之人	不详。
	谢安子弟佳难得 庾信文章老更成	上联出处不详。 下联集杜甫《戏为六绝句》：庾信文章老更成，凌云健笔意纵横。
万卷楼	会心原不在远觉禽鱼鸟兽自来亲人 惟学可以成才如玉树芝兰芳生竟体	不详。
	良辰美景赏心乐事 颐性养寿咏啸长吟	上联集谢灵运《拟魏太子邺中集诗序》：天下良辰、美景、赏心、乐事，四者并难。 下联集嵇康《忧愤诗》：咏啸长吟，颐性养寿。
	红药满阶春练句 青藜映案夜摊书	常见联语。
	心在一邱目营四海 身行万里坐拥百城	常见联语。
	月白风清有时独醉 香初茶半偶然遇书	常见联语。
度月廊	春风碧水双鸥静 小荷新竹夕阳明	上联集元好问《颖亭》：春风碧水双鸥静，落日青山万马来。（25） 下联集陆游《晚晴闻角有感》：暑雨初收白帝城，小荷新竹夕阳明。（24）

景观	联语	出典
度月廊	千章古木临无地 百步新廊不蹈泥	上联集苏轼《广州蒲涧寺》：千章古木临无地，百尺飞涛泻漏天。（22） 下联集白居易《和刘郎中学士题集贤阁》：欲知丞相优贤意，百步新廊不踏泥。
	未成小隐聊中隐 可爱深红间浅红	上联集苏轼《六月二十七日望湖楼醉书》：未成小隐聊中隐，可得长闲胜暂闲。（26） 下联集杜甫《江畔独步寻花》：桃花一簇开无主，可爱深红间浅红。
蕉云槛	雨余禽语催天晓 家近荷花似镜湖	上联集黄庭坚《戏和舍弟船场探春》：雨余禽语催天晓，月上梨花放夜阑。 下联集赵孟頫《海上即事与李子构同赋》：小姬劝客倒金壶，家近荷花似镜湖。
	一篇向人写肝胆 万事略不置町畦	上联集苏轼《次前韵送刘景文》：一篇向人写肝肺，四海知我霜鬓须。（15） 下联集黄庭坚《赠张仲谋》：向来情义比瓜葛，万事略不置町畦。（16）
	溪边翠竹新诗料 门外青山古画屏	常见联语。
鉴清堂	疏峰抗高馆 密林含余清	上联集谢灵运《登石门最高顶》：疏峰抗高馆，对岭临回溪。（2） 下联集谢灵运《游南亭》：密林含余清，远峰隐半规。（2）
	明窗深室皆严靓 细草幽花入献酬	上联集陈造《检旱宿香云》：明窗深室皆严靓，白菊红蕖相妩媚。 下联集秦观《次韵刘逊父以宁斋诗二轴作以还之》：明珠白璧堪投报，细草幽花入献酬。
	近水远山于此得少佳趣 法书名画可以顿醒滞思	常见联语。
	梦里花仙觅奇句 我家江南摘云腴	上联集苏轼《腊梅一首赠赵景贶》：归来却梦寻花去，梦里花仙觅奇句。（15） 下联集黄庭坚《双井茶送子瞻》：我家江南摘云腴，落硙霏霏雪不如。（16）

景观	联语	出典
秋籁阁	轻鸥白鹭定吾友 红树青山合有诗	上联集黄庭坚《题大年小景》：轻鸥白鹭定吾友，翠柏幽篁是可人。 下联集陆游《望江道中》：晚来又入淮南路，红树青山合有诗。（24）
	为山有基平地先成一篑 尺璧非宝吾人当惜分阴	常见联语。
	脱冠便作扶犁叟 载酒闲过绿野堂	上联化用苏轼《又一首答二犹子与王郎见和》：质非文是终难久，脱冠还作扶犁叟。（14） 下联集苏轼《次韵许遵》：问禅时到长干寺，载酒闲过绿野堂。（22）
	须臾净扫众峰出 惟有源头活水来	上联集韩愈《谒衡岳庙遂宿岳寺题门楼》：须臾静扫众峰出，仰见突兀撑青空。（12） 下联化用朱熹《观书有感》：问渠那得清如许？为有源头活水来。
来青亭	青云在平地 西园游上才	上联集曹邺《杏园席上同年》：一旦公道开，青云在平地。 下联集沈约《应王中丞思远咏月》：高楼切思妇，西园游上才。
	此峰最高青云足下 大观在上明月雪时	常见联语。
	谁能呼唤三更月 我欲凭陵万里风	化用陆游《雨后独登拟岘台》：谁能招唤三秋月，我欲凭陵万里风。
烟雨楼	筑室俯飞鸟 荡胸生层云	上联集黄庭坚《三至堂》：筑室俯飞鸟，我来岁仲冬。 下联集杜甫《望岳》：荡胸生层云，决眦入归鸟。（7）
	烟雨楼台春似画 水云窗户昼生寒	钱惟善《和季文山斋早春》：烟雨楼台春似画，水云窗户昼生寒。

景观	联语	出典
听泉亭	晴日上帘分绿色 晚凉倚树听秋风	上联化用潘纯《秋日与仲达昆季饮有怀李季和先生》：晴日上帘分竹色，晚风移席近鸥波。 下联集萨都剌《寓栖云》：白面道人门不出，晚凉倚树听秋风。
	绿树村边合 清泉石上流	上联集孟浩然《过故人庄》： 绿树村边合，青山郭外斜。（17） 下联集王维《山居秋暝》： 明月松间照，清泉石上流。（17）
杨柳池台	五亩自栽池上竹 四方同此水中天	上联集苏轼《李伯时画其弟亮功旧宅图》：五亩自栽池上竹，十年空看辋川图。（22） 下联集苏轼《武昌酌菩萨泉送王子立》：何处低头不见我，四方同此水中天。
	阶前碎月铺花影 柳转斜阳过水来	上联化用温庭筠《生禖屏风歌》：画壁阴森九子堂，阶前细月铺花影。 下联集贾岛《题赣州三堂吴郎中》：荷翻圆露惊秋近，柳转斜阳过水来。
荷芰水亭开	幅巾不拟入亭市 乔木如今似画图	上联化用苏轼《与子由同游寒溪西山》：幅巾不拟过城市，欲踏径路开新蹊。（14） 下联集苏轼《傅尧俞济源草堂》：先生卜筑临清济，乔木如今似画图。（21）
	帘卷夕阳流水高山芳草外 诗成春夜清风明月画楼中	传曾国藩题。[46]
碧栏桥	荷风送香气 秋月生夜凉	上联集孟浩然《夏日南亭怀辛大》：荷风送香气，竹露滴清响。 下联集孟浩然《宿业师上房期丁大不至》：秋月生夜凉，风泉满清听。
	多事始知田舍好 几人不为看花来	上联集苏轼《景纯见和复次韵赠之》：多事始知田舍好，凶年偏觉野蔬香。（21） 下联集苏轼《又和刘景文韵》：试问壁间题字客，几人不为看花来。（27）
舫斋	白鸥闲似我 新水碧于云	黄庭坚《演雅》：江南野水碧于天，中有白鸥闲似我。

景观	联语	出典
舫斋	乐意相关禽对语 生机不断树交枝	石延年《金乡张氏园亭》：乐意相关禽对语，生香不断树交花。
玉芝园	名园依绿水 明月照高楼	上联集杜甫《陪郑广文》：名园依绿水，野竹上青霄。 下联集曹植《七哀诗》：明月照高楼，流光正徘徊。
	芝草琅玕日初长 远山如黛翠眉横	上联集杜甫《元都坛歌》：知君此计成长往，芝草琅玕日应长。（11） 下联集韦庄《汧阳县阁》：汧水悠悠去似绋，远山如黛翠眉横。
	青春白日无公事 近水远山皆有情	上联集黄庭坚《次韵盖郎中率郭郎中休官二首》：青春白日无公事，紫燕黄鹂俱好音。（23） 下联集苏舜钦《过苏州》：绿杨白鹭俱自得，近水远山皆有情。
	鸦栖风定鹭点烟明疏柳斜阳留画稿 犊返源头雁横天际平芜秋色起樵歌	不详。
	相赏有松石间意 自谓是羲皇上人	上联集《宋书·萧思话传》载宋文帝语。 下联集陶渊明《与子俨等疏》中语。
	护花人至停珠屦 话雨灯深长玉芝	不详。
五云仙岛	茗芽隽永尝龙饼 香尾清麌篆麝烟	不详。

注："出典"后数字为该诗在《十八家诗钞》中的卷数。

以上题联共计 25 处，长短联 65 幅，130 句，有确切出典者 80 句，其中宋诗占半数以上，苏轼一人诗作即多达 27 句。这在一定程度上反映出了园主对苏诗的偏好，以及同光派诗人标榜宋诗的风气。值得注意的是，在有作者可查的 80 句诗中，有 38 句得见于曾国藩辑《十八家诗钞》，这种情况是出于巧合，抑或许振祎因眷恋故主而有意为之，仍有待继续研究。

玉芝园山水清幽，建筑奇巧，又有文人学士品题增色，集句楹联颇可观瞻，在江西近代古典园林中堪称佳作。相传玉芝既有延年益寿之功效，自身亦能历时久远，以此命名宅园，除为亲祝寿外，可能也寄托了主人使园林长存于世的希望。只是不知喜好宋诗的许振祎为爱园选名时，是否想起过黄庭坚《游蒋彦回玉芝园志》诗中那座一样未及百年即"但见荒烟野草"[47] 的同名园林。兰亭已矣，梓泽丘墟，幸而有《玉芝园志》这部珍贵文献流传至今，使我们得以藉此一睹这座园林旧日的风采。

注释：

1. 对玉芝园的介绍，仅有肖正根《最大的家族花园》（中国人民政治协商会议江西省奉新县委员会文史资料工作委员会编：《奉新之最》，1990 年）、王令策《稀见的私家园林——玉芝园与〈玉芝园志〉》（许怀林主编：《江西文史》第 7 辑）两篇文章。肖文系对玉芝园建筑和景观的回忆；王文结合《玉芝园志》，对许振祎家族和玉芝园做了简要介绍。又及：王令策先生受笔者之托，于 2017 年 7 月请友人专程前往玉芝园遗址进行了实地考察，特此致谢！

2. 顾廷龙主编：《清代朱卷集成》第 11 册，台湾成文出版社，1992 年，第 237 页。

3. 许恩缉：《皇清诰授光禄大夫头品顶戴尚戴花翎兵部侍郎都察院右副都御史广东巡抚显考仙屏府君行述》，清末石印本，第 2 叶。另据同书国史馆本传载，许振祎系于 1853 年由拔贡生捐内阁中书。

4. 许恩缉：《皇清诰授光禄大夫头品顶戴尚戴花翎兵部侍郎都察院右副都御史广东巡抚显考仙屏府君行述》，清末石印本，第 3 叶。

5. 许恩缉：《皇清诰授光禄大夫头品顶戴尚戴花翎兵部侍郎都察院右副都御史广东巡抚显考仙屏府君行述》，清末石印本，第 15 叶。

6. 该祠为许振祎东光绪十九年（1893）于东河河道总督任上所建，民国时期曾辟为河南省图书馆，现为开封市图书馆。

7. "述旨"，见《申报》（上海版），1911 年 7 月 31 日，第 13821 号，第 3 版。

8. 陈三立：《清故民政部咨议江苏候补道许君墓志铭》，见陈三立著，李开军点校：《散原精舍诗文集》下册，上海古籍出版社，2003 年，第 940—941 页。

9. 王令策：《稀见的私家园林——玉芝园与〈玉芝园志〉》，见许怀林主编：《江西文史》第 7 辑，江西人民出版社，2013 年，第 155 页。

10. 河南图书馆编：《河南图书馆馆刊》，1933 年第 3 期。

11. 关于玉芝园建成时间，前人说法不一，肖文称其建于光绪二十一年（1895），王文则认为建于光绪二年（1876）。据许振祎《诒炜集附侍香集》第 9 叶诗注："余于壬申（1872）托门人孔兆五大令就家代创恩养堂，遂令眷属同归，老人颜色喜，迨癸酉（1873）任满还家，而先公适大病"，可知恩养堂建于同治十一年，又据许振祎《玉芝园志序》称玉芝园成于恩养堂次年，故知其于同治十二年竣工。

12.（清）莫友芝：《莫友芝日记》，凤凰出版社，2014 年，第 57 页。

13.（清）许振祎：《玉芝园志序》，见许祖禧辑：《玉芝园志》，1929 年刻本，第 1 叶。

14. 上联集《石芝》："忽惊石上生龙蛇，玉芝紫笋生无数"；下联集《送欧阳主簿赴官韦城》："凤雏骥子日相高，白发苍颜笑我曹"。

15.（清）许振祎：《诒炜集附侍香集》，光绪丁酉（1897）广州馆署刻本，第 9 叶。

16.（清）许振祎：《度岭草》，光绪丁酉（1897）广州馆署刻本，第 3 叶。

17. 许祖禧：《玉芝园志跋》，见许祖禧辑：《玉芝园志》，1929 年刻本。

18. 卢英主编的《奉新山水人文寻踪》（江西教育出版社，2015 年）第 148 页载有一幅题为"玉芝园遗址"的照片，存有屋舍数间，然经王令策先生友人实地察看后，认为照片可信度不高，今从王说。

19. 王令策：《稀见的私家园林——玉芝园与〈玉芝园志〉》，许怀林主编：《江西文史》第 7 辑，江西人民出版社，2013 年，第 155 页。

20.（清）许振祎：《度岭草》，光绪丁酉（1897）广州馆署刻本，第 3 叶。

21. 肖正根：《最大的家族花园》，见中国人民政治协商会议江西省奉新县委员会文史资料工作委员会编：《奉新之最》，1990 年，第 106 页。

22.（清）许振祎：《玉芝园志序》，见许祖禧辑：《玉芝园志》，1929 年刻本，第 1 叶。

23. 许恩绂：《皇清诰授光禄大夫头品顶戴尚戴花翎兵部侍郎都察院右副都御史广东巡抚显考仙屏府君行述》，清末石印本，第 2 叶。

24.（清）许振祎：《诒炜集附侍香集》，光绪丁酉（1897）广州馆署刻本，第 9 叶。

25.（清）黄遵宪著，陈铮编：《黄遵宪全集》（上册），中华书局，2005 年，第 563 页。

26.（清）潘衍桐：《两浙輶轩录》卷四十五，清光绪刻本。

27.（清）许振祎：《奏设味经书院疏》，（清）葛士濬编：《清经世文续编》卷五十三，清光绪石印本。

28. 赵尔巽编：《清史稿》列传一百七十四。

29.（清）高心夔撰，李鸿裔删定：《陶堂志微录》，光绪壬午（1882）刻本，第 4 叶。

30.（清）李慈铭：《荀学斋日记》丁集下。

31. 史延寿修，王士杰纂：《续武陟县志》卷三，1931 年刊本

32.（清）刘光蕡：《味经书院志》教法第五六，烟霞草堂遗书续刻本。

33.（清）吕懋先修，帅方蔚纂：《奉新县志》，卷九、卷十六，清同治十年（1871）刻本。

34.（清）曾国藩修，刘绎纂：《江西通志》卷三十二，清光绪七年（1881）刻本。

35. 冯煦纂：《宝应县志》卷十，1932 年铅印本。

36.《缙绅全书》清光绪六年春，荣华堂刊本。

37. 陈三立：《皇清诰授光禄大夫护理两广总督广东布政使胡公墓志铭》，见卞孝萱，唐文权编：《辛亥人物碑传集》，团结出版社，1991 年，第 688—689 页。

38.（清）王家相：《清秘述闻续》卷七，光绪十四年（1888）刻本。

39. 李独清：《〈陈给谏拾遗〉序》，见李独清：《李独清文史论文选》，贵州大学出版社，2014 年，第 33—36 页。

40. 李独清：《〈陈给谏拾遗〉序》，见李独清：《李独清文史论文选》，贵州大学出版社，2014 年，第 33 页。

41. 彭庆延修：《萧山县志稿》卷十三，1922 年铅印本；另见浙江通志馆修：《重修浙江通志稿》第 110 册，第 9 叶，1948 年铅印本。

42. 胡迎建：《近代江西诗话》，百花洲文艺出版社，1994年，第46页。

43. 冯乾编校：《清词序跋汇编》第4册，凤凰出版社，2013年，第2059页。

44. 胡迎建：《近代江西诗话》，百花洲文艺出版社，1994年，第47页。

45. 许小欢：《最美誉的楹联》，见中国人民政治协商会议江西省奉新县委员会文史资料工作委员会编：《奉新之最》，1990年，第71页。

46. 许小欢：《最美誉的楹联》，见中国人民政治协商会议江西省奉新县委员会文史资料工作委员会编：《奉新之最》，1990年，第71页。

47.（宋）杨万里：《蒋彦回传》，《全宋文》卷五千三百五十八，上海辞书出版社，2006年，第240册，第34页。

《归绥县志序稿》述略

张志华

摘要：中国国家博物馆藏《归绥县志序稿》，系民国《归绥县志》的序文、赋役以及相关题签、题诗、信札的原稿，其中钱玄同、王葆心的信札和傅岳棻的题诗未见发表，史料价值较高。这部《归绥县志序稿》对于了解和认识民国期间的方志编修过程和方志理论探讨极有裨益。

关键词：《归绥县志序稿》 郑裕孚 郑植昌

中国国家博物馆收藏一册《归绥县志序稿》（以下简称《序稿》），为民国稿本，裱为折装，正文共二十四折四十八面，书纵 29.4 厘米、横 19.3 厘米，系民国《归绥县志》总纂郑裕孚自藏的为该志撰写的序文两篇、赋役两页以及相关题签、题诗、信札、信封、书名页设计稿的原件，均依次装裱成册。与刊本对照，序文内容间有不同，其修订过程在通信中历历可见，是了解民国时期方志编修的一份珍贵文献。

一、民国《归绥县志》的编纂

在我国版图上，横亘在北部边疆的是辽阔的内蒙古自治区。自古以来，那里就是少数民族聚居之地。由于地广人稀，建制较晚，故所修方志稀少。据《中国地方志联合目录》载，内蒙古自治区方志仅 50 种，且多为民国时期纂修。

归绥，内蒙古自治区首府呼和浩特市的旧称。民国初年，北洋政府设绥远特别区，1928 年改称绥远省，约相当于今内蒙古自治区中部。归绥县为绥远省府所在地，系归化厅与绥远城合并而成，即今之呼和浩特市。关于呼和浩特市的旧志，目前能够见到的共有八种，即《古丰识略》《归绥识略》《归绥道志》《归化城厅志》《绥远全志》《归绥县志》《绥远城驻防志》和《公主府志》。上述诸志中，以《归绥县志》最为著名。

《归绥县志》郑植昌修，郑裕孚纂，始修于 1933 年，其时郑植昌任归绥县长，其父郑裕孚于是年五月十二日以绥远省普通考试典试委员身份抵达绥远省府归绥，主持考试，期间"诸士绅以创始相属"。郑裕孚于七月四日自归绥启程，返回北平后，"即以访稿见寄，既辞不获，乃就所灼知确实者，立目若干条，各以其类系属，闻见所及，时有增益。历时数月，粗具简编。"[1]《归绥县志》成书于 1935 年，并于当年刊行（图一）。刊本标民国二十三年（1934）北平文岚簃铅印，但据卷末郑植昌跋判断实际印于 1935 年。[2]《归绥县志》是地方志转型时期的一部佳作，全书分为舆地、建置、民族、经政、学校、神教、党务、产业、职官、选举、人物、烈女、艺文、金石十四大目，约十五万余字。

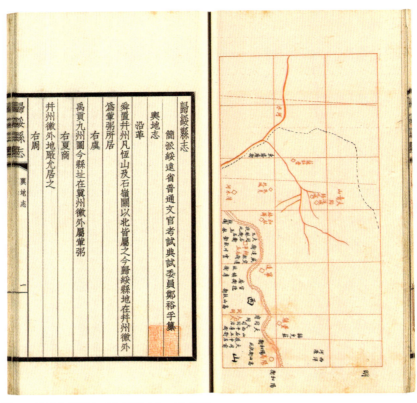

图一：民国文岚簃本《归绥县志》正文首页。

郑裕孚（1882—？），字友渔、一字有愚，号淡志室主人、抑过轩主人。祖籍广西桂林，生于山西临汾，曾在山西多地任知县。郑裕孚精于金石考证，除主持编纂《归绥县志》外，还曾校刻《刘申叔遗书》及《辛勤庐丛书》，纂《汇帖举要》《宝贤堂法帖考正》《抑过轩公牍》行世。吴闿生称其"雅好文艺，遍与当代耆宿往相还，年垂六十矣，犹日手编简不辍也"。[3] 但他为官不清，任安邑县长时曾因贪污被万余民众集会声讨并遭驱逐，[4] 后还被立"丑历碑"。[5] 抗战期间，他曾在日伪山西省公署任职，留下人生污点。[6] 郑植昌，郑裕孚长子，生于 1901 年，字少愚，曾任绥远省府秘书科长、武川县长，1932 年调任归绥县长。

《归绥县志》成书迅速，"逡巡三月"便"粗具规模"。[7] 郑植昌在序中称其父"殚心方志有年，以质实有用为主"，且"诏以体干，督勉有加"，称该志"大抵亦循方志旧例，而不为墨守，凡立目若干，各以其类系属，因创损益，务推其原，傅会支离，悉从刊落"。[8] 钱玄同称该志"采摭富赡，体例谨严，文辞尔雅，尤为征文考献者之良好资料"。[9] 吴闿生更盛赞为"方乘名著"。[10] 这些褒奖之辞虽有些言过其实，但该志体例严谨、内容翔实，叙述简练，确属上乘之作，堪称该地区旧方志中质量最佳。

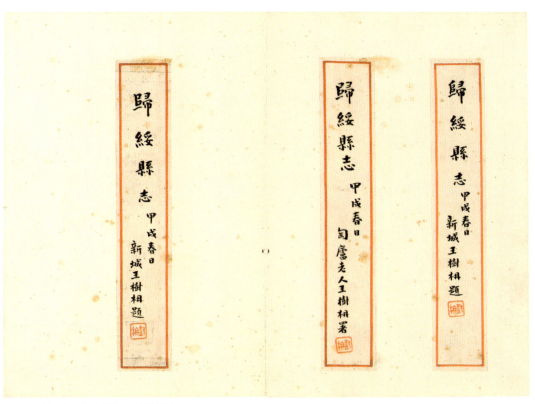

图二：《归绥县志序稿》王树枏题签。

二、《序稿》中的题签

《归绥县志》有北平文岚簃铅印本传世，线装三册。函套题签为"蒲圻张国淦"，上中下三册题签分署"蒲圻张国淦""新城王树枏题""白鹏飞署"，书名页"归绥县志"四字出自钱玄同手笔。四人的题签中，王树枏、钱玄同的题字原稿见于《序稿》。

《序稿》首折为王树枏题"归绥县志"书名签三件（图二），一件署"甲戌春日陶庐老人王树枏署"，两件署"甲戌春日新城王树枏题"，皆钤"树枏"朱文方印。图二左侧题签用于铅印本中册封面，去"甲戌春日"四字。王树枏（1851—1936），字晋卿，号陶庐老人，直隶小兴州（今

河北滦平）人，自幼迁居新城（今河北高碑店市），光绪十二年（1886）进士，历任四川青神知县、资阳县令、富顺知县、宁夏中卫知县、甘肃兰州道、新疆布政使，民国期间，任清史馆总纂，撰《清史稿》之咸丰、同治两朝大臣列传。著有《陶庐文集》等。

《序稿》中有钱玄同题"归绥县志"书名签（图三）及致郑裕孚信札一件。所题书名为隶书字体，署"吴兴钱玄同题"，钤"疑古"朱文方印，为书名页所用。钱玄同（1887—1939），原名钱夏，字德潜，号疑古，五四运动前改名玄同，又称疑古玄同，吴兴（今浙江湖州市）人，著名思想家和语言文字学家，新文化运动的倡导者之一。早年留学日本，曾任北京大学、北京师范大学教授。

图三：《归绥县志序稿》钱玄同题书名签。

由信札内容可知，郑裕孚欲求钱玄同为其书题写书名，后者在信中谈及因身体原因书写吃力的情形："归绥县志封面，连写十余次，均不成样；缘弟字本劣，加以半年以来右目失明，故作字每歪斜，愈矜持则歪斜愈甚，故写了十余次，愈写愈不成字，只好把它缩小写之，竟与署名大小不相称，不得已，只好姑选一个奉上。前闻先生言，制板时可以放大或缩小，只好请尊处设法将就制板矣。"落款时间为民国廿四年（1935）八月廿日。是年元月，钱玄同右目患网膜炎，本已病弱之躯血压又有所增高，写字都变得困难。[11]当时钱玄同还负责编辑《刘申叔遗书》，郑裕孚受聘为该书刊印校对，两人交往甚密，通信频繁。2000年中国人民大学出版社出版的《钱玄同文集》书信卷收录致郑裕孚信69通，未见此信；2014年北京师范大学出版社出版的《钱玄同日记》中也未提及此事。

三、《序稿》中的序文

《归绥县志》北平文岚簃铅印本有序四篇，依次为钱玄同序、吴闿生序、郑裕孚序、郑植昌序，《序稿》中存有序文原稿两篇，一篇为吴闿生作，一篇为郑裕孚序。

吴闿生（1877—1950），字辟疆，号北江，世称北江先生，安徽桐城人，系清末桐城派大家、古文大师吴汝纶之子，曾留学日本，北洋时期任

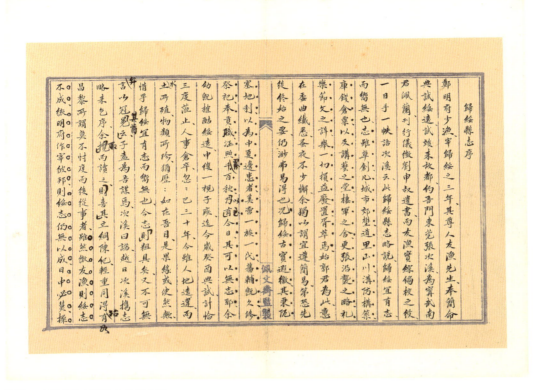

图四：《归绥县志序稿》吴闿生序。

教育部次长、国务院参议，1928年后任奉天萃升书院教授、北京古学院文学研究员，长期从事教育，一生著述颇丰。

吴闿生序（图四）共两页，蓝笺墨书，半页十行。序中首先叙述作序缘起："郑明府少渔，宰归绥之三年，其尊人友渔先生奉简命典试绥远，试竣来故都，约吾门东莞张次溪，为宁武南君佩兰刊行仪征刘申叔遗书，而友渔实综编校之役。"继而记述郑裕孚持《归绥县志略说》请时在北平的张次溪求序，而张次溪为此找到吴闿生。当时吴闿生已从奉天（今沈阳市）迁居北平，专事教学。吴闿生读罢志略后感叹："立纲陈纪，轻重同得，殆有如昌黎所谓'莫不忖度而后从事'者"。

他称赞《归绥县志》为"名山一卷，执简御繁，功讵在康昆仑下耶！彼迂远者，乌足语此。信乎名誉之美，足垂无穷已！"并赞扬郑氏父子："少渔为政，保惠庶民，能以循吏自勉；友渔更恣意所存，斐然有其述作，至于所善，又寝寝乎使古人无以远达，根埈既深，每有触发，遂不自觉其取于心注于手而汨汨然来也。"遂欣然从命并作此序。序末吴闿生意犹未尽，强调"阅志略竟乐为之纪其详，岂独以慰归绥人士之思，将使后之尹是邦者得观览焉"。尾署"甲戌十月下浣桐城吴闿生"，另行大字"拙稿奉呈友渔先生教正"，钤"北江"朱文方印。

吴闿生手书序文之后是该序的朱印缩样稿。

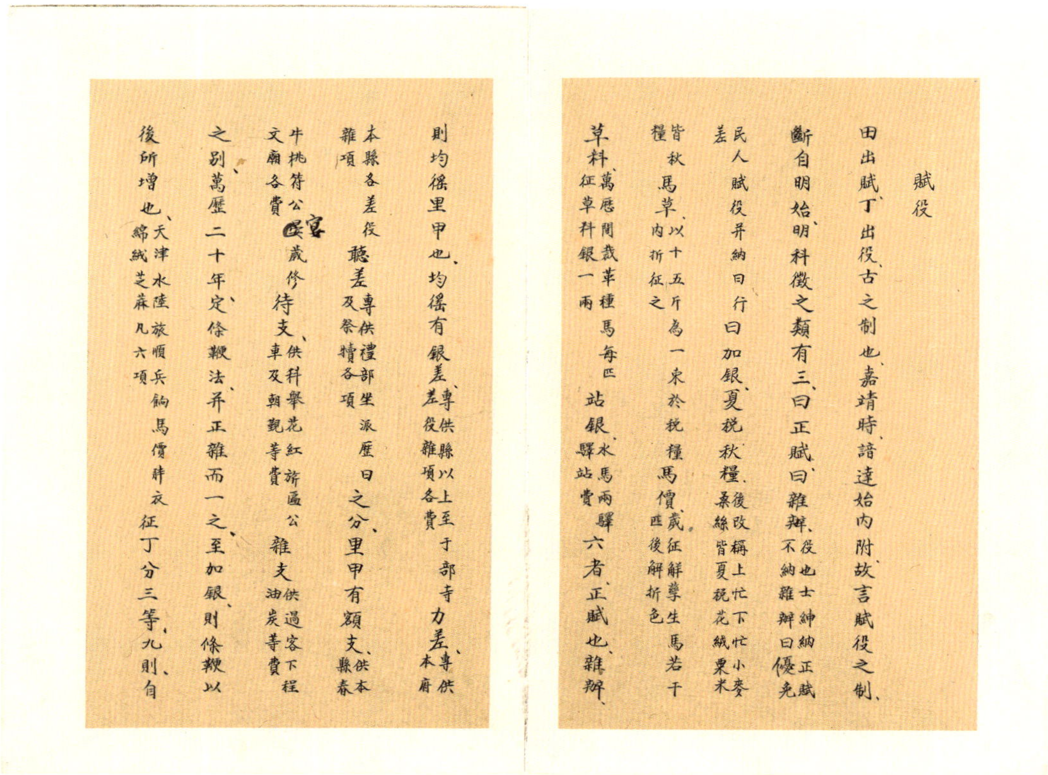

图五：《归绥县志序稿》“赋役”原稿。

与原稿比照，有三处文字改动。一是原稿中“郭君”在缩印稿中变为“余子”，“余子”与其他字迹并无不同，应为将原稿中“郭君”覆盖为“余子”后才缩印的。另两处为吴闿生本人修改：一是将“为中夏边患”划掉，改为婉转语气的“与中原角逐”；二是划掉“斯志之创，虽有友渔为之倡首，使非明府之钦翼开敏，则以边圉之锢塞，其不为籧篨者几希，将复虑其竭蹶以偾事也”，替换为“藉非友渔贤父子于政理清明之暇，从容讨论，复得邦人君子相与搜罗考证，汇成巨观，讵能品节详明，炳蔚如此”，突出了“邦人君子”之功。此外，对比铅印本的序文，除字体不同外，另有一处改动，“搜罗考证”改为“网罗放失”。由此判断，吴闿生序稿完成后，将稿件交给郑裕孚，郑裕孚为示谦逊，以“余子”覆盖“郭君”后缩印，复将缩印稿再交吴闿生，吴闿生作了两处修改，誊录定稿时又作了一处改动。

为请吴闿生作序，郑裕孚应是将自己所写序言及赋役志抄送吴闿生，以便其了解该志书编纂缘由及其部分内容，二人往返通信多次。《序稿》中，此序之后是寄往宣外棉花上七条十一号郑友渔先生惠启、台启的印有“北江启示”专用信封五件，信札一通，恭楷抄录的 “赋役”两页（图五）。“赋役”为《归绥县志》经政志之子目，叙述详要。吴闿生的信即是对其评述：“友渔先生执事：奉示县志赋役志，引文甚雅畅，此等叙述当时政令，

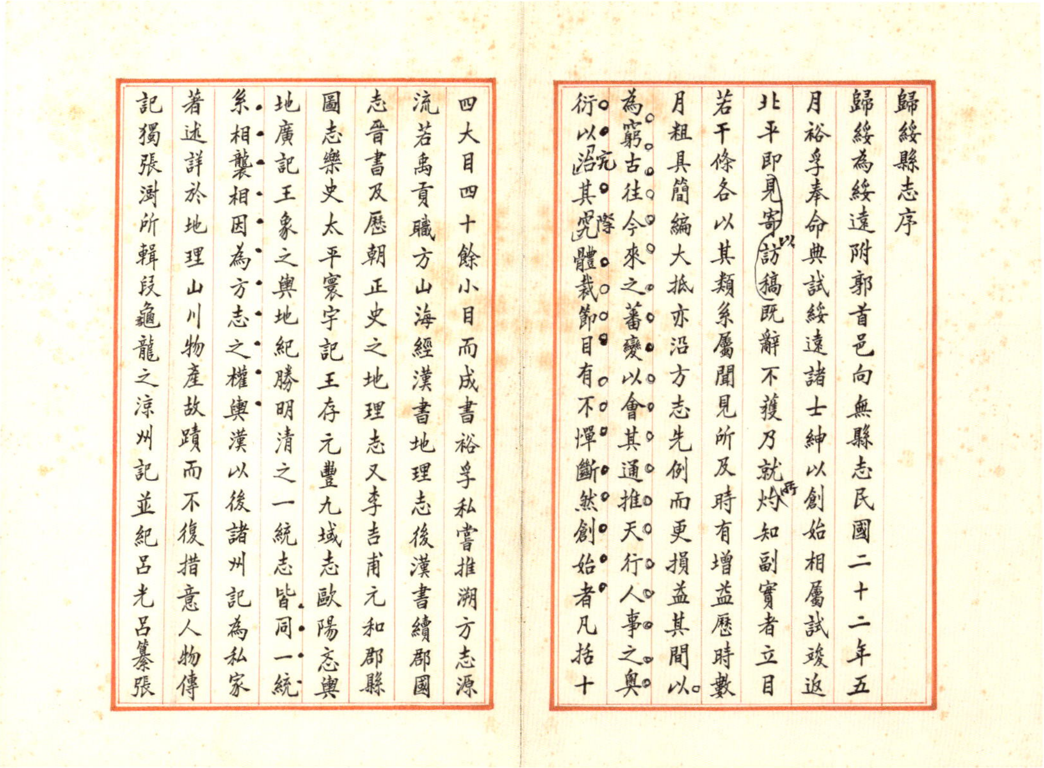
歸綏縣志序
歸綏為綏遠附郭首邑向無縣志民國二十二年五月裕孚奉命典試綏遠諸士紳以創始相屬試竣返北平即以訪稿見寄既辭不獲乃就所灼知副實者立目若干條各以其類系屬聞見所及時有增益歷時數月粗具簡編大抵亦沿方志先例而更損益其間以為窮古往今來之蕃變以會其通推天行人事之奧衍以究其際體裁節目有不憚斷然創始者凡括十四大目四十餘小目而成書裕孚私嘗推溯方志源流若禹貢職方山海經漢書地理志後漢書續郡國志晉書及歷朝正史之地理志又李吉甫元和郡縣圖志樂史太平寰宇記王存元豐九域志歐陽忞輿地廣記王象之輿地紀勝明清之一統志皆同一統系相襲相因為方志之權輿漢以後諸州記為私家著述詳於地理山川物產故蹟而不復措意人物傳記獨張澍所輯段龜龍之涼州記並紀呂光呂纂張

图六：《归绥县志序稿》郑裕孚序。

原不必过求高古，只此即为惬当之作。勉承尊命，为加入一句，遵请卓裁为本。”所谓“加入一句”为“尔后二百余年遵守无异”。此外，吴闿生还将“公晏”之“晏”修正为“宴”。比照成书之铅印本，在结尾处仍有两处修改：其一将“税捐收支之状况”改为“税捐收入之状况”，凸显归绥“邑邻沙漠，土瘠卤，故赋役较轻”；其二将“今就财赋之可考者”的“者”字删除，使行文更加简洁。以新的笔法为赋役作志，为《归绥县志》特点之一。1937 年，《西北论衡》杂志总编刘熹亭有评价曰：“志赋役，以其关系民瘼而加详。”[12]文岚簃本《归绥县志·凡例》云：“赋役要政，关系民瘼，各志往往从略，损益难知。归绥于明嘉靖时，谙达始内附，故志赋役，断自明始。”[13]

郑裕孚序（图六）为红栏稿本，六折十二面，半面八栏。他首先简单介绍了修志经过：“归绥为绥远附郭首邑，向无县志，民国二十二年五月裕孚奉命典试绥远，诸士绅以创始相属，试竣返北平，即以访稿见寄，既辞不获，乃就所灼知副实者，立目若干条，各以其类系属，闻见所及，时有增益，历时数月，粗具简编。大抵亦沿方志先例而更损益其间，以为穷古往今来之蕃变，以会其通推天行人事之奥衍，以究其际，体裁节目有不惮断然创始者，凡括十四大目四十余小目而成书。”接着作者用大量篇幅探索、追溯了方志的起源、沿革、流派，以及方志学的发展，尤其论述了明清两代的方志派别。最后，作者自称"殚心方志，窃蓄深念"，还表示"今为归绥县志序，不期旁轶横出辄，恣论方志源流派别如此。自维受性颛愚，识限方域；勉千虑之一得，附尺壤于崇邱；当世鸿秀伟彦之伦，叩其两端，匡厥疏谬，企而望之。"该序实为一篇论述方志源流演变的文章，是《归绥县志》的精彩之笔。吴闿生在致郑裕孚的信中称其"考据精详，尤为殚见，洽闻不朽之作，屡辱明问，既无以相益"。[14]

此序于铅印本中共有九处改动。首行"向无县志"后增加一句"余子植昌为令是邦当欲创修而未果"，次行将"诸士绅以创始相属"改为"诸士绅因植昌以纂述相属"，均是强调《归绥县志》纂修过程中其子郑植昌的作用。另首页结尾处删去了"张天锡"。其他几处皆为措辞上的改动。

在郑裕孚呈给吴闿生的自序之后，有一段吴闿生的评语，此段评语在铅印本中以"北江先生评郑总纂序文"为题印于首页。[15]评语云："于古今方志之书无不综览，而复加以概括寻流而得本睹，指而知归，岿然为斯学之权舆，不独区区为一县发也，其行文尤严峻有法，足以传世而行远。"署"弟吴闿生拜读并志"，钤"北江染翰"朱文方印。

四、《序稿》中的王葆心信札

《序稿》郑序之后是著名方志学家王葆心写给郑裕孚的两封信的信稿和信封。王葆心（1868—1944），字季芗，一字晦堂，晚年署青垞老人，湖北罗田人，著名学者、方志学家，一生著述甚丰。曾任京师图书馆总纂、湖北国学馆馆长、武汉大学国文教授等职，统一审定《湖北文征》。1932年，就任湖北通志馆筹备处主任，着手重修《湖北通志》，两年后又任通志总纂。他撰写的《方志学发微》成为民国时期方志理论著作。抗日战争爆发后，随着武汉的沦陷，王葆心退居故里，担任罗田县志馆馆长，主校《罗田县志》。

两封信均写于1935年七八月间，时王葆心为收集《湖北通志》资料，寄居北平。从信札内容判断，郑裕孚曾将县志书稿拿给王葆心，并请提出意见，主要希望与这位大师切磋方志之学。王葆心在前封信说，"一昨，枉没热畅，承约小饮一节，敬希作缓，缘月来写书太锐，前几日又乘兴作三四日清游，受劳太过，似有触发夙疾之象，顷决静养几日，稍回复后再遵命可也。"后封信则提到"手示掷件，至为感荷，佩纫之至。大著苦心经营，实不欲草草奉复，辰下接家书，请急南下，心绪纷冗，更不易敬答隆委。拟到鄂后半月间，定有以奉，闻江即江藩，其人为沅雷塘修广东志及扬州志，至为翔实可玩，并以达鉴专复"。两封信札从未发表，郑、王之交亦未见其他记载。值得一提的是，王葆心此次在北平期间，曾断然拒绝伪满的利禄相诱，坚决不肯为日伪服务，表现出刚直不阿的民族气节。郑裕孚后来任职伪府之行为，定为王葆心所不齿。

五、《序稿》中的傅岳棻题诗

《序稿》最后为傅岳棻五言题诗一首。傅岳棻（1878—1951），字治芗，号娟净，室名遗芳室，湖北武昌人，清末举人，民国时任北京大学、北京师范大学、东北大学国文教授等职，著有《遗芳室诗文集》十六卷。题诗为行楷字体，五言七十二句。题诗形容郑氏父子修志的情况为"大儿治谱传，作宰循声继，……君家佳话殊，父作子述事"；评价赋役稿为"全豹窥一斑，赋徭析病利"；评价自序稿为"皇皇自序稿，森然起凡例；棣通古今邮，揽𬬻新旧制"；题诗最后赞美郑裕孚"无儿读父书，神传庶堪冀；君今擅千秋，名山及身置"。尾题"友渔老兄先生属题即晞教正"，署"丁亥立夏日作于娟净簃江夏傅岳棻时年七十一"。页端钤"秋声"朱文长圆印，尾钤"娟净簃"白文方印和"傅岳棻"朱文方印。丁亥立夏日为1947年5月6日，时傅岳棻任重修《湖北文征》之总纂。郑裕孚慕其名，求之为《归绥县志》

作题诗，或为再版之用。其实傅岳棻之题诗既为《归绥县志》而作，也是为了纪念王葆心。诗中有言："吾友王青垞，博闻而疆记；论志抉真诠，胪陈非獭祭；君与熟讨论，豪素结深契；惊眼睹遗札，潸然空欢逝；鄂志未成书，纪年虚争义。"由此可见，他是在看到王葆心的遗札后，有感而发的。

郑裕孚在《归绥县志》问世12年后仍请名人题诗，也凸显其夸示博雅与追求名誉之心。

文岚簃铅印本《归绥县志》另刊有吴闿生至郑裕孚信札一篇、钱玄同致郑裕孚信札一篇及郑植昌序，原稿皆无存。其中钱玄同信札落款时间是民国廿四年一月廿五，实为以信代序。

注释：

1. 郑植昌修，郑裕孚纂：《归绥县志·郑裕孚序》，民国二十三年北平文岚簃印；郑植昌：《郑氏家谱·附抑过轩主人年谱》，1944年，年谱第40—43页。

2. 参见郑植昌修，郑裕孚纂：《归绥县志·跋》，民国二十三年北平文岚簃印。

3. 郑植昌：《郑氏家谱·附抑过轩主人年谱》，郑氏家谱附录第9页。

4. 中国人民政治协商会议运城市委员会文史资料研究委员会：《运城文史资料》第5辑，1987年8月，第46—48页。

5. （日）水野清一，日比野丈夫：《山西古迹志》，山西古籍出版社，1993年，第151页。

6. 张同乐：《华北沦陷区日伪政权研究》，生活·读书·新知三联书店，2012年，第465页。

7. 郑植昌修，郑裕孚纂：《归绥县志·郑植昌序》，民国二十三年北平文岚簃印。

8. 同上。

9. 郑植昌修，郑裕孚纂：《归绥县志·钱玄同致郑裕孚信札》，民国二十三年北平文岚簃印。

10. 郑植昌修，郑裕孚纂：《归绥县志·吴闿生致郑裕孚信札》，民国二十三年北平文岚簃印。

11. 曹述敬：《钱玄同年谱》，齐鲁书社，1986年，第128页。

12. 刘熹亭：《归绥县志略评》，《西北论衡》第五卷第二期。

13. 郑植昌修，郑裕孚纂：《归绥县志·凡例》，民国二十三年北平文岚簃印。

14. 郑植昌修，郑裕孚纂：《归绥县志·吴闿生致郑裕孚信札》，民国二十三年北平文岚簃印。

15. 郑植昌修，郑裕孚纂：《归绥县志·北江先生评郑总纂序文》，民国二十三年北平文岚簃印。

府县志

　　府县志是以府县为对象范围，记载这一特定空间内政治、经济、军事、文化、民情、风俗、天象、气候、山川、形胜古今诸方面情况的志书。府县志源于汉代出现的郡国书、地理书、都邑簿等地方史志。唐时出现了最早的府志，至宋代日益增多，明清时期已普遍修纂，多由府县一级官吏主持。府志记述一府范围，县志记述一县范围，县志占方志总数的大部分，是省、府、州志编纂时必须采摭的资料。

　　府县志是中国国家博物馆图书馆方志收藏中最主要的部分，计有府县志古籍800余种，9000余册，民国府县志近700种，6000余册。本书向读者展现了我馆珍藏的11种稀见府县志，包括成书于明代的《嘉善志》《承天大志》《临汾县志》，清代的《蔚州志》《当阳县志》《沅州志》《瓯乘补遗》《深州志》《洛川县志》和民国时期的《密云概况》《通县概况一览》。

　　此外有清代省通志《钦定皇舆西域图志》，因题材相近，故附于此类。

【正德】嘉善志

《嘉善志》六卷，（明）倪玘修，孙璧、沈棨纂。正德十二年（1517）刻本。馆藏一册，存卷三，共二十八叶。书高29.1厘米，宽17厘米。框高19.5厘米，宽14.7厘米。左右双边，白口，书口上记书名卷次，下记叶次，最下方偶见刻工名。半叶十行，行二十字，小字双行同。

倪玘，字公在，号竹里，陕西咸宁人，正德三年（1508）进士。万历本《嘉兴府志》记其"历给事中，正德中谪丞嘉善。立法更化，严保甲，毁淫祠，置义冢及社学书院，修县志，甚著政绩，二载擢令任丘"。倪玘在任嘉善县丞期间修《嘉善志》。后升知定州，又修《定州志》。正德十六年（1521）升山西口北道佥事。孙璧，字拱枢，曾官景州训导，善诗文。沈棨，字一之，嘉善县麟瑞乡人，曾任江西布政司都事，据《两浙名贤录》记载，其"文章非有关风教不漫作，所著有《乡约释义》《笔思记》《时务议》《诗文集》若干卷藏于家"。

嘉善县隶属嘉兴府，据弘治《嘉兴府志》记载："嘉善县即嘉兴旧东境之地，宣德四年巡抚大理寺卿胡棨建议，以嘉兴县地广民众，请于朝，遂割思贤等乡镇为嘉善县。"可见最早的嘉善县建置于明宣德四年（1429），到弘治年间仍没有单行本县志，只有《嘉兴府志》中收录了《嘉善县志》共三卷，是当时的嘉兴知府柳琰纂修。直到明正德十二年，时任县丞的倪玘偕致仕训导孙璧、生员沈棨等，纂修了这部六卷本的《嘉善志》，并

刻版传世，应为嘉善设县后最早的单行版本，世称"倪志"。此后，明万历二十四年（1596）刻《重修嘉善县志》十二卷、清顺治七年（1650）刻《嘉善县纂修启祯条款》四卷、康熙十六年（1677）刻《重修嘉善县志》十二卷、康熙二十三年（1684）刻《续修嘉善县志》八卷、雍正十二年（1734）刻《续修嘉善县志》十二卷、嘉庆五年（1800）刻《重修嘉善县志》二十卷首一卷、光绪二十年（1894）刻《重修嘉善县志》三十六卷首一卷，明正德至清光绪间，嘉善县编刻县志计八种之多。

倪玘修《嘉善志》共六卷，类目如下：卷一建置、疆域、山川、市镇、乡都、户口、祀典、公署、学校；卷二题名、宦绩、人物；卷三风俗、物产、田赋、土贡、水利、桥梁、古迹、冢墓、祥异、杂志；卷四至卷六为古今文章包括记、序、赋、诗。《中国地方志总目提要》评价此本"全书分二十五目，约八万字。体例欠妥，记载亦太略。人物传失之正，志余又病芜杂。然是志为嘉善首志，正德以前一邑掌故多赖以存。是志的优点是详水利、重风俗，保存有不少史料"。[1]

我馆所藏明刻本《嘉善志》卷三，与清嘉庆间抄明正德本《嘉善县志》相比对，内容几乎完全一致。只是杂志类第二十六叶中"武塘四绝"条目，在清抄本中被缀在末尾处，应是抄录者遗漏后所补录；风俗类第一叶中"死者往往火葬"其后注小字："今知县张焕、县丞倪玘，每乡各设义冢，而火葬之风渐息"，证明确是正德时刻本；

祥异类所记述条目从元至正到明正德十二年二月；田赋类所记述条目也是从宣德七年，即嘉善县建置后到正德七年，从这两个时间跨度可证明此应为正德本；同时该本所记刻工名，可识别的有"章文书""周韶写"[2]，其中章文为明正德间苏州地区刻字工人，曾参刻《大唐六典注》。综上所考，可以判定我馆所藏为正德六卷本《嘉善志》，虽只存第三卷，但未见其他藏书单位著录，或为该志明刻本之仅存者。

撰文：李靖

注释：

1. 金恩辉等主编：《中国地方志总目提要》，台北汉美图书有限公司，1996 年，第 11—50 页。
2. 瞿冕良编著：《中国古籍版刻辞典》，齐鲁书社，2010 年，第 816 页。

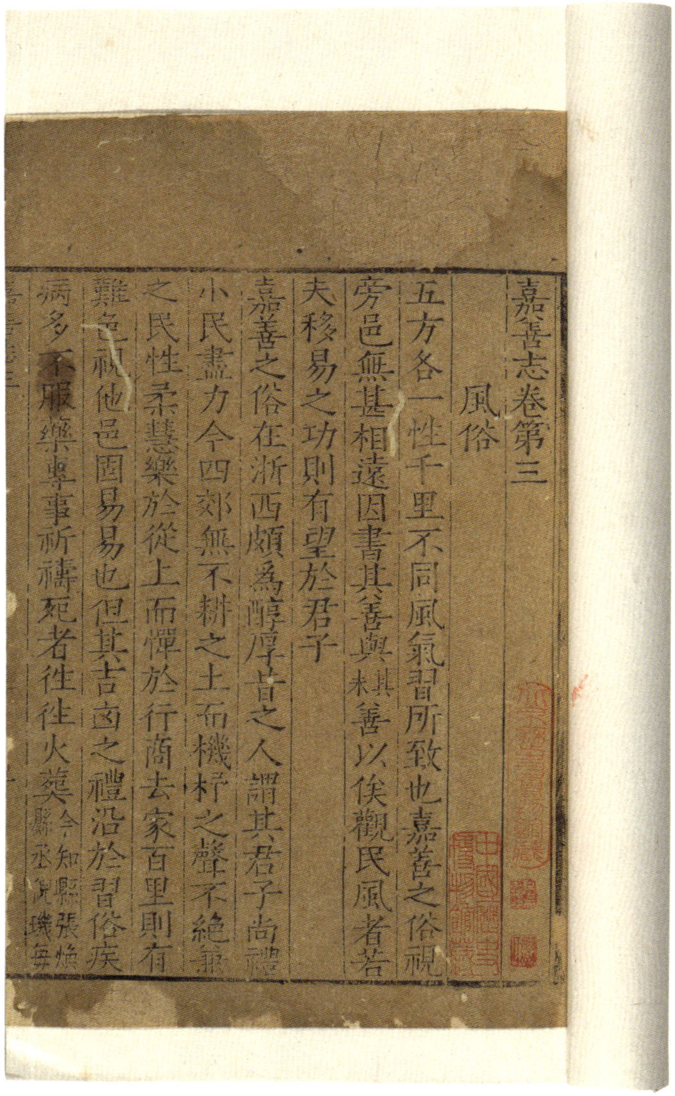

嘉善志卷第三

風俗

五方各一性千里不同風氣習所致也嘉善之俗視旁邑無甚相遠因書其善與其未善以俟觀民風者若夫移易之功則有望於君子

嘉善之俗在浙西頗爲醇厚昔之人謂其君子尚禮小民盡力今四郊無不耕之土而機杼之聲不絕兼之民性柔慧樂於從上而憚於行商去家百里則有難色而視他邑固易易也但其吉凶之禮沿於習俗疾病多不服藥專事祈禱死者往往火葬今知縣張煥 縣丞倪璣

图一：正德《嘉善志》残本，存第三卷，（明）倪玑修，正德十二年刻本，一册。卷首叶十行下方小字双行注明“今知县张焕县丞倪玑”字样。

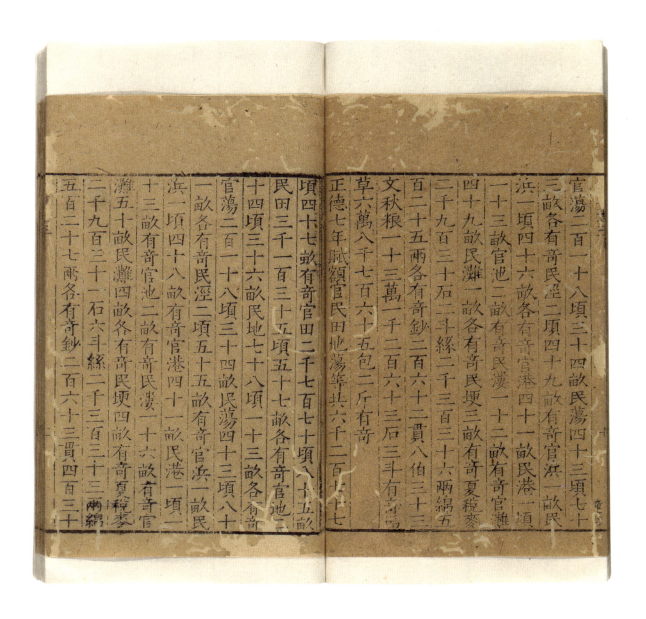

图二：《嘉善志》第十叶，"田赋"收录的最后一条为"正德七年赋额"

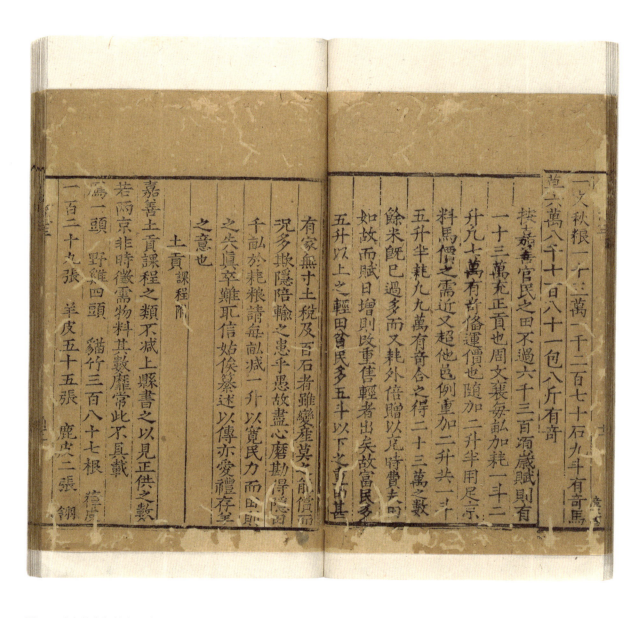

一夫秋粮一千三萬一千二百七十石九斗有奇馬

草六萬八千十日八十一包八斤有奇

按嘉善官民之田不過六千三百涌歲賦則有
一十三萬充正貢也周文襄每畝加耗一斗二
升九七萬有奇倚運價也隨加二升半用足京
料馬價之需近文超他邑例重加二升共一斗
五升半耗九九萬有奇而又耗外倍贈以充時費去吶
餘米既巳過多而賦日增則政重售輕者出矣故富民多
如故而賦日增則政重售輕者出矣故富民多
五升以上之輕田貧民多五十以下之其

之意也

土貢課程附

有家無寸土稅及百石者雖變產莫之能償而
況多欺隱陪輸之患乎愚故盡心磨勘得隱田
千畝於耗粮請每畝減一升以寬民力而田即
之失真萃難耳信始候纂述以傳亦愛禮存羊

嘉善土貢課程之類不減上縣書之以見正供之數

若兩京非時徵需物料其數厪常此不具載

爲一頭　野雞四頭　貓竹三百八十七根　猩皮

一百二十九張　羊皮五十五張　鹿皮二張　銅

图三：《嘉善志》第十二叶"土贡"

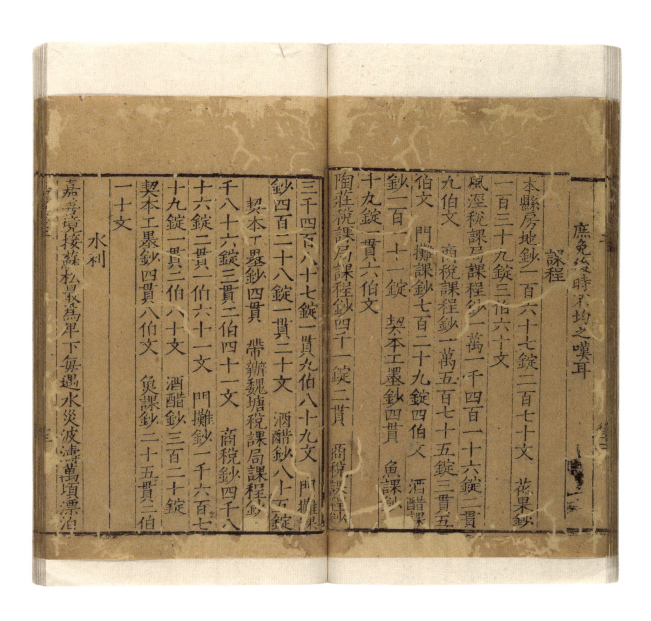

庶免終時不均之嘆耳

課程

本縣房地鈔一百六十七錠二百七十文　花果鈔

一百三十九錠三伯六十文

風涇稅課局課程鈔一萬二千四百一十六錠三貫五

九伯文　門攤課鈔七百二十九錠四伯文　酒醋課

鈔二百一十一錠　契本工墨鈔四貫　魚課鈔

十九錠一貫六伯文

陶莊稅課局課程鈔四十一錠二貫　商稅課程鈔

三千四百八十七錠一貫九伯八十九文　門攤課

鈔四百二十八錠一貫二十文　酒醋鈔八十六錠

契本工墨鈔四貫　帶辦魏塘稅課局課程鈔

千八十六錠三貫四十一文　商稅鈔四千

十六錠二貫一伯八十文　門攤鈔一千六百七

十九錠一貫二伯八十文　酒醋鈔三百二十錠

契本工墨鈔四貫八伯文　臭課鈔二十五貫三伯

一十文

水利

嘉善境接蘇松旦取為卑下每遇水災波濤萬頃漂泊

图四：《嘉善志》第十三叶"水利"，此本对水利方面的描述尤为详尽。

界河橋接秀橋躋雲橋廣濟橋致和橋石灰橋圓明
橋瑞虹橋軍橋涇鎮橋已上皆風
登瀛橋化成橋義和橋南莊橋平津橋流慶橋迎恩
橋庄市橋已上皆閩
萬春橋將軍橋永安橋永慶橋阜民橋義德橋丘河
橋牛橋存德橋環碧橋普安橋大明橋眾安橋安義
橋南金橋崇福橋薛家橋南莊橋北莊橋恩其橋慎
舊涇橋已上皆思賢鄉橋
永曲呂橋白蓮橋吳涇橋與隆橋豐熙橋崇賢橋荊
千步橋長巷橋范家橋灘涇橋烏橋覽翠橋德濟橋
懷遠橋環洞橋環翠橋聰濟橋吳家橋普濟橋廣濟
橋沈巷橋張雲橋安仁橋已上皆選
橋里和橋世賢橋永濟橋文虹橋淨蓮橋里仁橋廣安
廣曲豐橋瑞麟橋善鄉橋
橋安德橋已上皆麟
王巷橋張巷橋馬洞橋晉賢橋廣濟橋浦里橋薛家
橋朱和橋延生橋錢墓橋蹟壽橋莊典史橋永興橋
師古橋永興橋登曲橋安鄉橋
屠涇橋張家橋錢家橋廣通橋淨渡橋金剛橋璚澤
橋洪福橋馬家橋南寺橋神天橋普濟橋顏家橋永

图五：《嘉善志》第二十叶，书口下方刻"章文书"字样，据考章文为正德间苏州地区刻字工人，可证本书为正德间刻本。

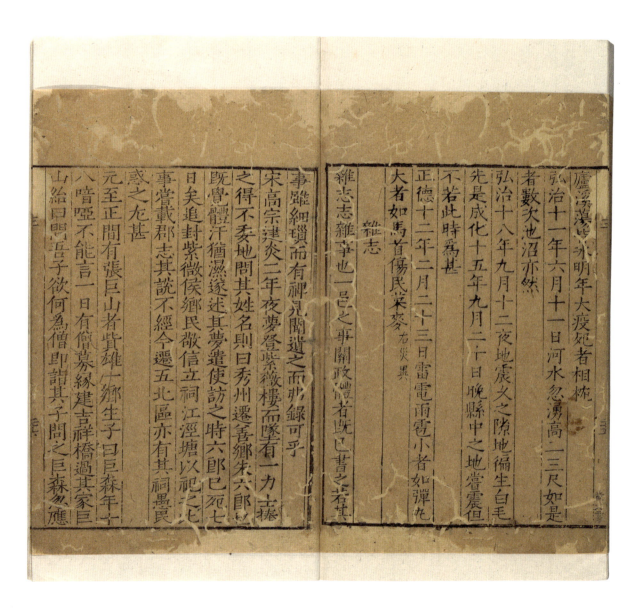

廬深濬比水明年大疫宛者相枕

者數次地沼亦然

弘治十一年六月十一日河水忽湧高二三尺如是

弘治十八年九月十二夜地震久之隙地徧生白毛

先是成化十五年九月二十日晚縣中之地當震但

不若此時為甚

正德十二年二月二十三日雷電雨雹小者如彈九

大者如馬首傷民菜麥　右災異

雜志

雜志雜事也一邑之事關政體者既已書之若其

事雖細瑣而有禪見聞遺之而弗錄可乎

宋高宗建炎二年夜夢登紫微樓而墜有一力士捧

之得不委地問其姓名則曰秀州遷善鄉朱六郎也

既覺體汗猶濕遂述其夢遣使訪之特六郎已宛七

日矣追封紫微侯鄉民敬信立祠江涇塘以祀之

事嘗載郡志其說不經今遷五北區亦有其祠墨民

惑之尢甚

元至正間有張巨山者貲雄一鄉生子曰巨森年十

八喑啞不能言一日有僧募緣建吉祥橋過其家巨

山給曰問吾子欲何為僧即詣其子問之巨森忽應

图六：《嘉善志》第二十五叶，"祥异"收录的最后一条为"正德十二年二月二十三日雷电雨雹"，可作为判定本志为正德十二年本的佐证。

【嘉靖】承天大志

《承天大志》四十卷，（明）徐阶、林燫等纂。明嘉靖四十五年（1566）刻本。

该书原四十卷，国家博物馆存卷十二宫殿纪，一册十三叶，宫殿纪原十四叶，馆藏缺第四叶宫殿图。页高44.7厘米，宽56.8厘米。框高26.7厘米，宽37.3厘米。四周双边，白口，无鱼尾。书口上印书名卷次，中记卷名，下记叶码。半叶九行，行十八字。封面黄布云纹面，墨书小字"宫殿纪 卷之十二"。卷首叶钤"中国历史博物馆藏"朱文长方印。

《承天大志》明嘉靖刻本国内几无全本。现仅知国家图书馆藏卷十八，另有卷十九及卷三十六抄本，北京大学图书馆藏卷十九、卷三十六抄本。另有明内府抄本卷三十六，原北平图书馆旧藏，现寄存台北故宫博物院。

《承天大志·宫殿纪》内容主要记载兴献王（嘉靖帝生父）在安陆的王邸宫殿。首为类序，论述编修此纪的原因。其后应为宫殿平面图，惜缺。正文则记录王邸的各宫殿各门的位置及功用。正文后有小赞。

明承天府即今湖北省钟祥市。明正德十六年（1521），朱厚熜入继大统，为明嘉靖帝。因安陆州为其出生之地，故嘉靖十年（1531）升安陆州为承天府，治钟祥县，与顺天府、应天府并为直辖府。直至清顺治三年（1646），才重改回安陆府。建承天府后，先后纂修嘉靖《兴都志》、嘉靖《承天大志》、万历《承天府志》。其中《兴都志》的纂修与《承天大志》的纂修颇有渊源。嘉靖二十年（1541）都御史顾璘[1]奉嘉靖帝命等修《兴都志》，嘉靖二十一年（1542）正月成书，共二十四卷，分典制、郡邑二篇。但《兴都志》不合嘉靖帝之意，被批评"体例不合"。嘉靖四十二年（1563），徐阶、林燫、张居正等奉命重修，嘉靖四十五年成书《承天大志》，共四十卷。

《承天大志》的编纂极受嘉靖帝重视，总裁官及纂修者多次变动。当时的内阁重臣徐阶、袁炜、李春芳、高拱、张居正等都曾参任《承天大志》的总裁官。纂修官林燫、诸大绶、林偕春等则俱是翰林院编修。内容上《承天大志》主要记载兴献王（嘉靖帝父）、嘉靖帝在安陆地区的活动情况，凡与帝王无关的安陆地方内容，都不著录。既非史体，又与普通方志内容体例有很大不同，是这部志书最大的特点。

撰文：林璜

注释：

1. 顾璘（1476—1545），字华玉，江苏苏州人，弘治九年（1496）进士，官至南京刑部尚书，著有《浮湘集》《山中集》《国宝新编》等。

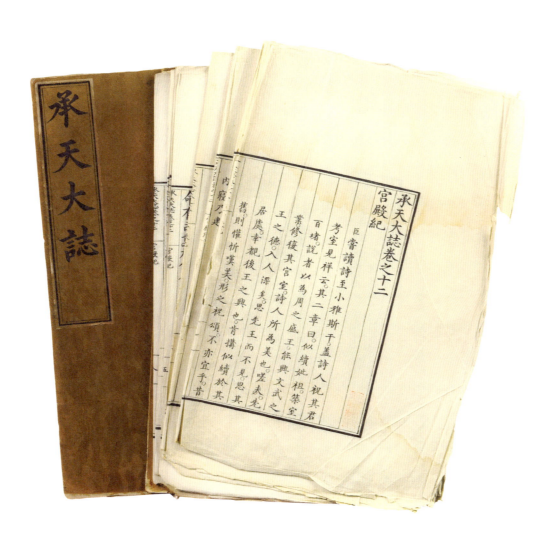

图一：嘉靖《承天大志》残本，存卷十二宫殿纪，缺第四叶宫殿图。（明）徐阶、林燫等纂，明嘉靖
四十五年刻本，一册。

图二：《承天大志》卷十二封面。原装册页封面，黄布云纹面，墨字书名，小字"卷之十二　宫殿纪"。

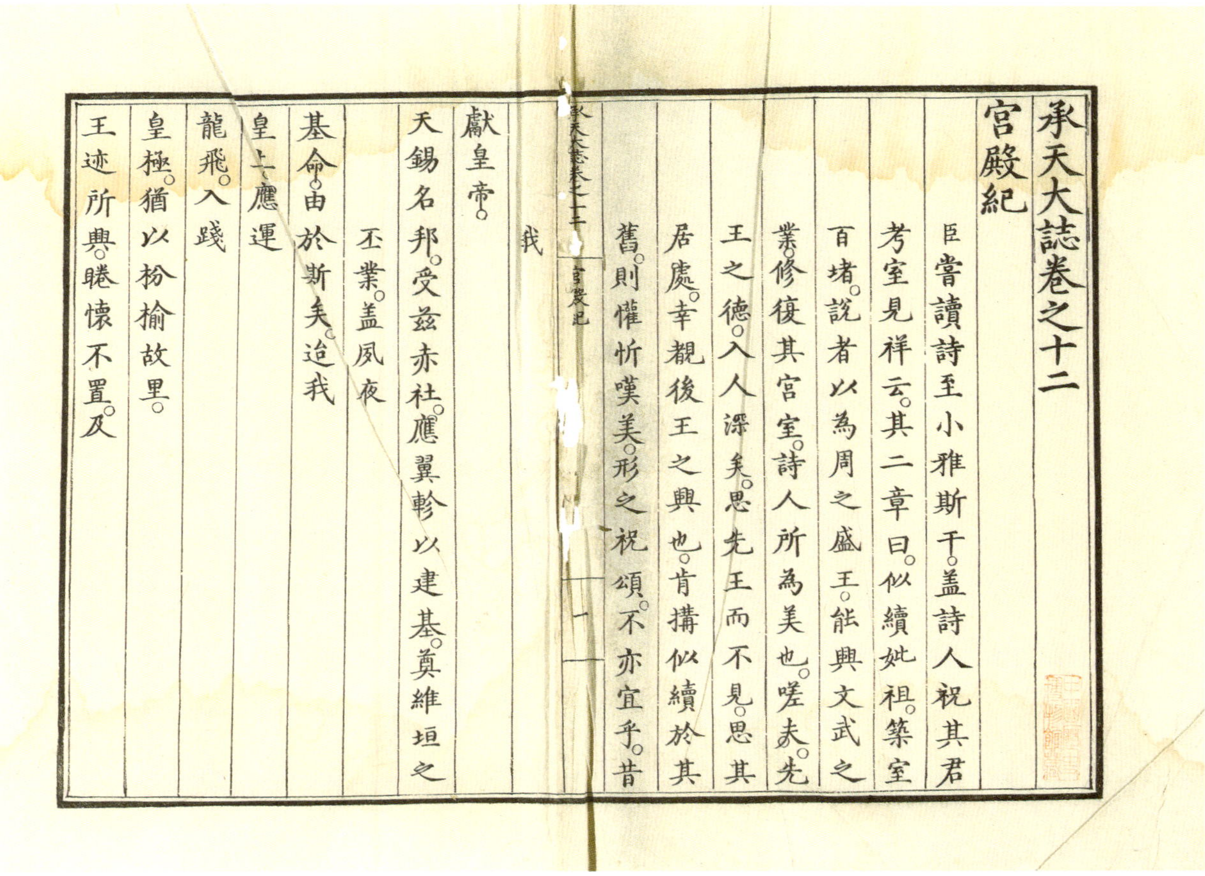

承天大誌卷之十二

宮殿紀

臣嘗讀詩至小雅斯干。蓋詩人祝其君考室見祥云。其二章曰。似續妣祖。築室百堵。説者以為周之盛王。能興文武之業。修復其宮室。詩人所為美也。嗟夫。先王之德。入人深矣。思先王而不見。思其居處。幸覩後王之興也。肯搆似續於其舊。則懽忻嘆美。形之祝頌。不亦宜乎。昔

承天大誌卷之十二　宮殿紀　一

我

獻皇帝。

天錫名邦。受茲赤社。膺翼軫以建基。奠維垣之

丕業。蓋夙夜

基命由於斯矣。迨我

皇上。膺運

龍飛。入踐

皇極。猶以枌榆故里。

王迹所興。睠懷不置。及

图三：《承天大志》卷十二首叶，卷前有“宫殿纪”小序，钤“中国历史博物馆藏”朱文长方印。

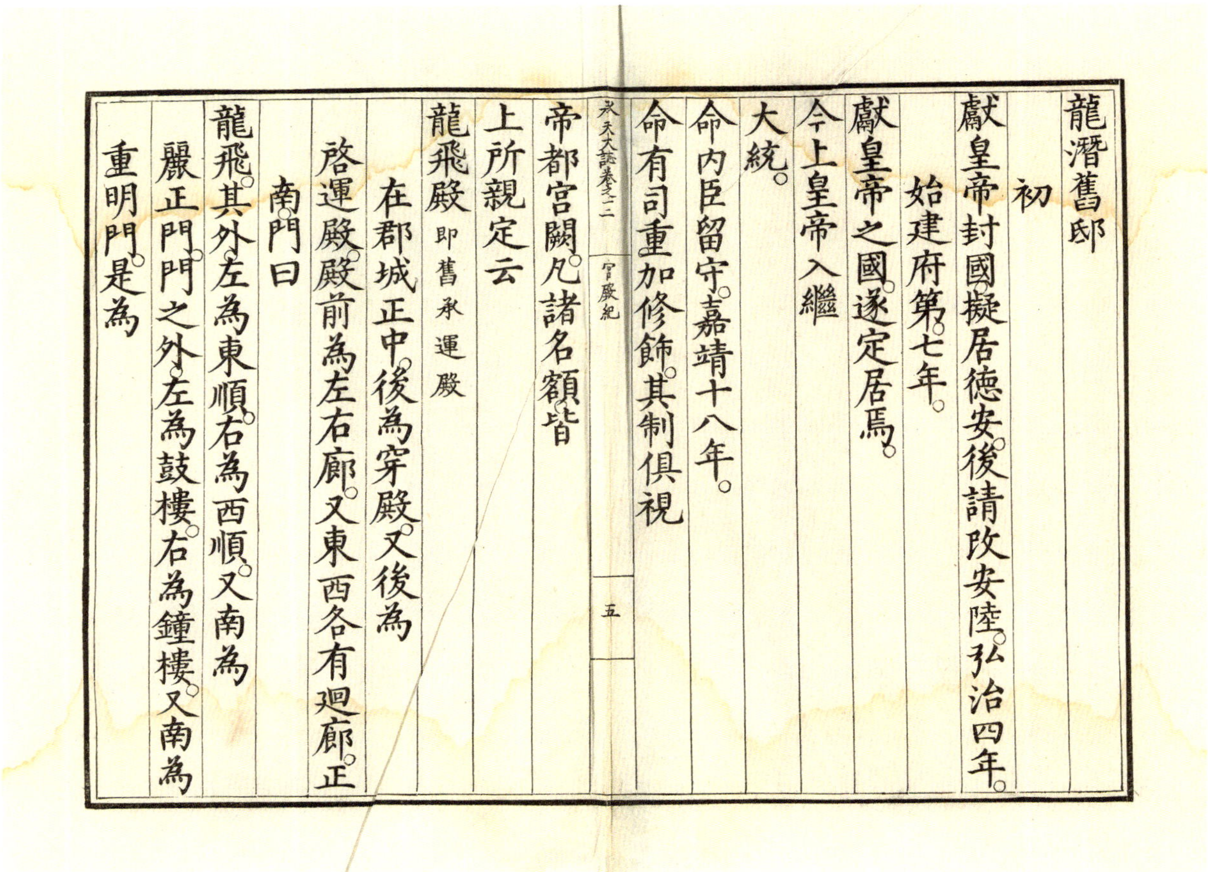

承天大志卷二二　宮殿紀

五

龍潛舊邸

初

獻皇帝封國擬居德安後請改安陸弘治四年

始建府第七年

獻皇帝之國遂定居焉

今上皇帝入繼

大統

命內臣留守嘉靖十八年

命有司重加修飾其制俱視

帝都宮闕凡諸名額皆

上所親定云

龍飛殿　即舊承運殿

在郡城正中後為穿殿又後為

啟運殿殿前為左右廊又東西各有廻廊正

南門曰

龍飛其外左為東順右為西順又南為

嚴正門門之外左為鼓樓右為鐘樓又南為

重明門是為

图四：《承天大志》卷十二正文首叶，该卷先简单追论兴献王（明嘉靖帝父）安陆王邸宫殿的兴建过程，再细述各殿各门等的方位功用。

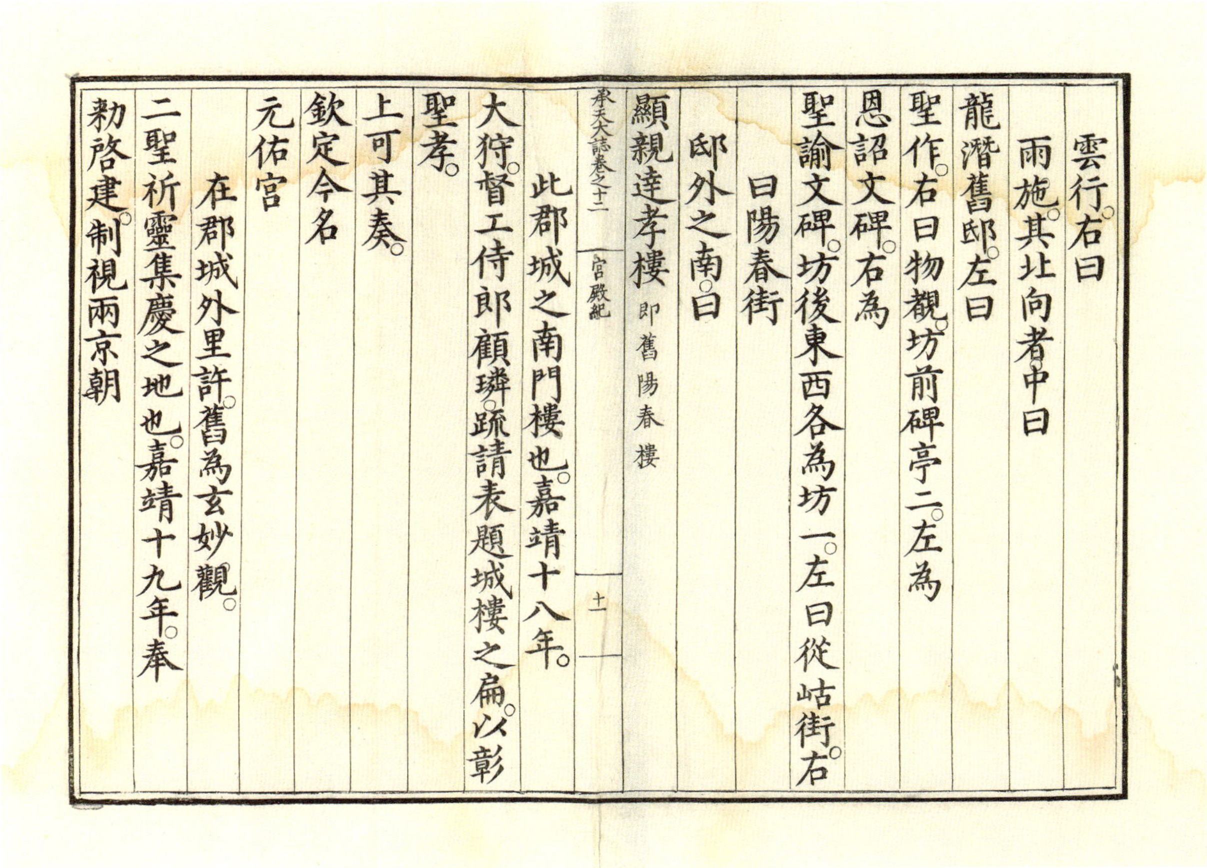

雲行。右曰

雨施。其址向者中曰

龍潛舊邸。左曰

聖作。右曰物觀坊前碑亭二。左為

恩詔文碑右為

聖諭文碑坊後東西各為坊一。左曰從岵街右

曰陽春街

邸外之南。曰

顯親達孝樓 即舊陽春樓

承天大志卷之十二 [宫殿紀]

十一

此郡城之南門樓也。嘉靖十八年。

大狩督工侍郎顧璘跪請表題城樓之扁以彰

聖孝。

上可其奏。

欽定今名

元佑宮

在郡城外里許舊為玄妙觀。

二聖祈靈集慶之地也嘉靖十九年奉

勅啓建制視兩京朝

图五：《承天大志》卷十二第十一叶，兴献王府始建于明弘治四年（1491），嘉靖帝入继大统后，不断改建增建，最晚嘉靖十九年（1540）仍有增建。

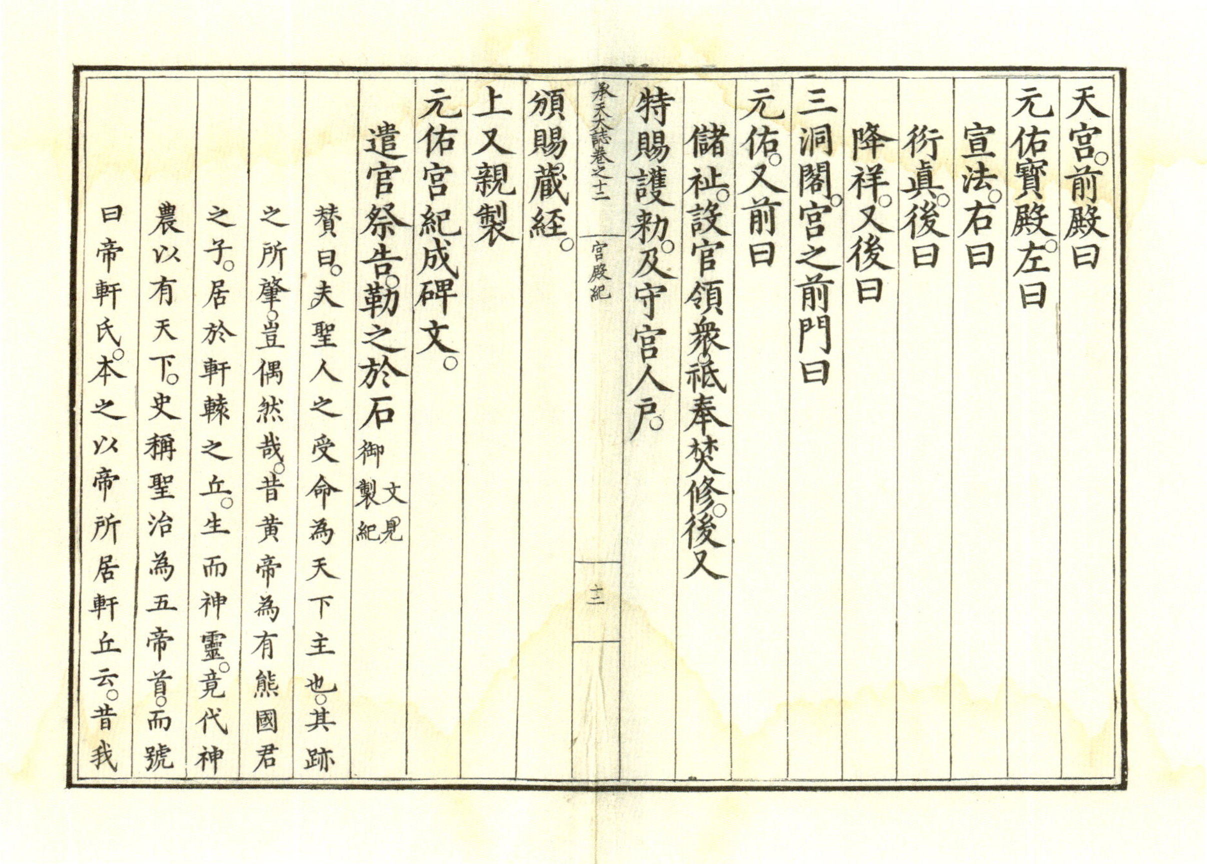

天宮前殿曰

元佑寶殿左曰

宣法右曰

衍真後曰

降祥又後曰

三洞閣宮之前門曰

元佑又前曰

儲祉設官領衆祗奉焚修後又

特賜護勅及守宮人戶

頒賜藏經

上又親製

元佑宮紀成碑文

遣官祭告勒之於石 御製紀文見

贊曰夫聖人之受命為天下主也其跡

之所肇豈偶然哉昔黃帝為有熊國君

之子居於軒轅之丘生而神靈竟代神

農以有天下史稱聖治為五帝首而號

曰帝軒氏本之以帝所居軒丘云昔我

承天大誌卷之十二　宮殿紀

十三

图六：《承天大志》卷十二"宫殿纪"尾赞，主要是对兴献王及嘉靖帝的赞美之辞。

【万历】临汾县志

《临汾县志》九卷，（明）邢云路纂修，王荣诰、陈王道、杨起元修。明万历十九年（1591）刻本。馆藏二册，存卷七至卷九，第一册五十五叶，第二册九十三叶。书高26厘米、宽17.8厘米，框高21.5厘米、宽15厘米。半叶十行，行二十字，小字双行同。四周双边，白口，单黑鱼尾。版心上记书名，下记卷次、叶次。《中国地方志联合目录》仅著录台北故宫博物院藏一部全本，一部残本（第一册）。我馆所藏虽为残本，也显得弥足珍贵。

邢云路，字士登，号泽宇，安肃（今河北徐水）人，万历八年（1580）进士，历知繁峙、汲县、临汾，后升兵部主事，累官至陕西按察司副史，精通天文、地理、历法，万历间历法改革的代表人物，著有《古今律历考》七十二卷。王荣诰，陕西华州举人，时任临汾教谕，后任平顺县知县。陈王道、杨起元都是临汾当地人，分别为隆庆二年（1568）、万历五年（1577）进士。

临汾位于黄河中游，"南通秦蜀，北达幽并，东临雷霍，西控河汾"，自古为兵家必争之地。临汾旧称平阳，古为帝尧之都，《帝王世纪》载"尧都平阳"，因在平水之阳，故名。春秋时为晋羊舌氏邑，汉高祖元年（公元前206）为西魏国，次年置平阳县，属河东郡。临汾县，西汉置，因临汾水得名。三国魏亦称平阳县，为平阳郡治。北魏初称平阳县，太平真君六年（445）并入禽昌县，太和十一年（487）复置平阳县，先后为东雍州治、唐州治、晋州治；隋开皇元年（581）改平阳县为平河县，三年改名临汾县，自此临汾县名沿用至今。隋开皇中为晋州治，大业中为临汾郡治，唐、五代为晋州治，北宋、金为平阳府治，元为晋宁路治，明、清为平阳府治。民国初年，裁府留县，三年划属山西河东道，南京国民政府成立，废道，直属山西省政府。

明代最早的一部《临汾县志》修于永乐至正统年间，书已不存，但成化十一年（1475）刻《山西通志》分别在风俗与形胜形势部分引用了《临汾县志》部分内容；《文渊阁书目》对此本也有著录。万历十九年邢云路等人又纂修了第二部《临汾县志》。清代则分别于康熙十二年（1673）、康熙五十七年（1718）、雍正八年（1730）、乾隆四十二年（1777）、光绪六年（1880）五次纂修《临汾县志》。

万历《临汾县志》正文前有三篇序文，分别为杨起元、陈王道、萧良有所作；正文后有时任临汾学署教谕王荣诰所作跋一篇。正文分为九卷，卷前为诸图，有县境图、城图、县志图、儒学图；卷一为地理志；卷二为宫室志；卷三为沟洫志；卷四为田赋志；卷五为帝系志；卷六为职官志；卷七为人物志；卷八为祥异志；卷九为艺文志，目录后有凡例。我馆所存卷七至卷九及正文后跋，经与国家图书馆影印台北故宫藏本比对，两本卷七第四十二叶及正文后跋页面均有明显断板痕迹，位置相同，且断裂程度也基本一致，应为同一版本。

撰文：李靖

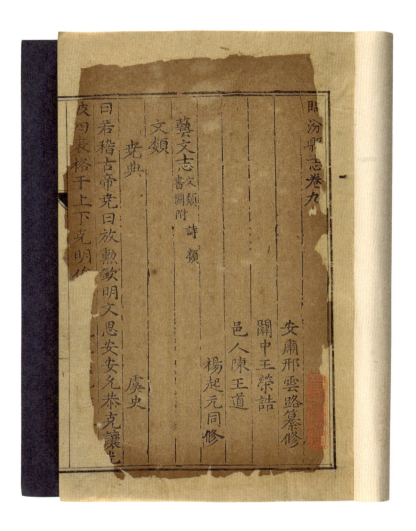

图一：万历《临汾县志》残本，存七至九卷，（明）邢云路纂修，万历十九年（1591）刻本，两册。

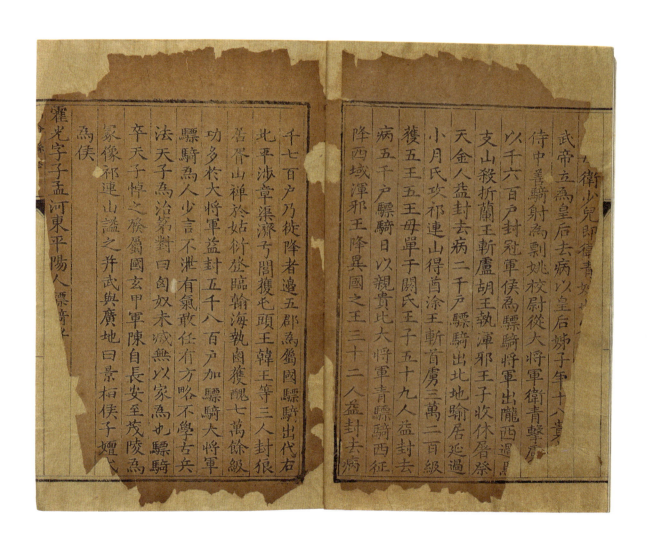

武帝立為皇后去病以皇后姊子年十八貴
侍中善騎射再剽姚校尉從大將軍衛青擊匈
以千六百戶封冠軍侯為驃騎將軍出隴西過焉
支山殺折蘭王斬盧胡王執渾邪王子收休屠祭
天金人益封去病二千戶驃騎出北地駒居延過
小月氏攻祁連山得酋涂王斬首虜三萬二百級
獲五王五王母單于閼氏王子五十九人益封去
病五千戶驃騎日以親貴此大將軍青驃騎西征
降西域渾邪王降異國之王三十二人益封去病

千七百戶乃徙降者邊五郡為屬國驃騎出代右
北平涉章渠濟弓閭獲屯頭王韓王等三人封狼
居晉山禪於姑衍登臨翰海執鹵獲醜七萬餘級
功多於大將軍益封五千八百戶加驃騎大將軍
驃騎為人少言不泄有氣敢任有方略不學古兵
法天子為治冢對曰匈奴未滅無以家為也驃騎
辛天子悼之發屬國玄甲軍陳自長安至茂陵為
冢像祁連山謚之并武與廣地曰景桓侯子嬗代
為侯

霍光字子孟河東平陽人（驃騎弟）

图二：《临汾县志》卷七第二叶，首叶缺失。

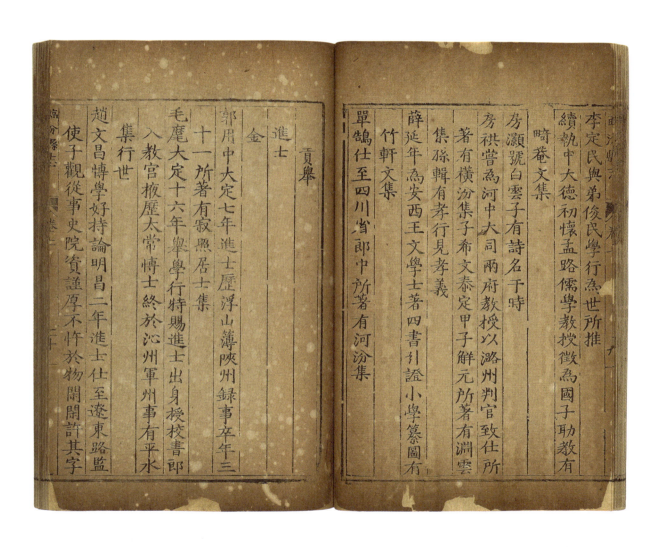

图三：《临汾县志》卷七第二十叶，"贡举"。

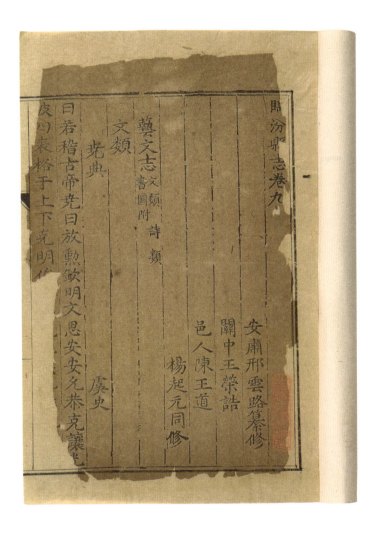

图四：《临汾县志》卷九首叶，"艺文志"。

图五：《临汾县志》卷九后附叙传。

叙傳

邢雲路曰粵若稽古帝堯便章百姓百姓昭明斯民
也自堯封歷百代文獻在焉壯哉汾邑寔陶唐昭明
之國而乃方策散逸誌錄為缺者幾數千百年雖間
有類述之者顧於是邑也欬焉而弗詳有之信焉而
或件有之亡徵不信其誰與從僕乃馳騁前古蒐括
隱顧綜覽名物計心輯彙成為一家俾一同之中三
才之道備焉賤臣小村敢揚斯緒上自黃唐迄於
日通為邑志九九篇其叙曰
參綜儲精冀萬辦土比屋可封風淳自古陟彼姑射

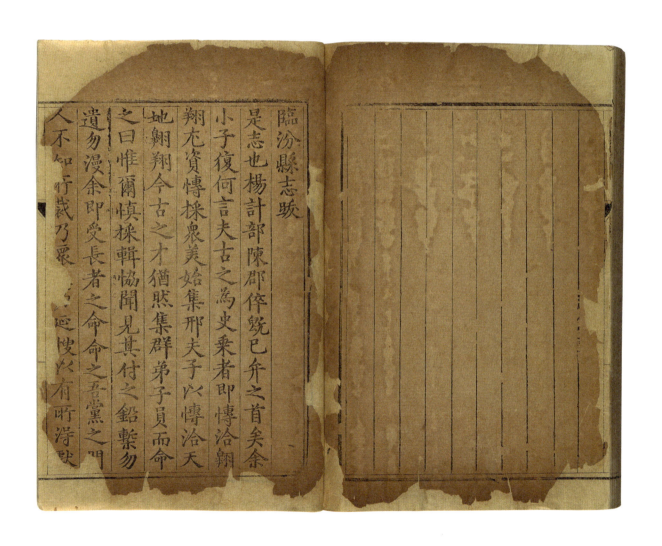

图六：《临汾县志》正文后跋，时任临汾学署教谕王某□所作。

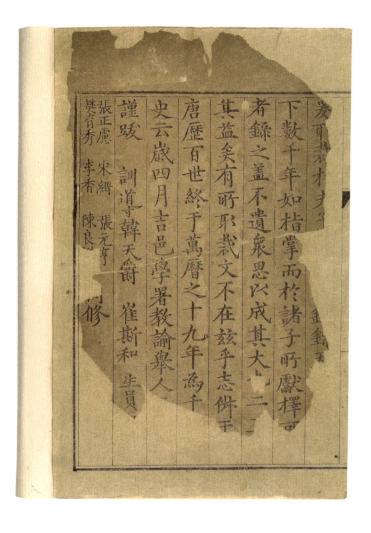

图七：《临汾县志》正文后跋，时任临汾学署教谕王□浩所作。

【顺治】蔚州志

《蔚州志》二卷，（清）李英纂。清顺治十六年（1659）刻本。二册，第一册九十八叶，第二册五十三叶。书高 26.5 厘米，宽 16.3 厘米；框高 20.5 厘米，宽 14.5 厘米。半叶十行，行二十二字，小字双行同。四周双边，白口，单黑鱼尾。版心记书名、卷次、叶次。《中国地方志联合目录》仅著录国家图书馆、北京师范大学图书馆和国家博物馆藏。

李英，镶蓝旗，辽东籍陕西扶风人。清顺治九年（1652）赐同进士出身，顺治十三年（1656）出知蔚州，后升任福建兴化府知府。此志系其任知州期间纂修。

蔚州别称蔚萝，秦置代郡，西汉初为代国，东汉末废。北周始置蔚州，隋大业初废。唐武德年间复置蔚州。明代隶属山西大同府，清雍正六年（1728）改隶属直隶宣化府。明时州卫并立，清康熙三十二年（1693）废卫设县，乾隆二十二年（1757）又裁县并入州。至民国改州为县，至今名蔚县，属河北省张家口市。

蔚州于明清两代曾多次修志。明代先后纂修有嘉靖志、万历志和崇祯志，崇祯《蔚州志》（抄本）中载有刘生和《蔚州志纂序》，称"（蔚州）旧有志，止于嘉靖戊戌"，又提到他在明万历三十六年（1608）任蔚州知州时，也曾纂修《蔚郡志》，但未能刊刻。所以到纂修崇祯本《蔚州志》时"求旧志刻茫然，搜之再四，乃得抄本于田莽间"。这里提到的嘉靖、万历两部蔚州旧志均未见传本，仅崇祯志有抄本传世，存日本国会图书馆东洋文库，应是现存最早的《蔚州志》。而在清代纂修的分别为顺治二卷本《蔚州志》、乾隆十二卷本《蔚州志补》、乾隆三十一卷本《蔚县志》及光绪二十卷本《蔚州志》四种。其中《蔚州志补》是乾隆十年（1745）杨世昌任知州期间纂修，是在顺治时李英《蔚州志》的基础上补修而成，据其序文，为"取旧志补葺之"，但"新志十二卷，以正史为宗，而旧志所载，多有舍正史而别为之说"。

《蔚州志》分上下两卷，以十二地支列为十二集，上卷包括方舆志、建置志、秩官志、政令志、武备志、祀典志、赋役志，下卷包括学校志、选举志、人物志、外志、艺文志。上卷前有李英撰"蔚州志序"，下卷前有魏象枢撰"蔚州志后序"。其中艺文志后附明代刘生和"蔚郡志旧序"与来临"蔚州志旧序"两篇。经与北师大藏本比对，我馆藏本序及正文保存完整，可称善本。

撰文：李靖

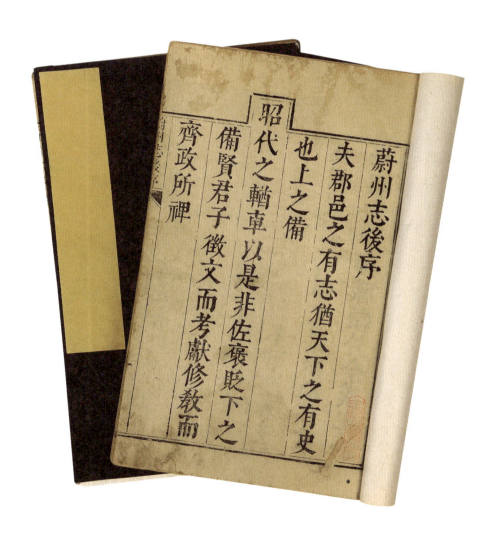

图一：顺治《蔚州志》二卷，（清）李英粲，顺治十六年刻本，二册。

蔚州志序

余嘗讀易至省方觀民設教每
致慨于三五而降文明日啓三
代不易民而治者其間因革損
益幾經裁成輔相然後教化大
行遂登風俗之良書列觀往史

图二：《蔚州志》序第一叶，上卷正文前附李英序一篇。

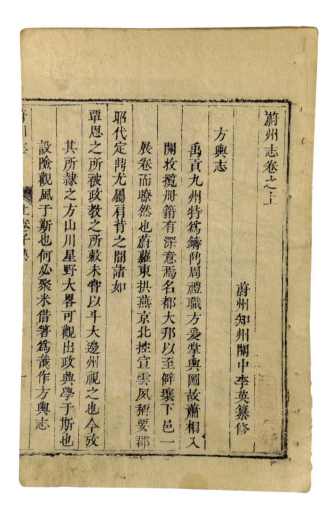

图三：《蔚州志》上卷首页。

图四：《蔚州志》上卷第一至二叶《蔚州山川图》。

图五：《蔚州志》下卷序第一叶，下卷正文前附魏象枢《蔚州志后序》。

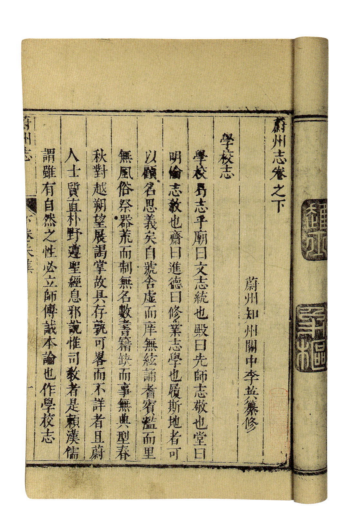

图六：《蔚州志》下卷第一叶，"学校志"

【康熙】当阳县志

《当阳县志》八卷，（清）娄肇龙修，杨州彦、栗引之等纂。清康熙九年（1670）刻本。

一册八十一叶。书高25.3厘米，宽16.3厘米。框高21.2厘米，宽14.4厘米。四周双边、白口、单黑鱼尾。书口上印书名，中记卷次，下记叶次。半叶九行，行二十一字，小字双行。卷首叶钤"中央历史博物馆藏书印"朱文方印。《中国地方志联合目录》仅著录中国国家图书馆和台北故宫博物院藏有此本。国家博物馆藏本为首册，存卷前（序、目录、历修姓氏、凡例、总论、图）、卷一、卷二，卷前序缺首叶。

《当阳县志》创修于明万历四年（1576）任梦榛，明崇祯三年（1630）曹应宾又续辑县志。但明代两部《当阳县志》在明末战乱中散佚，至今已无存世，现存最早的《当阳县志》即这部娄肇龙主修的康熙志。康熙初年，当阳知县娄肇龙因旧志残缺，拟重新纂修，延请当阳本地乡绅杨州彦、栗引之等同主志事，从县人刘鸿儒手中重金购得旧本，并将之与康熙五年（1666）时乡绅所纂修的志稿整编，厘清错讹，增补新志。最终于康熙九年成书，付诸剞劂。

娄肇龙，浙江山阴人（今绍兴），康熙《安陆府志》及道光《广东通志》记为直隶大兴人，副贡生，疑娄氏寄籍的缘故。[1]康熙四年（1665）任湖广安陆府荆门州同知，兼管当阳县事。康熙三十年（1691），改任广东高州府化州知州。康熙《当阳县志》的编纂由其首倡并聘请主纂官。

主纂官杨州彦和栗引之均为本地士人，且二人交情甚笃。杨州彦，字倩公，一字宣楼，湖北荆门人。杨州彦年少聪颖，十五岁考中生员，顺治八年（1651）中举，顺治十六年（1659）成进士。康熙六年（1667）任任丘县令，为官清廉悯民，但终因官场倾轧，罢官归乡，从此绝意仕途，年八十而卒。杨州彦学识渊博，熟知当阳历史民情，工书，尤擅诗，精于考订，著有《澹园诗文集》。栗引之，字长伯，号博学，湖北当阳县人，清顺治年间贡生，任职当地县丞。栗引之性格旷达，不喜仕进，但颇喜治学，对诗文史志佛学均有研究，在当地士人中极具盛名。除《当阳县志》外，还编有《玉泉山志》，著有《大云楼稿》。

康熙《当阳县志》卷首有当阳县图、公署图、学宫图。正文共八卷，分三十五目。卷一为舆地、星野、沿革、事纪、疆域、山川、风俗、方产；卷二为田赋；卷三为户口、夫马、城池、守御、堤防、公署、坊衢、乡市、津梁、典祀、封爵、职官；卷四为选举、治行、人物、侨寓；卷五为古迹、丘墓、寺观、禅宗、仙籍、祥异、丛谈；卷六和卷七为艺文；卷八为诗、赞铭。卷末有栗引之所作跋。卷前有娄肇龙序及李芳序。李芳，字佳木，号顺轩，山东省济宁市任城人，清顺治十八年（1661）进士，撰序时代行县令职务，后康熙十八年（1679）正式授职当阳县知县。[2]

当阳县，现属湖北省宜昌市辖下，古为权国，西汉景帝中元年间正式建县。当阳历代修志，除上文所说的明代两部以及康熙《当阳县志》外，还有乾隆二十三年（1758）苗肇岱所修本（未刻印），乾隆五十九年（1794）黄仁、童峦所修本，同治五年（1866）阮恩光所修本以及光绪十五年（1889）李元才、李葆贞所修《当阳县补续志》。后修诸县志均对康熙《当阳县志》颇为推崇，认为其虽修于兵燹之后以致时有疏漏，但纂修者重创体例，广为辑采，用力甚勤。尤其舆地沿革部分，条分缕析，考究严谨。赋役、风俗、土宜等方面内容亦颇为详实。在康熙初年所纂修的诸多县志中，康熙《当阳县志》称得上少见的佳志。

撰文：林璜

注释：

1. 康熙《安陆府志·卷十一》及道光《广东通志·卷五十二》有记，然考康熙《顺天府志·人物·贡生》中并无娄肇龙。

2. 刘廷銮、孙家兰编著，《山东明清进士通览·清代卷》，山东文艺出版社，2004年，第75页，"李芳，字佳木，号顺轩。济宁州（今济宁市）人。顺治十四（1657）举人，三甲第一百四十一名进士。登第后，于城东南隅构筑小楼潜心易学。康熙十八年，授湖北当阳县知县。抑豪强、剔奸蠹、完城郭、严保甲、集团练，仅两月，案牍渐稀，盗贼敛迹。兵燹后的凋敝为之改观。以卓异署襄阳府知府。某日，忽作铭授予二子，铭中有'六十年来俯仰无憾，唯愿后人率由旧宪'，其夜无病而逝。著有《周易讲义》《玉山初记》《玉山草》《碌碌吟》。"

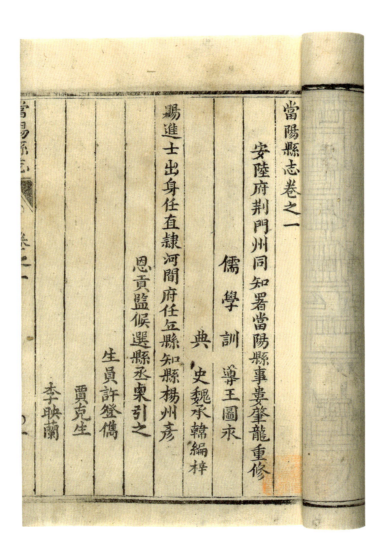

图一：康熙《当阳县志》残本，存卷前、卷一、卷二，（清）娄尝龙修，杨州彦、栗引之等纂，清康熙九年刻本，一册。《当阳县志》卷前叶，钤"中央历史博物馆藏书印"朱文方印。

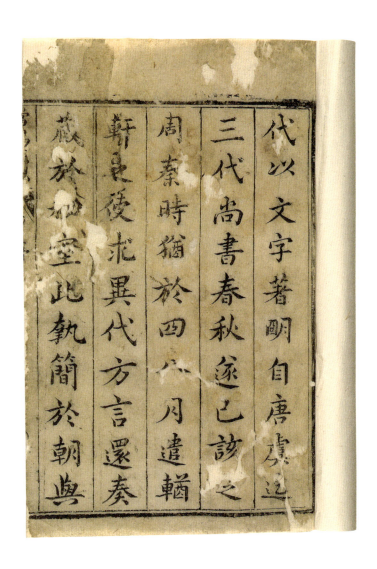

图二：《当阳县志》卷前，娄肇龙所撰序，娄肇龙任湖广安陆府荆门州
同知兼管当阳县事。此序国家博物馆藏本缺前半叶。

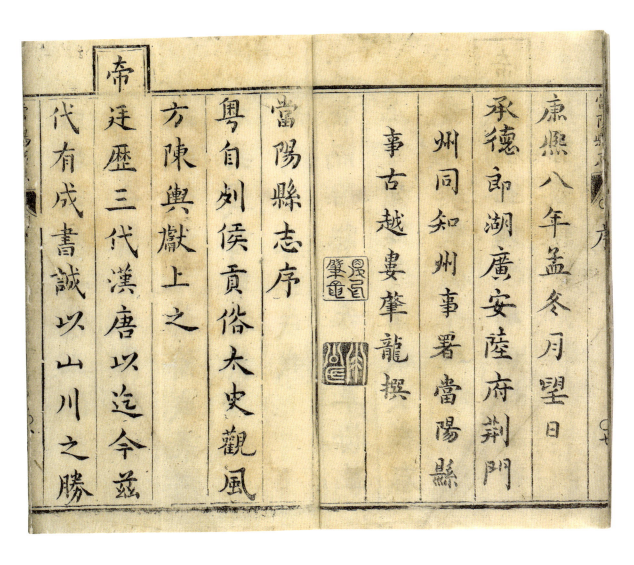

图三：《当阳县志》卷前，李芳所撰序，康熙十八年李芳任当阳县知事。

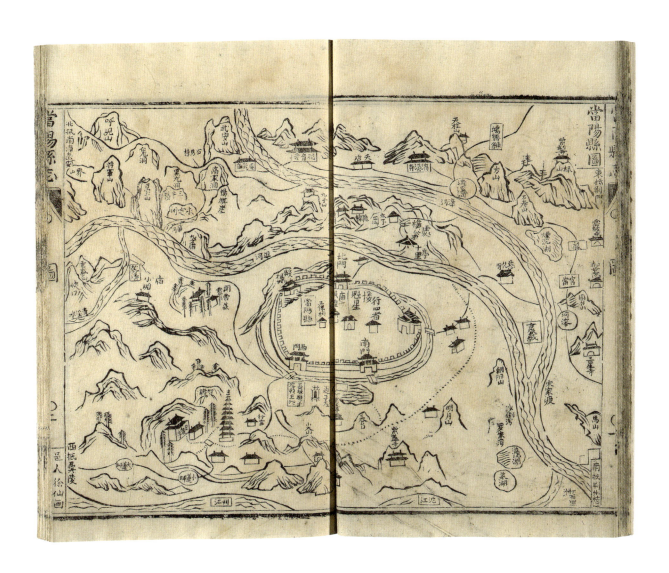

图四：《当阳县志》卷前《当阳县全景图》，绘山川、河流、湖泊、古迹及官署。

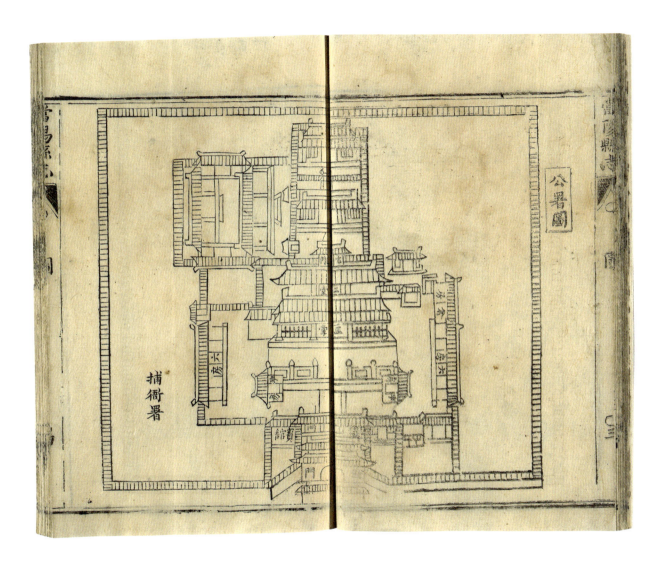

图五：《当阳县志》卷前《当阳县公署图》，细绘当阳县捕衙官署。

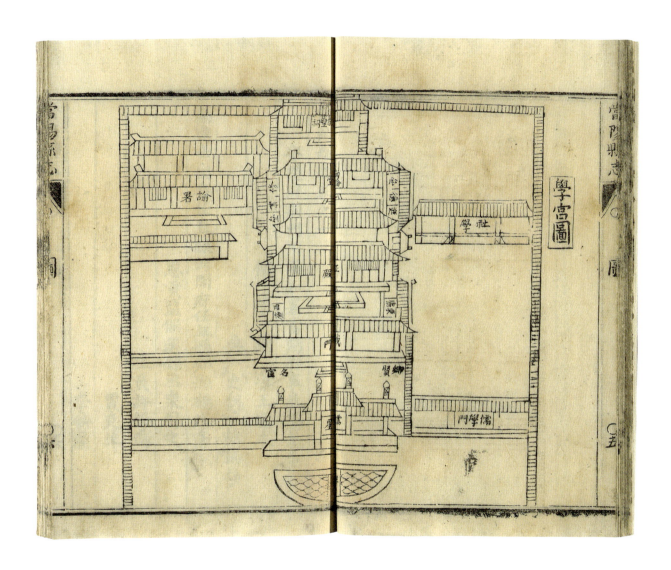

图六：《当阳县志》卷前《当阳县学宫图》。《当阳县志》中关于公署、学宫部分的记载已经亡佚。但从《公署图》和《学宫图》
　　　看两者规制，学宫的建筑规模并不小于公署。

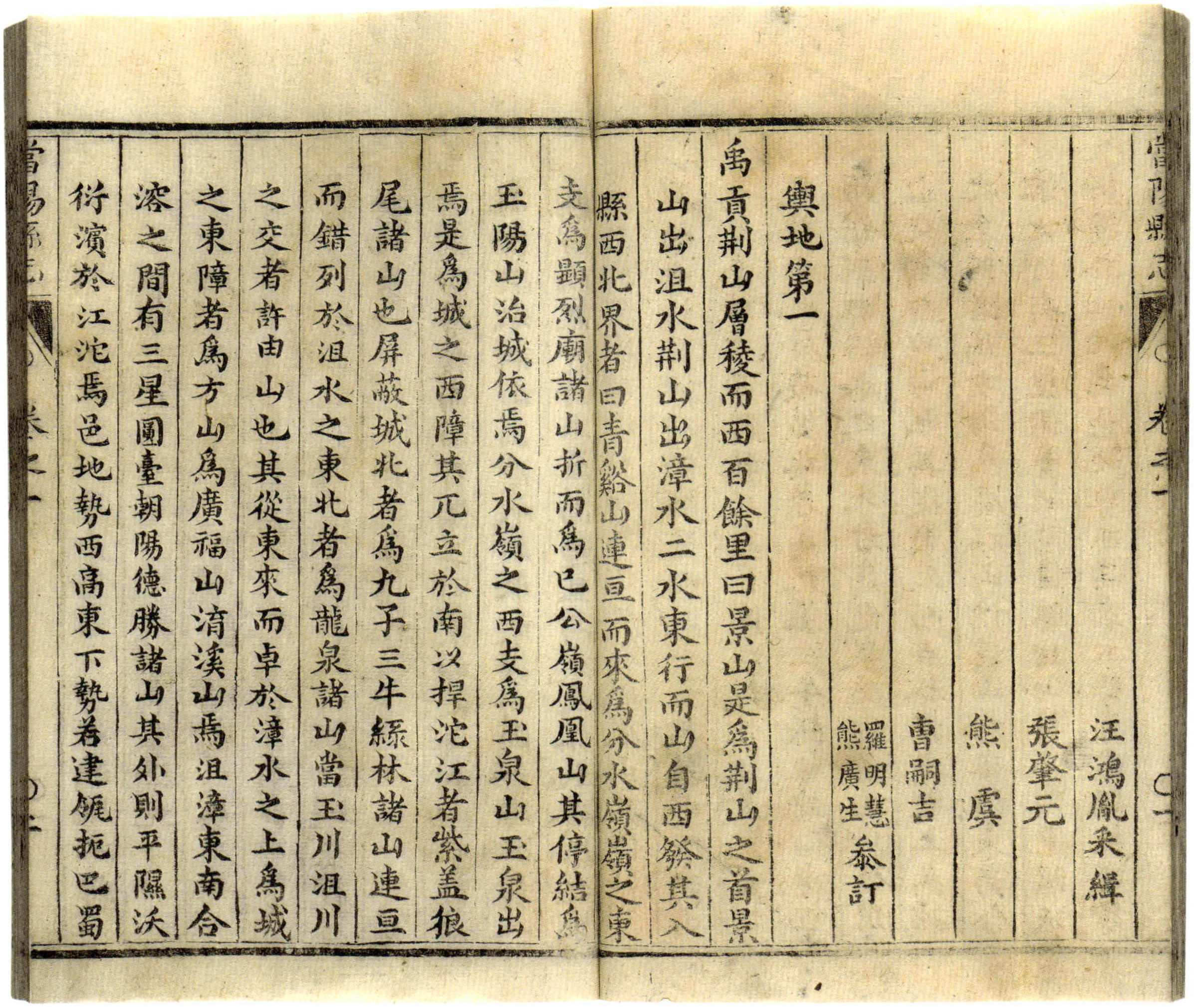
當陽縣志　卷之一

汪鴻胤采緝
張肇元
熊　虞
曹嗣吉
羅明慧
熊廣生　叅訂

輿地第一

禹貢荊山層稜而西百餘里曰景山是爲荊山之首景山出沮水荊山出漳水二水東行而山自西谿其入縣西北界者曰青谿山連亘而來爲分水嶺嶺之東支爲顯烈廟諸山折而爲巴公嶺鳳凰山其停結爲玉陽山治城依焉分水嶺之西支爲玉泉山玉泉出焉是爲城之西障其亢立於南以捍沱江者紫蓋狼尾諸山也屏蔽城北者爲九子三牛綠林諸山連亘而錯列於沮水之東北者爲龍泉諸山當玉川沮川之交者許由山也其從東來而卓於漳水之上爲城之東障者爲方山爲廣福山清溪山焉沮漳東南合滙之間有三星圖臺朝陽德勝諸山其外則平隰沃衍濱於江沱焉邑地勢西高東下勢若建瓴扼巴蜀

當陽縣志　卷之一

图七：《当阳县志》首门类为“舆地”。正文前署参与纂修官员及士绅姓名。

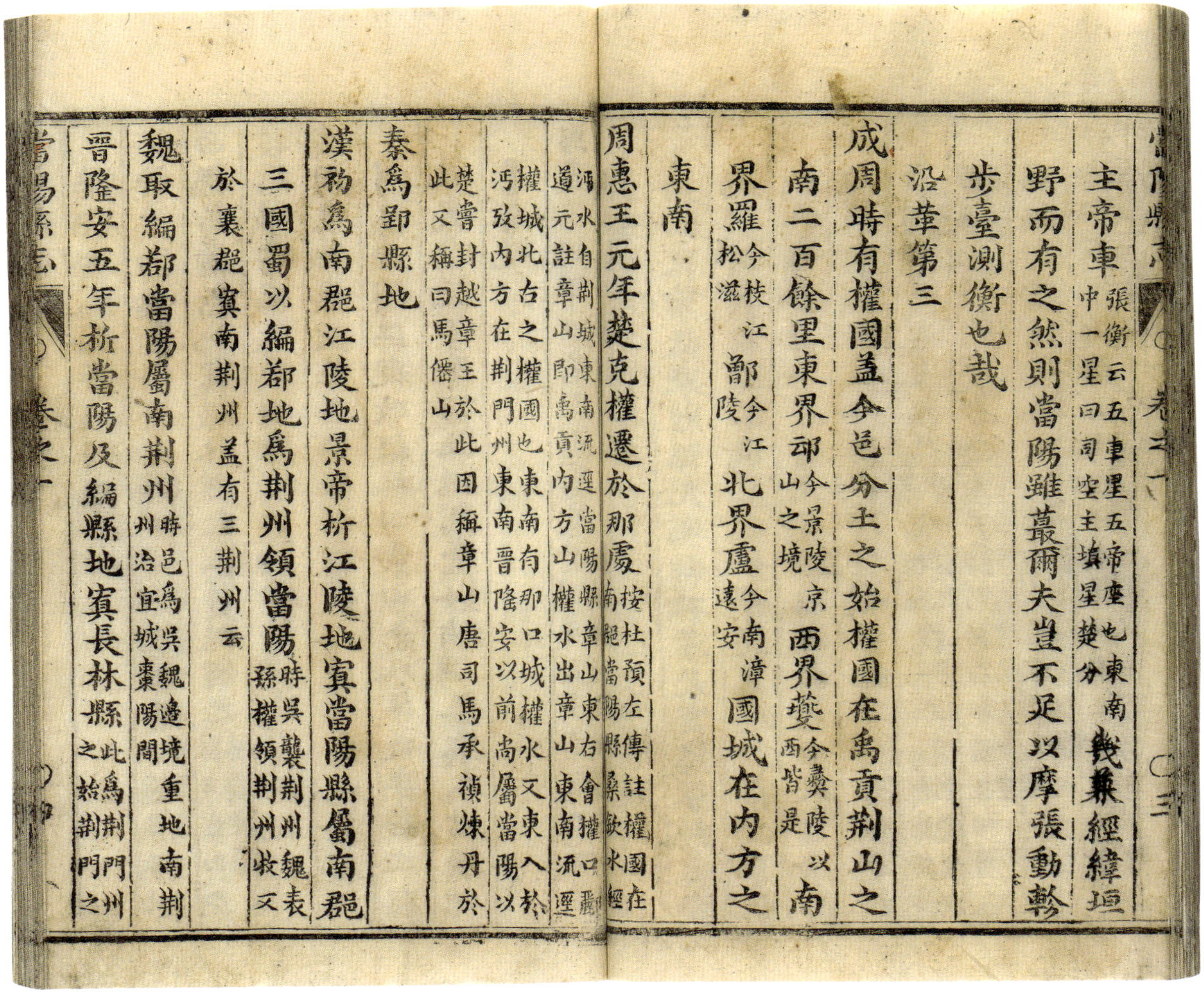

主帝車張衡云五車星五帝座也東南中一星曰司空主塡星楚分幾兼經緯垣
野而有之然則當陽雖蕞爾夫豈不足以摩張動軫
步臺測衡也哉

沿革第三

成周時有權國蓋今邑分土之始權國在禹貢荊山之
南二百餘里東界邔今景陵京山之境西界夔今夔陵西皆是以南
界羅今枝江松滋鄀今江陵北界盧今南漳遠安國城在內方之
東南
周惠王元年楚克權遷於那處按杜預左傳註權國在南郡當陽縣桑欽水經
沮水自荊城東南流逕當陽縣章山東右會權口酈道元註章山即禹貢內方山權水出章山東南流逕
權城北古之權國也東南有那口城權水又東入於沔故內方在荊門州東南晉隆安以前尚屬當陽以
楚嘗封越章王於此因稱章山唐司馬承禎煉丹於此又稱司馬僊山
秦為鄀縣地
漢初為南郡江陵地景帝析江陵地寘當陽縣屬南郡
三國蜀以編鄀地為荊州領當陽時吳襲荊州魏表孫權領荊州牧又
於襄郡寘南荊州蓋有三荊州云
魏取編鄀當陽屬南荊州時邑為吳魏邊境重地南荊州治宜城棗陽間
晉隆安五年析當陽及編縣地寘長林縣此為荊門州之始荊門之

图八：《当阳县志》卷一《沿革第三》。舆地及沿革部分，最为《当阳县志》纂修者重视，考证严谨，学术价值较高。

【康熙】沅州志

《沅州志》八卷，（清）杨希震修，孟长醇等纂。清康熙二十四年（1685）刻本。

一册七十七叶，书高 25.2 厘米，宽 17.7 厘米。框高 21.7 厘米，宽 14.7 厘米。四周单边，白口，单黑鱼尾。书口上印书名，中记卷次，下记叶次。半叶九行，行二十一字，小字双行同。卷首叶钤"中央历史博物馆藏书印"朱文方印。前八叶书口下方有残缺。《中国地方志联合目录》记国家图书馆存卷一、卷八（不全），国家博物馆存卷八。国家图书馆所藏卷八前缺数叶，我馆藏本卷八前有小序，应为全卷。

康熙《沅州志》无存世全本，其编修过程据康熙八年（1669）时胡斌所记，康熙初年，知州谢龙及沅州本地人胡斌修沅州志，当时杨希震及孟长醇也参与了修志。后康熙二十三年（1684）初，杨希震升任沅州知州，以前志为基础，与沅州本地人孟长醇一起续补康熙八年所撰旧志。《中国地方志联合目录》及《中国地方志总目提要》均著录此书于康熙二十四年成书，付梓刊印。

杨希震，字凤鸣，号晋园，岁贡生，山西临汾人。胡斌康熙八年序中称其为"明府"，疑其早年则为沅州本地的官吏，后升任知州。孟长醇则除知其为沅州本地人，曾为庠生外，无其他史料著录。

杨希震等所修《沅州志》体例上继承康熙八年本沅州志的分类，共分八大类：地理、建置、田赋、秩官、选举、人物、杂志、艺文。每类一卷，每卷下又分出小类，总共分出了六十四小类，分类比较细致。如我馆所藏卷八艺文，其下分出：记、序、铭、歌、诗、赋。

沅州，地处湖南省西部，因沅水而得名。南北朝时已有沅州之名，后隋唐两代曾改名朗州、巫州，至北宋熙宁七年（1074）重新定名沅州，沿用至清末。民国二年（1913）废沅州之名。明清时期沅州所辖，大体包括芷江县、黔阳县（现已撤销，与洪江市合并）、麻阳县等地，是侗族、苗族等少数民族的聚居地。沅州历史上多次修志。明代成化至清代雍正之间，沅州规格为州，共七次修志：明成化年间胡靖编修《沅州志》七卷；明嘉靖年间胡惄增撰《沅州志》；明万历年间李炽然编修《沅州志》；明万历三十八年（1610）于瑞临续修《沅州志》；清康熙八年（1669）谢龙、胡斌编修《沅州志》八卷；清康熙二十四年杨希震、孟长醇纂修《沅州志》八卷；清康熙三十二年（1693），由祖光佩再次续修《沅州志》八卷。然而这七次修志除杨希震所修尚有残本，其余全部散佚。康熙二十四年的《沅州志》是现存最早的州志，且内容详实，分类细致，后世修沅州府志或芷江县志者均极为推崇，惜其残缺散佚严重。

撰文：林璜

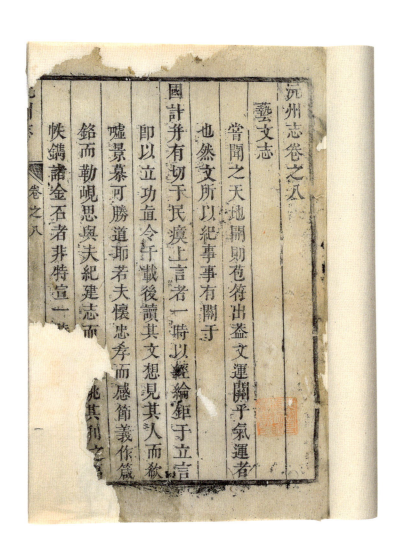

图一：康熙《沅州志》残本，存卷八，（清）杨希震修，孟长醇等纂，清
康熙二十四年刻本，一册。《沅州志》卷八首叶，书口下方残缺，
卷前有小序。钤"中央历史博物馆藏书印"朱文方印。

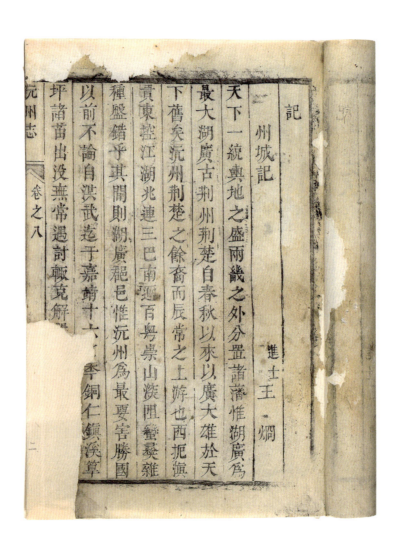

图二：《沅州志》卷八正文首叶。卷八为"艺文"，此为地方志最受重视
的内容之一。国家图书馆虽也存《沅州志》卷八，但缺前二十三叶
及艺文小序。

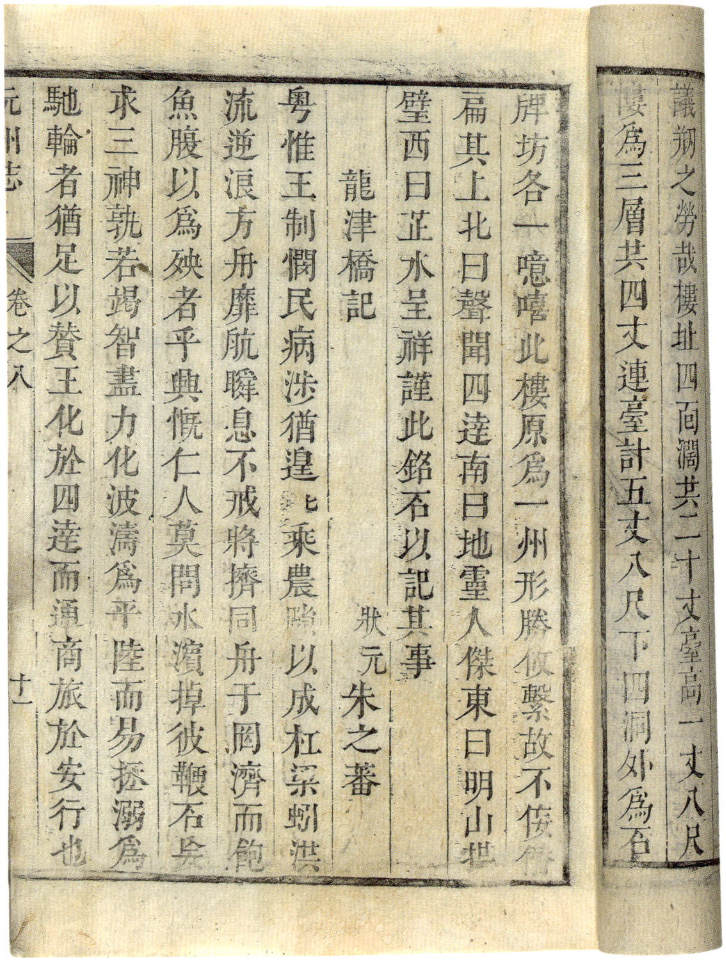

議翔之勞哉樓址四面濶共二十丈室高一丈八尺
樓為三層其四丈連臺計五丈八尺下四洞外為臣

屏坊各一噫嘻此樓原為一州形勝仅繫故不俟仲
扁其上北日聲聞四達南日地靈人傑東日明山世
壁西日正水呈祥謹此銘石以記其事

龍津橋記

狀元朱之蕃

粵惟王制憫民病涉猶遑七乘農路以成杠梁蚍洪
流逆退方舟靡航瞬息不戒將撟同舟于圍濟而飽
魚腹以為殃者乎興慷仁人莫問水濱掉彼鞭不矣
求三神孰若竭智盡力化波濤為平陸而易拯溺為
馳輪者猶足以贊王化於四達而運商旅於安行也

沅州志　卷之八　十一

図三：《沅州志》卷八《龙津桥记》。"艺文"前半部分为明清士绅为沅
州地方名胜及书院所撰"记""叙""文"。《龙津桥记》为明万
历乙未（1595）科状元朱之蕃（江苏南京人）所撰。

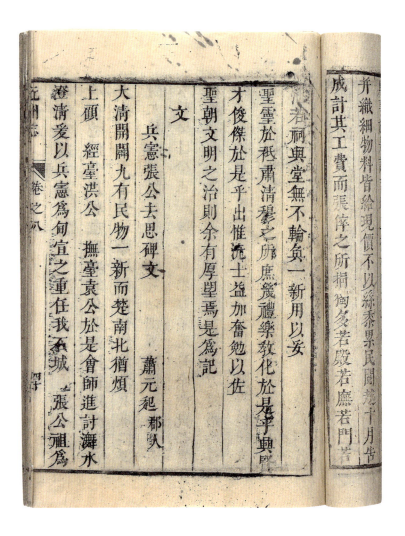

图四：《沅州志》卷八《兵宪张公去思碑文》，为康熙时任兵部郎中的沅州
当地人萧元起所撰。"艺文"收"文"第一篇。

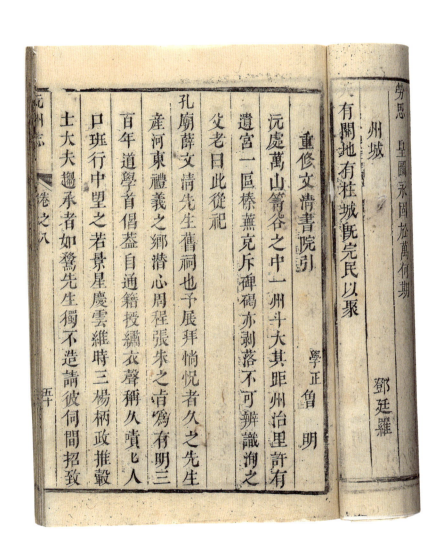

重修文清書院引　　　　　　學正魯　明

沅處萬山箐谷之中一州斗大其距州治里許有
遺宮一區橋蕪克斥碑碣亦剝落不可辨識洵之
父老曰此從祀
孔廟薛文清先生舊祠也予展拜怡悅者久之先生
產河東禮義之鄉潛心周程張朱之肯爲有明三
百年道學首倡蓋自通籍授繡衣聲稱久噴七人
尸班行中壆之若景星慶雲維時三楊柄政推轂
土大夫趨承者如鶩先生獨不造請彼伺間招致

勞思　皇圖永固龍萬何期

州城　　　　　　　　　　　鄧廷羅

有關地有粧城既完民以聚

图五：《沅州志》卷八《重修文清书院引》，为康熙时任沅州学正的曾明所撰。《重修文清书院引》撰文具体时间不可考，但文中提到康熙二十三年至二十四年任沅州知州"河东上官宪台"杨希震，此文也应该写于这段时间。

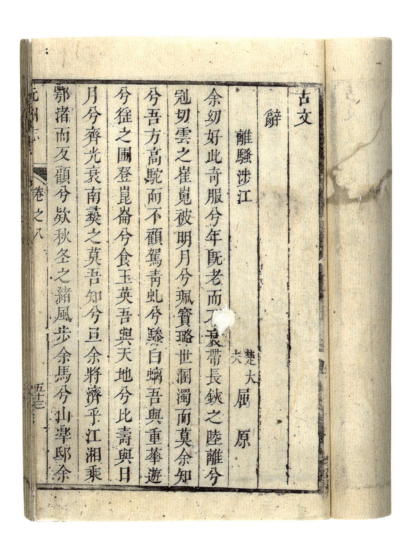

图六：《沅州志》卷八《离骚涉江》。"艺文"后半部分为"古文"，多为前人为沅州地方所撰"辞""诗""赋"。

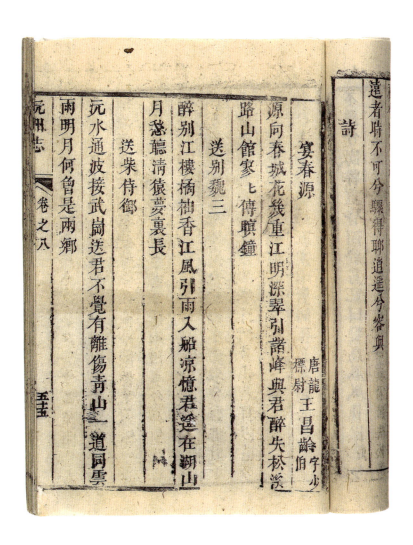

遠者情不可分騾得聊逍遙今客與

詩

唐龍標尉王昌齡字少伯

宴春源

源向春城花幾重江明漲翠引諸峰與君醉失秋送

路山館寥七傅瞋鐘

送別魏三

醉別江樓橘袖香江風引雨入船涼憶君遙在瀟湘

月愁聽清猿夢裏長

送柴侍御

沅水通波接武岡送君不覺有離傷青山一道同雲

雨明月何曾是兩鄉

沅州志 卷之八

五三

图七：《沅州志》卷八《宴春源》。"艺文"收创作于沅州的重要诗作，共二十一首。

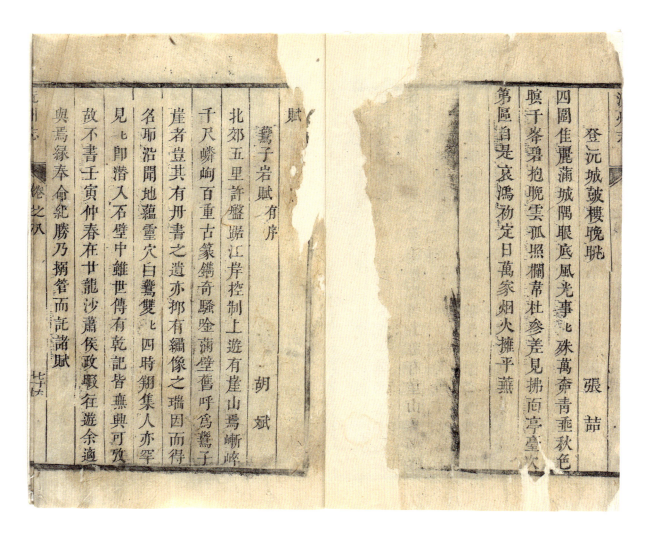

登沅城鼓樓晚眺　張喆

四圍佳麗蒲城隅眼底風光事七殊萬奈青垂秋色
真千峰碧抱晚雲孤照闌幃杜參差見拂面亭臺次
第區自是哀鴻初定日萬家煙火擁平蕪

賦

鳶子岩賦有序　胡斌

北郊五里許盤踞江岸控制上游有崖山焉嶙崒
千尺嶙峋百重古篆鐫奇騒崟滿壁舊呼為鳶子
崖者豈其有冊書之遺亦抑有繪像之瑞因而得
名耶沿開地蘊靈穴白鷺雙七四時翔集人亦罕
見七即潛入石壁中雛世傳有乾記皆無與可效
故不書壬寅仲春在廿龍沙蕭侯政驂往遊余適
與焉緣奉命紀勝乃搁管而記諸賦

沅州志　卷之八　七十七

图八：《沅州志》卷八《燕子岩赋》。"艺文"所收前人"赋"仅此一篇，为清初沅州本地人胡斌所撰。

中国国家博物馆馆藏文献研究系列丛书——稀见方志

【道光】瓯乘补遗

《瓯乘补遗》不分卷，（清）洪守一纂。清道光四年（1824）稿本。

一册五十六叶，书高24.1厘米，宽12.6厘米。框高17厘米，宽10.2厘米。朱栏，四周双边，白口。半叶九行，行二十三至二十五字不等。行楷抄录，文中间有墨笔顿点断句。三十三至三十四叶间夹二叶素纸，为补入"重修礁石江塘记略"等内容。原稿残破，经加衬重装，封面已失题签。卷首叶钤"中国历史博物馆藏"朱文长方印。

瓯，古代通常借称温州府地区，乘，古代地方志的别称。《瓯乘补遗》所记内容更侧重于洪守一家乡瑞安。瑞安，地处浙江省东南沿海，现为温州市代管县级市，为东瓯古邑。瑞安建县始于三国时期，其时属会稽郡，曾名安固，唐代昭宗天复二年（902），始定瑞安之名。瑞安为温州重邑，甚至南宋时温州府曾名瑞安府。

瑞安历代修志传统绵延不断，有元大德《瑞安县志》（今佚），明永乐《瑞安县志》（今佚），明嘉靖《瑞安县志》，明万历《瑞安县志》（今佚），清康熙《瑞安县志》，清乾隆《瑞安县志》，清嘉庆《瑞安县志》，清光绪《瑞安县志》，民国《瑞安县志稿》。《瓯乘补遗》作为私修方志，补官修之不足，且为当地士绅多年精心编纂的珍稀稿本，其能得以编纂和刊行，与瑞安本地良好的修志氛围和传统也息息相关。

洪守一（1769—1860），字观亭，号贯之，晚年号后河居士，温州瑞安人。洪守一出身书香世家，少有才名，却淡于仕进，热心本地文献的搜罗整理，颇有著述，嘉庆十三年（1808）参与《瑞安县志》的编纂，重辑《俗字编》，晚年编撰刊行《瓯乘拾遗》、《后河诗草》。洪氏家族富庶，家中藏书亦多，其藏书楼棣花屋有"万卷图书空堆案"之称。

道光四年，洪守一整理生平收集的家乡文献，编成《瓯乘补遗》，主要补充道光朝以前的瑞安史料，但当时未能刊行。至道光二十九年（1849），洪守一才在子侄洪澜等人的帮助下，重新整理早年存稿，改名《瓯乘拾遗》付梓刊印。全书共分十六类：山川、公署、祠祀、水利、物产、职官、人物、古迹、冢墓、寺观、仙释、经籍、艺文、祥异、杂记、附志。《瓯乘补遗》手稿本与《瓯乘拾遗》刻本内容体例之区别，可详见本书前文《中国国家博物馆藏〈瓯乘补遗〉稿本考略》。

撰文：林璜

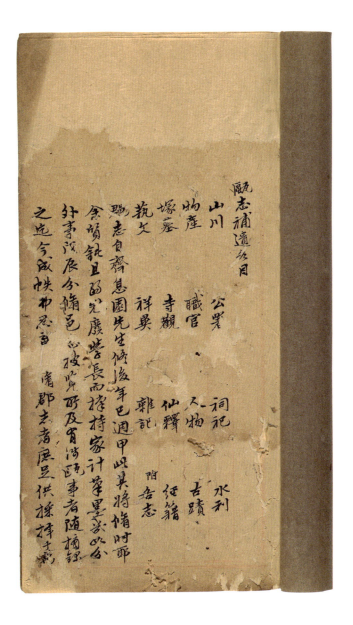

图一：道光《瓯乘补遗》不分卷，（清）洪守一编撰，清道光四
年稿本，一册。《瓯乘补遗》书首叶。洪守一自序："戊辰
分修邑志，披览所及，有涉瓯事者，罗摘录之，迄今成帙。"
署"道光四年且月"，即 1824 年农历六月

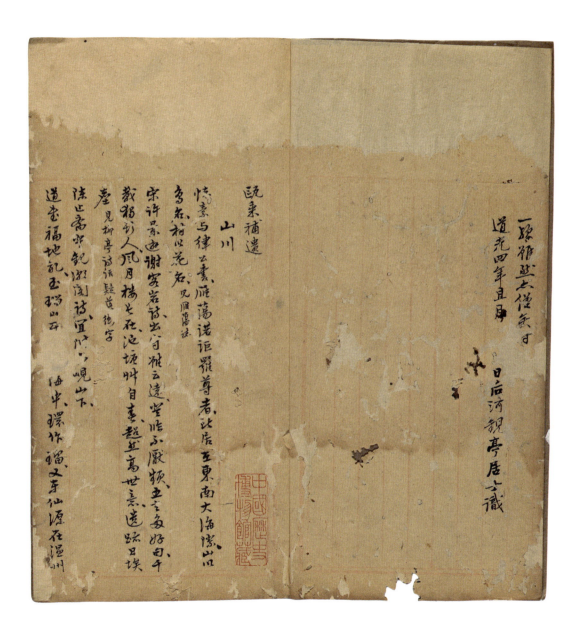

图二：《瓯乘补遗》卷首叶，钤"中国历史博物馆藏"朱文长方印。

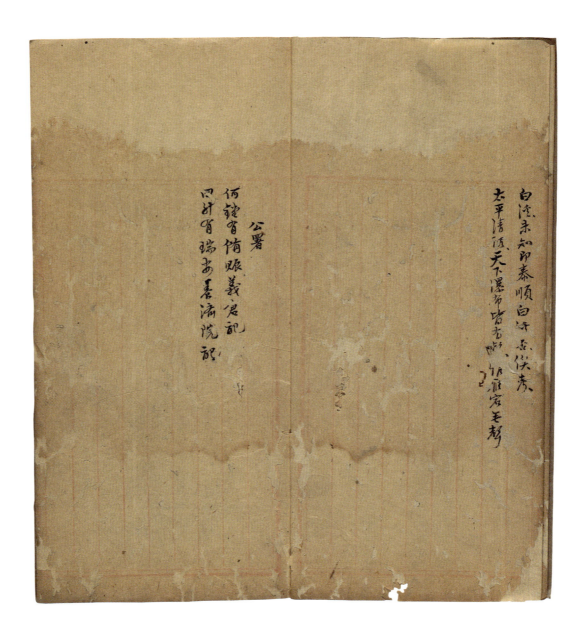

图三：《瓯乘补遗》第三叶，手稿本中有"公署"，几无具体内容。后刻本《瓯乘拾遗》删去此门，补入"学校"，
　　　　但无具体内容。

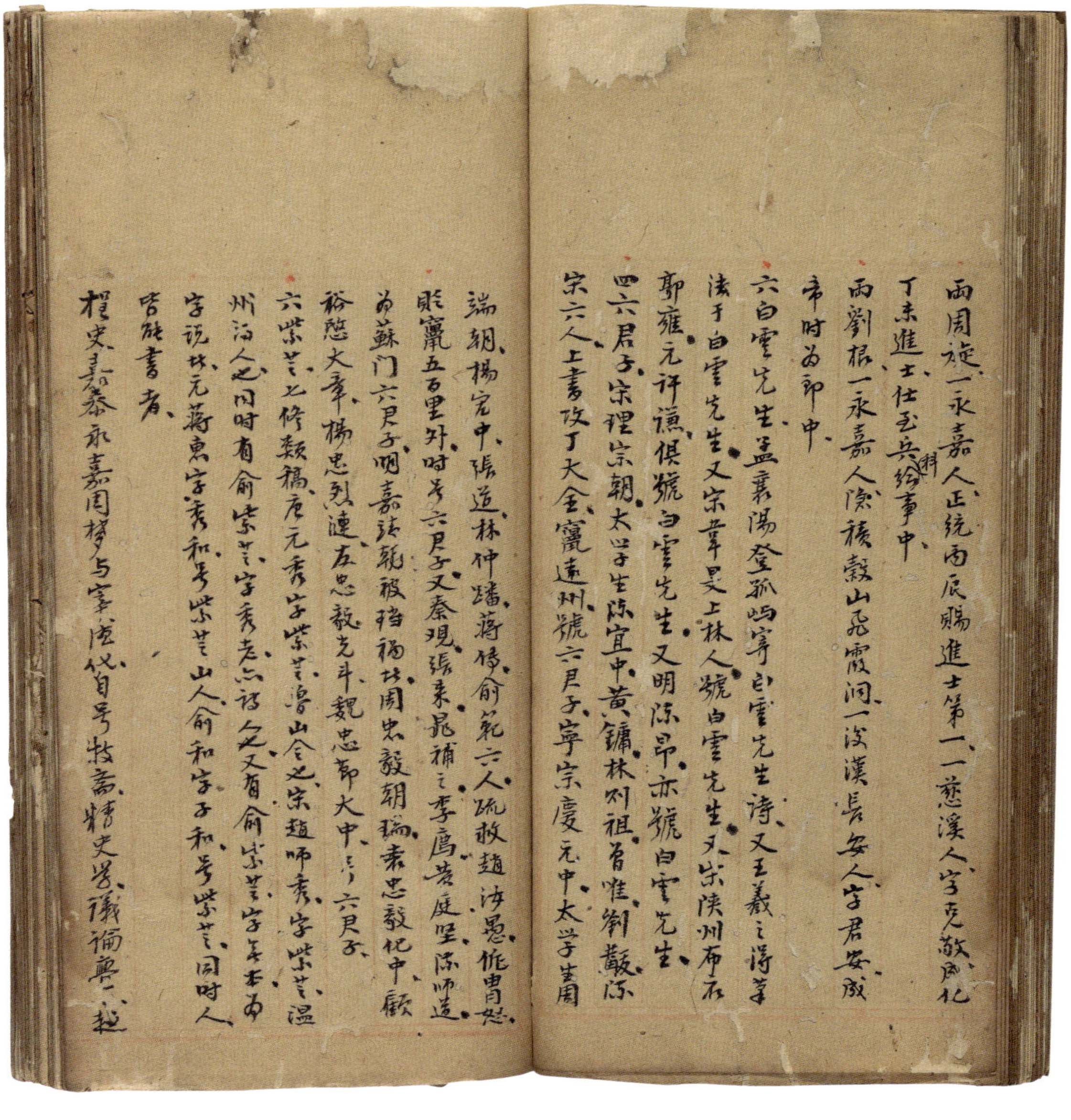
兩周旋，一永嘉人，正統丙辰賜進士第一；一慈溪人，字克敬，成化
丁未進士，仕至兵科給事中。
兩劉根，一永嘉人，隱積穀山飛霞洞；一汉漢長安人，字君安，成
帝時為郎中。
六白雲先生：孟襄陽登孤嶼寄白雲先生詩；又王羲之得筆
法于白雲先生；又宋章旻，上林人，號白雲先生；又宋陝州布衣
鄭雍、元許謙，俱號白雲先生；又明陳昂，亦號白雲先生。
四六君子：宋理宗朝太學生陳宜中、黃鏞、林則祖、曾唯、劉黻、陳
宗六人上書攻丁大全，竄遠州，號六君子；寧宗慶元中，太學生周
端朝、楊宏中、張道、林仲麟、蔣傅、俞範六人疏救趙汝愚，俱曹怒，
貶竄五百里外，時号六君子；又秦觀、張耒、晁補之、李廌、黃庭堅、陳師道
為蘇門六君子；明熹宗朝被璫禍，周忠毅朝瑞、袁忠毅化中、顧
裕愍大章、楊忠烈漣、左忠毅光斗、魏忠節大中，号六君子。
六紫芝：元僧類稿，唐元秀，字紫芝，魯山令；宋趙師秀，字紫芝，溫
州詩人；又同時有俞紫芝，字秀老，亦詩人；又有俞紫芝，字季春，南
宋說林；元蔣惠，字秀和，号紫芝山人；俞和，字子和，号紫芝，同時人，
皆能書者。
程史：嘉泰永嘉周椅與寧陵代自號牧齋，精史學，議論更一。趙

图四：《瓯乘补遗》第二十一叶，"人物"中的《补遗》"两高明""两周旋""两刘根""六白云先生"等几条，后刻本《瓯乘拾遗》均无。

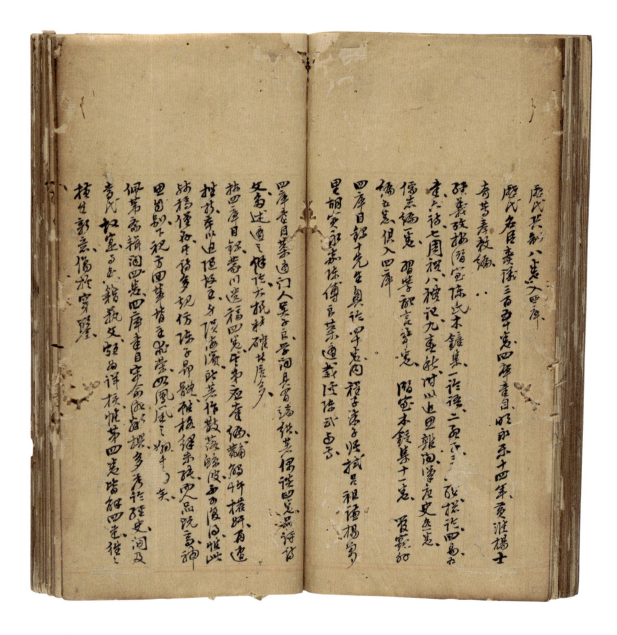

图五：《瓯乘补遗》第三十二叶，"经籍"下列《四库全书总目提要》所收录的温州文人集部文献，后刻本《瓯乘拾遗》均无。

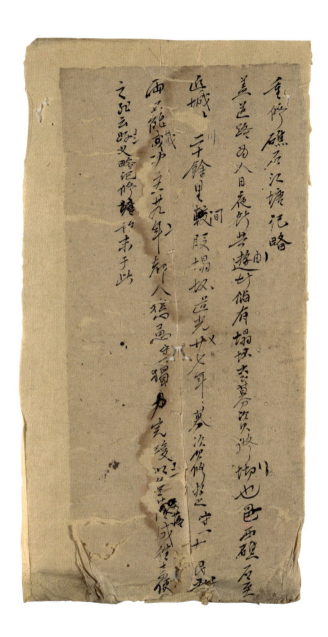

图六：《瓯乘补遗》第三十三叶、三十四叶间夹叶草稿，《重
修礁石江塘记略》，后刻本《瓯乘拾遗》补全此文，收
入附志中。

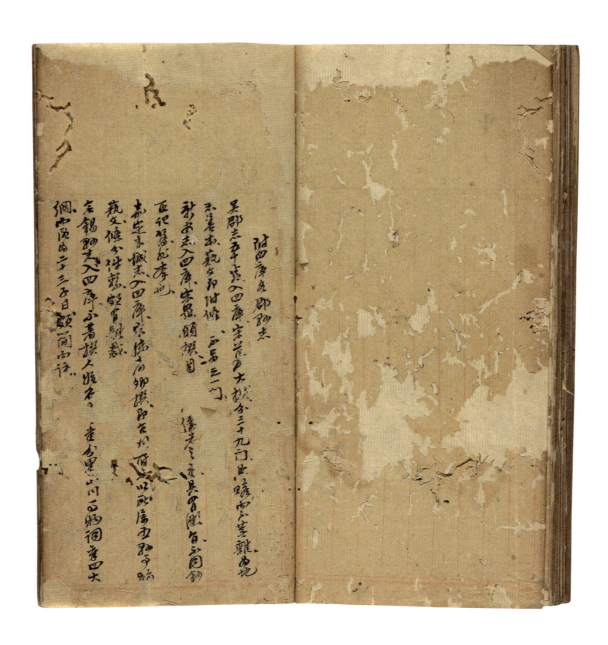

图七：《瓯乘补遗》第五十三叶，"附志"中《四库各郡县志》原为附志门类下最主要的内容，后刻本《瓯乘拾遗》全部删去，改为收录其他文章、记略。

【光绪】深州疆域志

《深州疆域志》不分卷，（清）吴汝纶纂。清光绪七年（1881）稿本。

一册七十九叶。书高 23 厘米，宽 25.8 厘米。无界栏，半叶行数、字数不等。第一叶空白，第二叶下半叶题"光绪七年七月"，其后为正文六十八叶，中间有十叶空白。内夹节录光绪《元氏县志》、乾隆《涿州志》所载"李左车考""李秀林""李昉"以及安平侯氏人物资料二叶。文稿墨笔行书写就，其间删改颇多，间有朱笔添改，为吴汝纶拟稿。正文首叶钤"挚甫白事"朱文方印、"中国历史博物馆藏"朱文长方印。此本为光绪二十六年（1900）文瑞书院刻《深州风土记》部分章节的底稿。

吴汝纶（1840—1903），字挚甫，安徽桐城人。同治三年（1864）中举，次年中进士，授内阁中书，曾佐曾国藩、李鸿章幕府，李鸿章奏疏多出其手。后历任深州知州、天津府知府、冀州知州，晚年任莲池书院主讲，曾赴日本考察教育。工古文，著有《尚书故》《东游丛录》《深州风土记》《易说》《夏小正私笺》《诗集》《李文忠公事略》等，有日记、文集存世。《清史稿》卷四百八十六有传。

深州今为河北衡水市下辖县级市。据《深州风土记》记载，在"京师西南六百一十二里"，清初因明制，属正定府，下隶衡水一县。雍正二年（1724），衡水改由冀州管辖，深州升为直隶州，下隶武强、饶阳、安平三县。据该书《叙录》记载，清朝同治以前，曾四修《深州志》，即康熙三十六年（1697）知州李天培修、张蚩英纂《深州志》，雍正十年（1732）知州徐绶纂修《直隶深州志》，乾隆二十一年（1756）知州尹侃等纂修《直隶深州志》，道光七年（1827）张范东、李广滋纂《深州直隶州志》。

吴汝纶于同治十年（1871）任深州知州，逢直隶总督李鸿章修《畿辅通志》，令各州县修志备览，吴汝纶奉命修志，拟定《采访志书条例》规定编写志书的方法及原则。志稿未完，因其父病逝而去官，此后又移官他处，志书中辍十年。先后受深州知州朱靖旬、熊寿筊敦请，吴氏于幕府之暇、莲池书院讲课之余续纂该志。光绪二十五年（1899）朱璋达任深州知州，延请前参与者安平弓汝恒、武强贺嘉楠、深州张廷桢等，增补近事，经吴氏整理删定，至光绪二十六年书成，由文瑞书院刊刻。刻本半叶十行，行二十二字，共 22 卷，目次为历代疆域、河渠、赋役、学校、历代兵事、历代官制、职官、名宦、艺文、古迹、金石、人谱、荐绅、名臣、文学、武节、吏绩、孝义、流寓、列女、物产、叙录，末附列女表 5 卷。卷二十二末有朱璋达、曹景郕后序。是志征引书目甚多，具有重要史料价值，尤于金石、人谱两卷记载颇详。关于此志，吴汝纶深感"深州志有书无图，不为完璧"[1]，虽欲延请杜溯周绘深州图，但事未成[2]，时人、后人亦多以此为憾。

此本无序和目录，入藏时题《深州疆域志》。馆藏吴氏深州志书稿，除"历代疆域志"外，还有"河渠志""赋役志""学校""历代兵事志""人物"五部分内容，均只有文字叙述，无表格，较光绪二十六年刻本，纪事最晚止于光绪三年（1877），文章条理已定，文字表述形式不尽相同。仅就"历代疆域志"言，稿本无刻本中的"东西南北相距道里表""四至道里表""八到道里表""州及三县四至八到表""距京里数表"等表格题名，无"军州治所表"表格题名及其对应的文字内容，亦无明以来及国朝建置表的内容。

从馆藏这册稿本可以看出，至光绪七年，深州地方志一书的章节、内容框架已初步形成，书名尚未确定。

撰文：李静

注释：

1.（清）吴汝纶：《答贺松坡》，《吴汝纶全集》第 3 册，黄山书社，2002 年，第 147 页。
2.（清）吴汝纶：《与贺松坡》，《吴汝纶全集》第 3 册，黄山书社，2002 年，第 148 页。

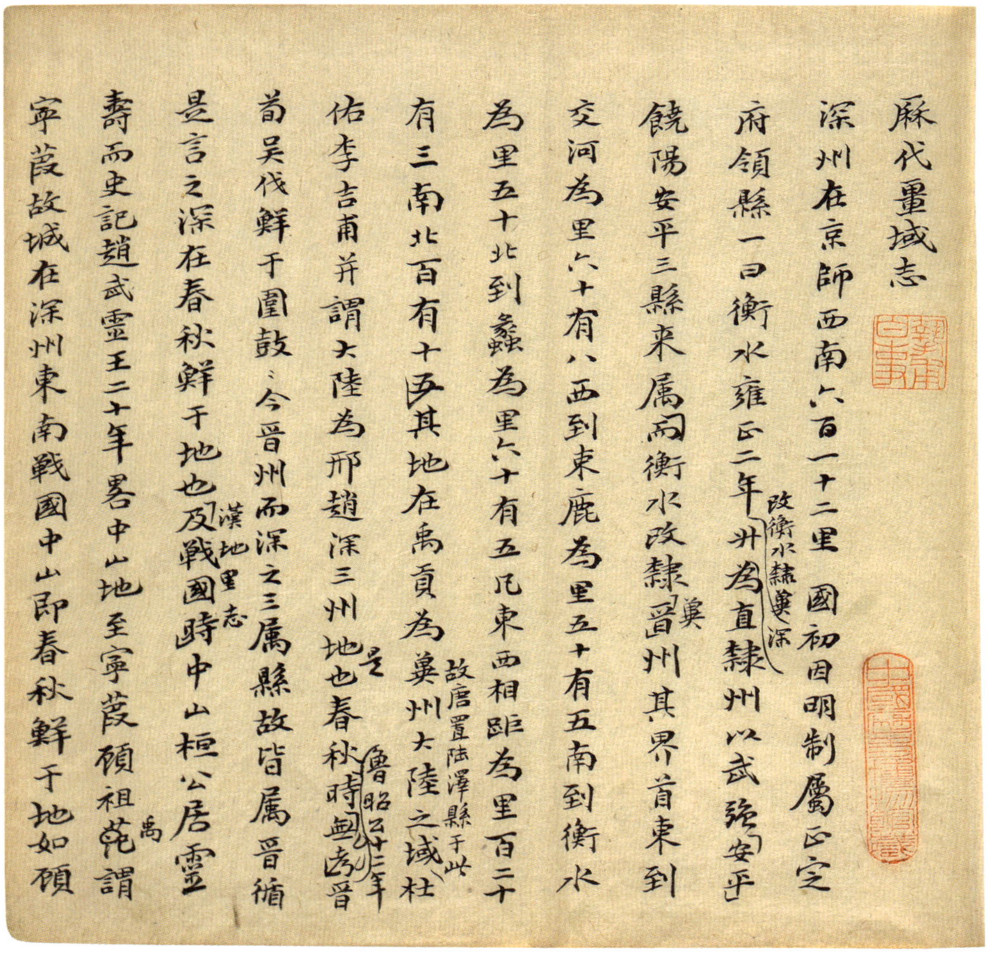

歷代畺域志

深州在京師西南六百一十二里　國初因明制屬正定

府領縣一曰衡水　雍正二年<small>改衡水隸冀深</small>州為直隸州以武強安平

饒陽安平三縣來屬兩衡水改隸冀州其界西東到<small>奠</small>

交河為里六十有八西到束鹿為里五十有五南到衡水

為里五十北到蠡為里六十有五瓦東西相距為里百二十<small>故唐置陸澤縣于此</small>

有三南北百有十五其地在禹貢為冀州大陸之域杜

佑李吉甫并謂大陸為邢趙深三州地也春秋時<small>魯昭公二年</small>興房晉

荀吳伐鮮于圍鼓<small>今晉州</small>而深之三屬縣故皆屬晉循<small>漢地理志</small>

是言之深在春秋鮮于地也及戰國時中山桓公居靈

壽而史記趙武靈王二十年畧中山地至寧葭顏師古謂<small>禹</small>

寧葭故城在深州東南戰國中山即春秋鮮于地如顏

图一：光绪《深州疆域志》不分卷，（清）吴汝纶纂，清光绪七年稿本，一册。正文首叶钤"挚甫白事"
朱文方印、"中国历史博物馆藏"朱文长方印。该叶为卷首"历代疆域志"，光绪二十六年刻本
《深州风土记》为"深州风土记弟一"。

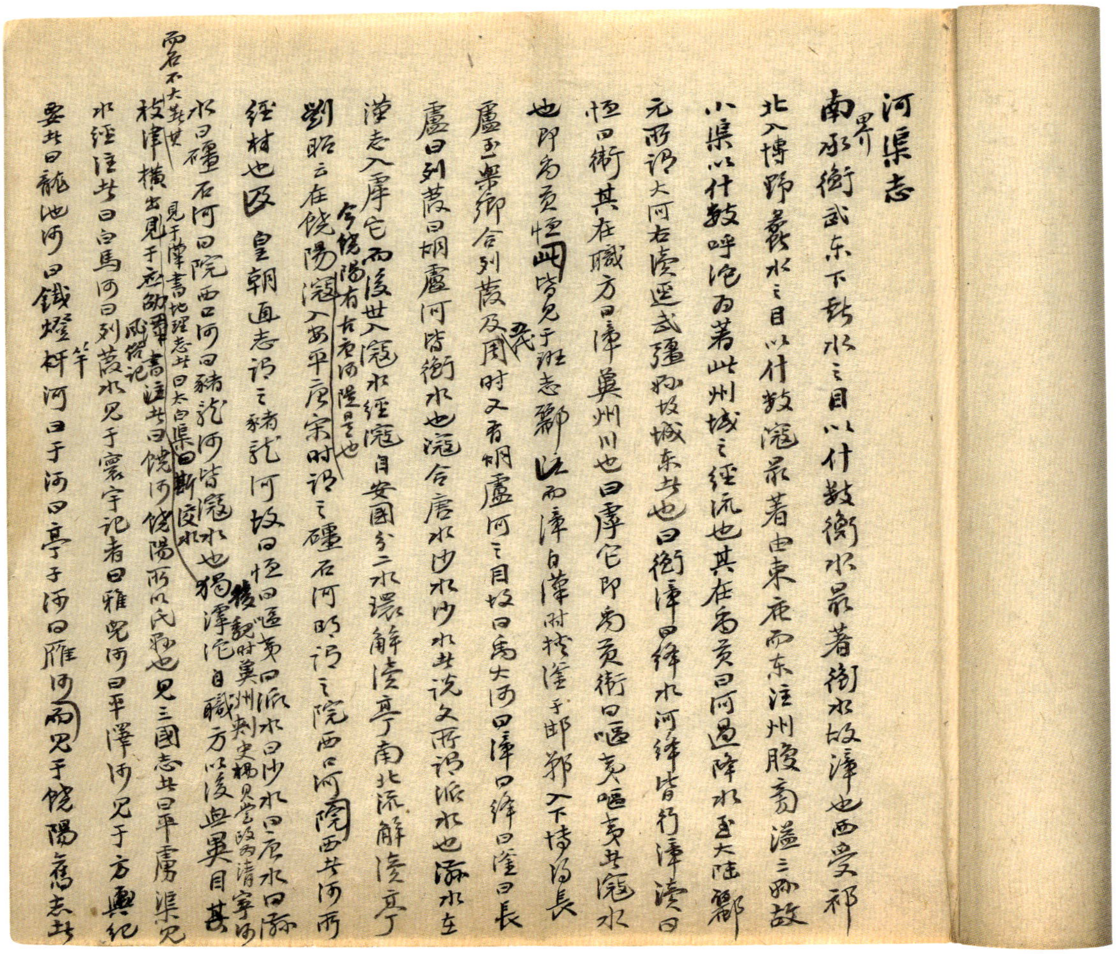

河渠志

图二：正文第八叶"河渠志"，光绪二十六年刻本为"河渠 深州风土记弟二"。稿本叙事至光绪三年止，无刻本中光绪七年史克宽治理河患事，亦无"明以来呼沱出入州境表"。

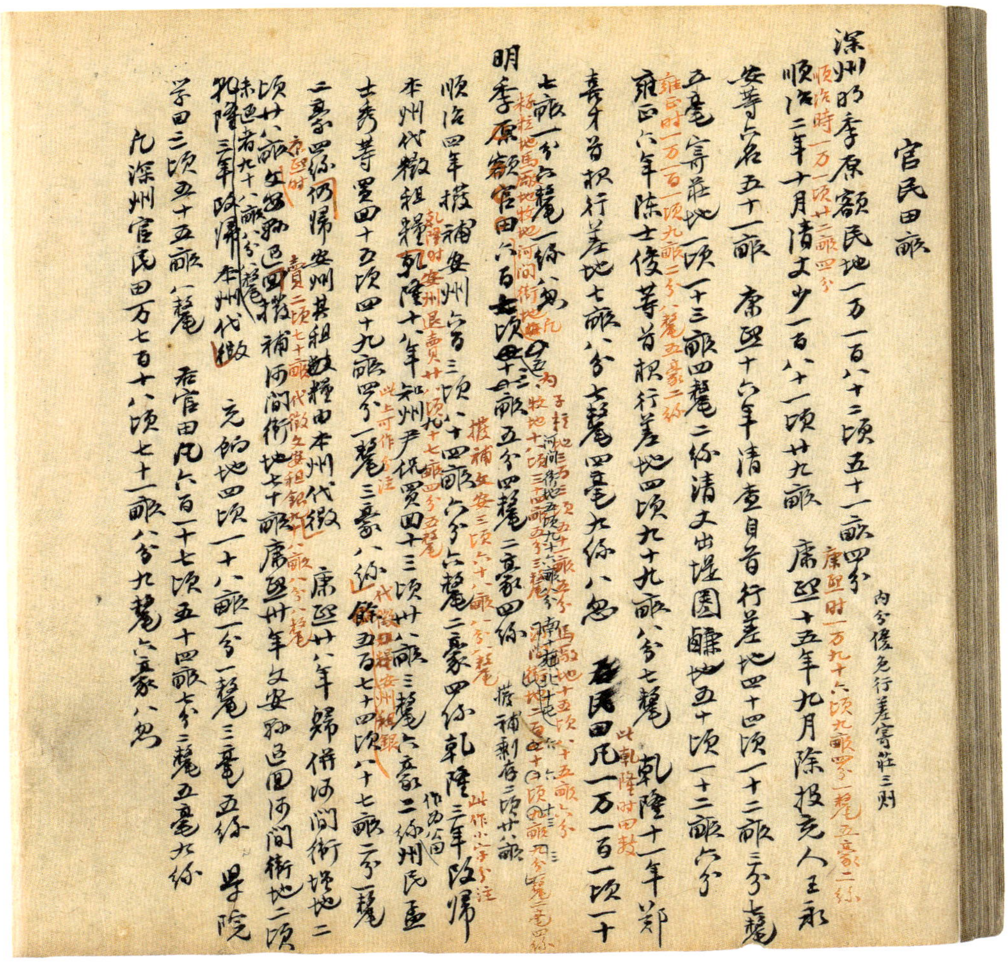

官民田亩

图三：正文第二十五叶"赋役志"中的"官民田亩"一节，为光绪二十六年刻本"赋役下　深州风土记弟三下"的部分内容。稿本无"科征等则表""科征总汇表"的内容，且叙事止于光绪二年（1876）。

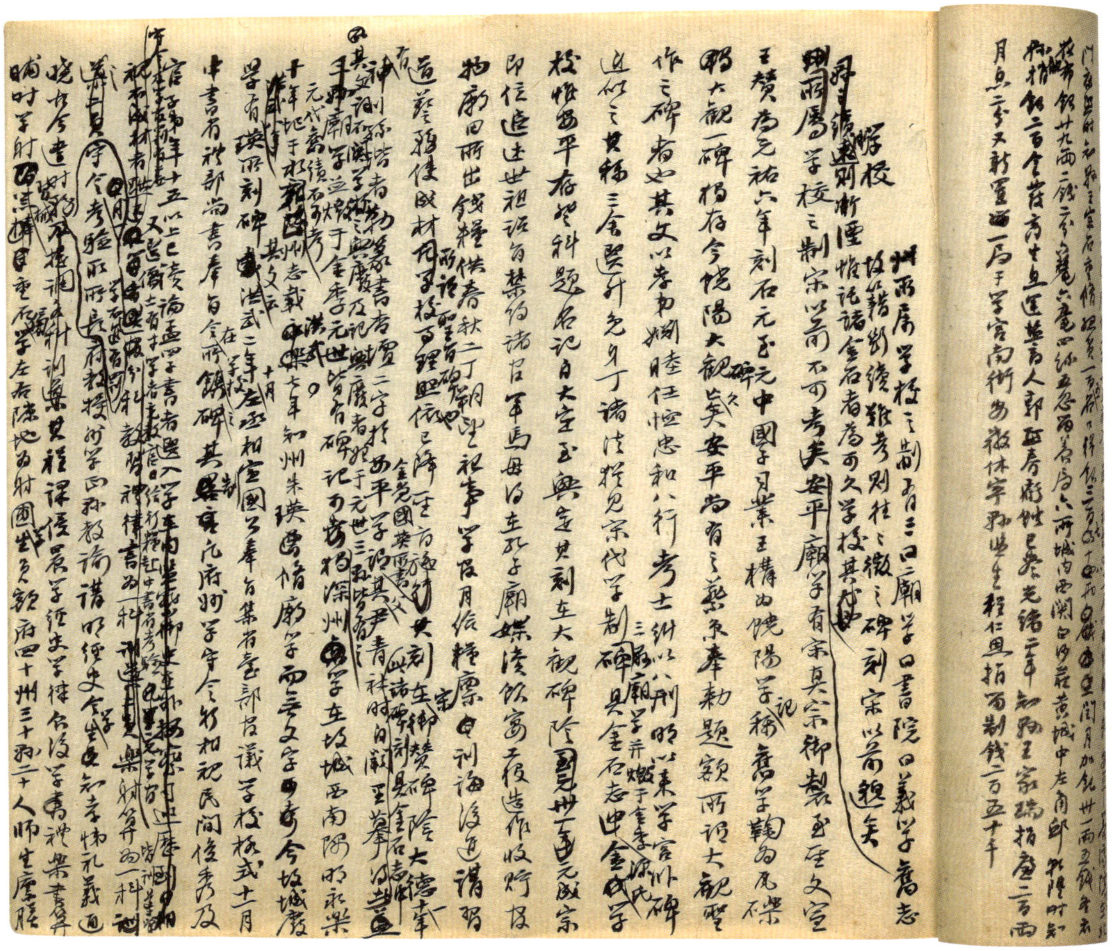

图四：正文第三十叶"学校"，光绪二十六年刻本为"学校 深州风土记弟四"。稿本无刻本中的"庙学修造年表"，均用文字表述；文末无刻本的"深州义学田亩"内容。

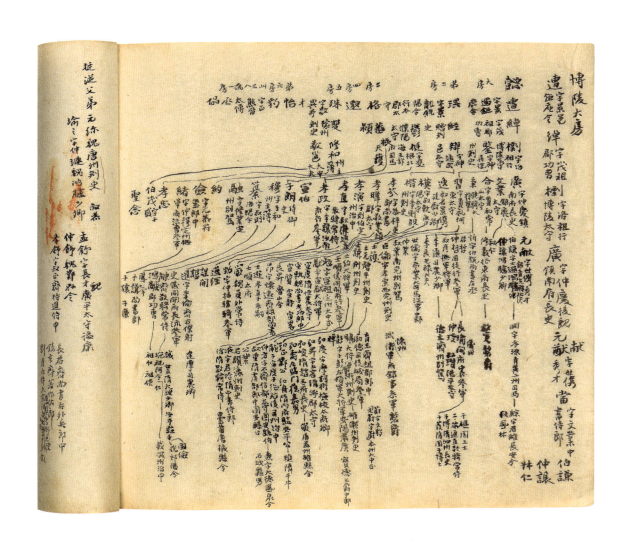

图五：正文第四十七叶"博陵六房"，为稿本"人物"中"安平崔氏"一节的部分内容。此章节光绪二十六年刻本题为"人谱上 深州风土记弟十二上"，刻本此内容绘制为表格，题"六房崔氏世谱"。

【光绪】深州志·河渠志

《深州志·河渠志》不分卷，（清）吴汝纶纂。清光绪间弓汝恒所抄。

一册十六叶。书高 24.9 厘米，宽 16.5 厘米。朱丝栏，框高 17.3 厘米，宽 12.8 厘米。四周双边，白口，双鱼尾。半叶十行，行大字二十二字。楷书抄写，末叶为行楷抄写，间有修订。遇皇朝、国朝、天子、圣祖、上、朝命、国家等字皆空格或提行。

扉叶贺涛墨笔题"弓子贞同年代钞吴挚甫刺史所拟深州郡志河渠志稿　光绪五年岁在（己）卯　松坡贺涛订于迁轩"。钤"贺涛"白文方印、"松坡"朱文方印，后一叶墨笔竖题一行"河渠志　附本"。卷首卷端顶格题"河渠志"，下空十四字题"深州志二"，钤"北京历史博物馆藏"朱文长方印，其后为正文。

弓子贞即弓汝恒（1842—1914），子贞为其字，号书隐，直隶安平人。同治九年（1870）副贡。师从吴汝纶，尝佐吴氏编修《深州志》，专心于地理三十年，著有《古今地理沿革表》。

贺松坡即贺涛（1849—1912），松坡为其字，河北武强人，古文家。光绪十二年（1886）进士，官刑部主事，曾主讲信都书院。师从吴汝纶、张裕钊。

此抄本实为光绪二十六年（1900）所刻《深州风土记》卷二《河渠》，行格、字数与刻本同，关于《深州风土记》编纂经过及卷次见《深州疆域志》条目。该卷记述滹沱河等主要河流的源流、变迁及河患治理等情况。抄本记事下限止于光绪三年（1877），文中"滹沱"多改为"呼沱"，末叶上栏外有墨笔眉批"末句实起以下历古以来呼沱所在诸表"，说明吴汝纶此时已有编订卷末附录的考虑。贺涛评价："'河渠''赋役''兵事'三篇，严密而纵宕，盖兼《汉书》《史记》之长。"[1]刻本《深州风土记》卷二卷端顶格题"河渠"，下空十三字题"深州风土记弟二"，文内"滹沱"二字大部分写为"呼沱"，卷中补充光绪七年（1881）史克宽治理滹沱河以后的事情，卷末附滹沱河历代移徙情况。从中可见《河渠志》文稿的编纂经过。

撰文：李静

注释：

1. 郭立志编：《桐城吴先生年谱》卷三，民国雍睦堂丛书本。

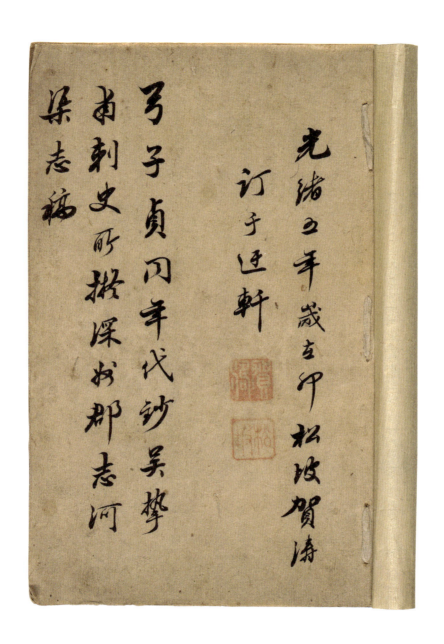

光绪《深州志·河渠志》不分卷，（清）吴汝纶纂，光绪间弓汝恒所抄，一册。
此书影为扉叶贺涛题记，钤"贺涛"白文方印、"松坡"朱文方印。

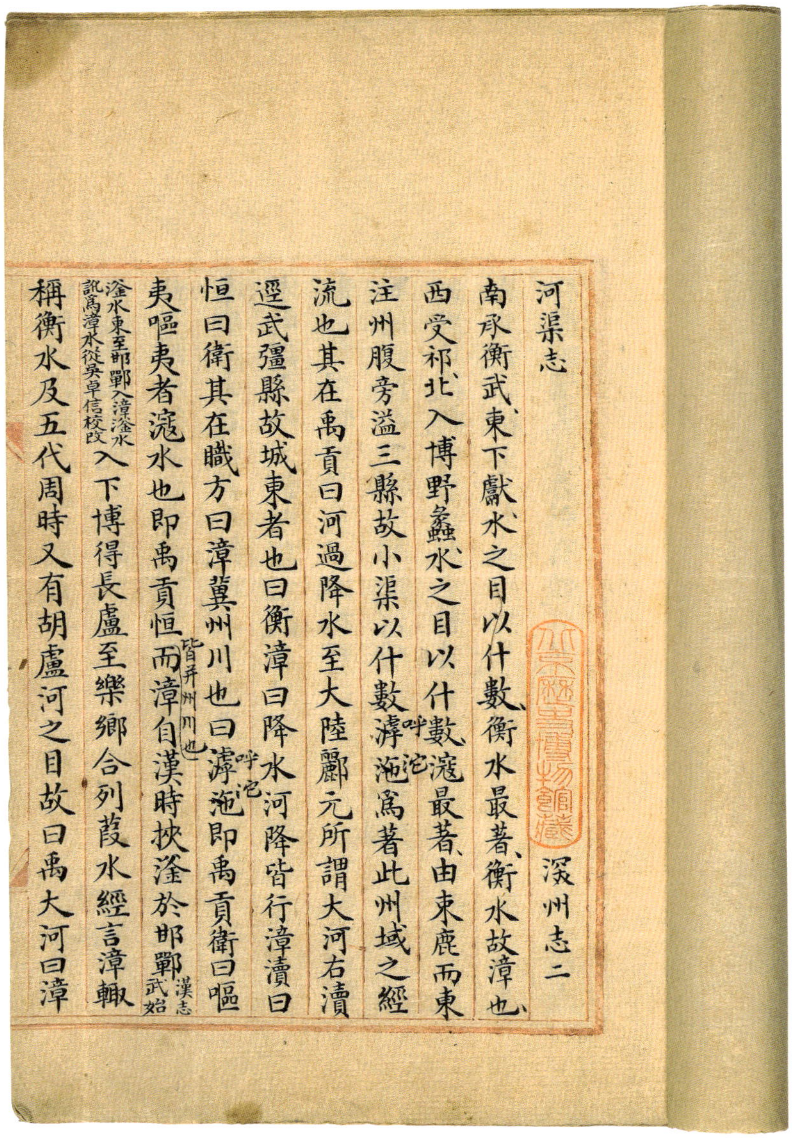

南疑衡武東下獻水之目以什數衡水最著衡水故漳也

西受祁北入博野蠡水之目以什數滱最著由東鹿而東

注州腹旁溢三縣故小渠以什數潹沲爲著此州域之經

流也其在禹貢曰河過降水至大陸酈元所謂大河右瀆

遲武彊縣故城東者也曰衡漳降水河降皆行漳瀆曰

恒曰衛其在職方曰漳冀州川也曰濤沲即禹貢衛曰嘔

夷曰嘔夷者滱水也即禹貢恒而漳自漢時挾滱於邯鄲武始

滱水東至鄡鄲入漳滱水從奚卓信校改入下博得長盧至樂鄉合列葭水經言漳輒

稱衡水及五代周時又有胡盧河之目故曰禹大河曰漳

河渠志　深州志二

图二：《深州志·河渠志》正文首叶，钤"北京历史博物馆藏"朱文长方印。

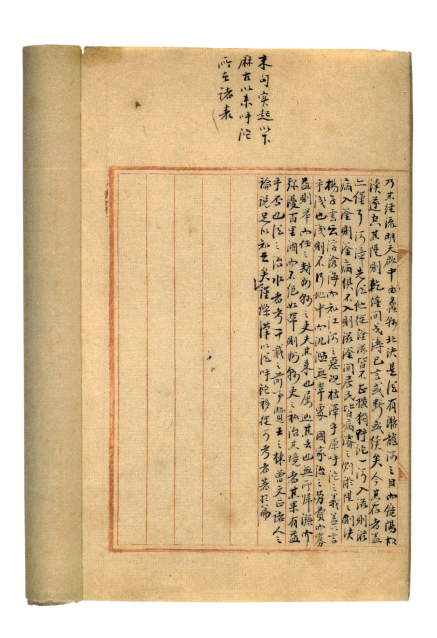

图三：《深州志·河渠志》末叶，墨笔眉批"末句实起以下历古以来呼沱所在诸表"，说明吴汝纶此时已有编订卷末附录的考虑。

【嘉庆】洛川县志

《洛川县志》二十卷卷首一卷，（清）刘毓秀修，（清）贾构等纂。民国二十年（1931）西安酉山书局铅印本。黎锦熙批校。

四册。书高 26.5 厘米，宽 15.5 厘米，框高 18.6 厘米，宽 12.5 厘米。半叶十行，行二十四字，小字双行三十六至三十七字。卷三有"疆域图"一幅，第一册夹有《洛川县境重要岩层分布图》修改稿一叶。各册封面、各册首卷首叶钤"黎锦熙教授捐赠"朱文方印。卷首有嘉庆本原序、纂修人员姓名、民国二十年翻印序文、总目、凡例，卷末存嘉庆本原跋。

该本的珍贵价值在于是著名方志学家黎锦熙收藏和校订本。书中有黎锦熙用朱墨蓝三种颜色所作批注、勾画，文字添改甚多，部分行上眉批"抄""止""抄补"等字样，间有"照抄 不提行""抄止 皆双行小字""此双行小注"等指明格式，又用"√""□"等符号指出文字的删留，用字母 A、B、C 或数字（1）、（2）……表明文字的组织顺序，体现了对旧本资料的编辑重组的具体利用过程，此本应是黎锦熙总纂民国三十三年（1944）《洛川县志》的部分文本依据。

黎锦熙（1890—1978），字劭西，湖南湘潭人。1913 年在湖南省立第一师范学校任历史教员时，任毛泽东的老师。后曾任北京师范大学教授、文学院院长、教务长、校长。1949 年，与吴玉章、马叙伦等组织中国文字改革协会，任理事会副主席。1955 年被聘为中国科学院哲学社会科学部委员。曾当选为中国人民政治协商会议第一、第二和第五届全国委员会委员，第一、第二和第三届全国人民代表大会代表。黎锦熙一生除投身于文字改革及语文教育事业外，在历史学、目录学、佛学方面亦有很深的造诣。

洛川县位于陕西中部，延安地区南部，地处渭北黄土高原沟壑区，北接富县、宜川，南与白水相邻，东靠黄龙山地，西与黄陵、宜君毗连[1]。民国二十九年（1940），陕西分十区，洛川、宜川、中部、宜君、同官、黄龙均属第三行政督察区，隶陕西省政府。第三区行政督察专员公署驻于洛川。

民国二十七年（1938），西北联合大学由西安迁至城固，受县长余正东邀请，黎锦熙被聘为城固续修县志委员会总纂，受命起草续修工作方案，民国二十九年书成，为著名的方志学理论专著《方志今议》（原名《城固县志续修工作方案》）。该书确立了修志的四条原则——"明三术，立两标，广四用，破四障"，明确方志的性质为"地志之历史化"与"历史之地志化"，修志需采用"续、补、创"的方法，提倡"类不关文""文不拘体""叙事不立断限""出版不必全书"，达到方志"科学资源""地方年鉴""教学材料""科学指导"的功用；提出"实际调查""档案整理""群书采录"三种搜集材料的具体方法。在此原则指导下，黎锦熙主纂《洛川县志》《同官县志》，校订《黄陵县志》《宜川县志》，这些书有《洛川方言谣谚志》《洛川教育志》《洛川财政志》《同官方志谣谚志》《同官县志财政志》《同官地质矿工志》《黄陵志》单行本，他为陕西地方志组织和编纂以及中国方志理论研究作出了重要贡献。

民国《洛川县志》是黎锦熙执行《方志今议》相关理论时编纂的第一种地方志，他在序中进一步强调了修志四条原则，以及"实际调查""档案整理""群书采录"三种搜集材料的具体方法。提出"群书采录"宜采用"旧志剪贴"的方法，又对旧志的利用方式加以详细的解释，"（旧志）详略优劣不等，须澈底改组，有同掷碎，悉照新立志目，一一拾取，分纳诸门……且不宜别纸抄录，只就原书剪裁，分隶新类，类复分目，片纸只字，并皆粘贴……属稿时注明出处，偶遇传伪，勉能卸责"，本书虽然未经剪裁，但是书内的勾画标注、内容添加亦体现使用旧志材料的方法。《凡例》中指明各卷引用旧志资料及新材料调查采访的情况，正文中文字前后冠以"据刘志""刘志引""刘志云""刘志""刘志拾遗"指明引用民国二十年影印刘毓秀纂辑材料，对于刘志中引用《通志》《旧志》等材料亦保留并且注明原始来源。

黎锦熙总纂《洛川县志》共二十六卷卷首一卷卷末题跋一卷，正文卷次为大事年表、疆域建置志、气候志、地质志、山水志、人口志、物产志、地政农业志、工商志、交通志、吏治志、自治保甲志、社会志、财政志、军警志、司法志、党团志、卫生志、教育志、宗教祠祀志、古迹古物志、氏族志、风俗志、方言谣谚志、人物志、丛录。该志纪事上至周武王，下迄民国三十二年（1943），反映了当地自然、经济、政治、文化等多方面的历史与沿革。摒弃刘志的封爵、选举等卷目，将相应内容调入教育志、吏治志等卷；新增气候、地质、地政农业、工商、军警、方言谣谚等内容，傅振伦评此内容新颖、充实可取[2]。

撰文：李静

注释：

1. 洛川县地方志编纂委员会编：《洛川县志》，陕西人民出版社，1994年，第1页。
2. 中国地方志协会、吉林省图书馆学会编辑：《中国地方志总论》，吉林省图书馆编印，1981年，第121页。

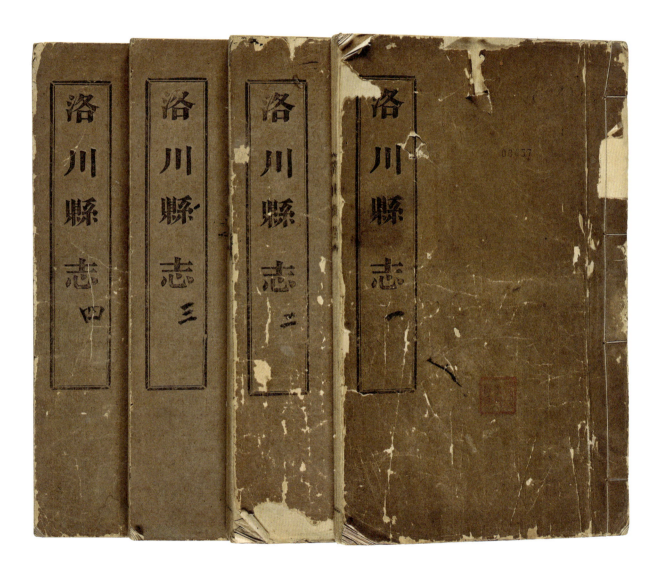

图一：嘉庆《洛川县志》二十卷卷首一卷，（清）刘毓秀修，（清）贾构等纂。民国二十年西安西山书局铅印本，黎锦熙批校，四册。

图二：《洛川县志》卷二"建置"首叶，版心墨题"(2)"表示该卷
部分内容应收入民国三十三年本卷二"疆域建置志"。

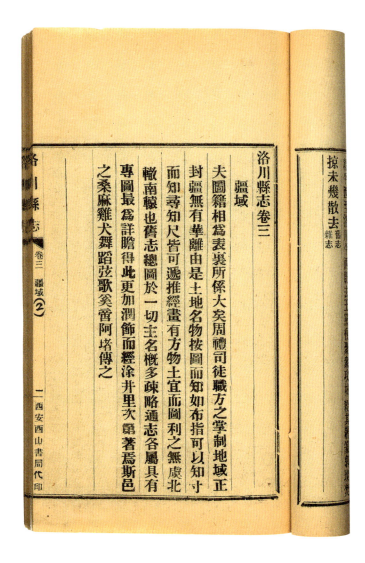

图三：《洛川县志》卷三"疆域"首叶，版心墨题"(2)"表示该卷部
分内容应收入民国三十三年本卷二"疆域建置志"。

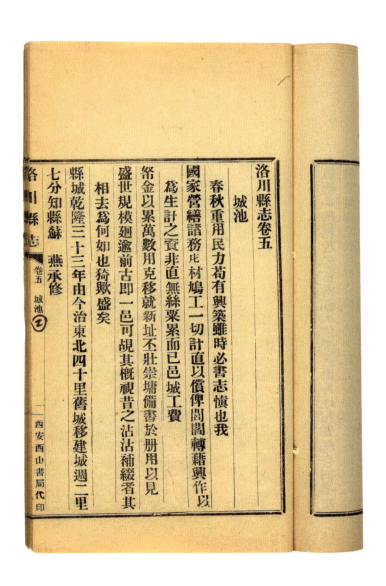

洛川縣志卷五

城池

春秋重用民力苟有興築雖時必書志慎也我

國家營繕諸務比材鳩工一切計直以償俾閭閻轉藉興作以

為生計之資非直無絲粟累累而已邑城工費

帑金以累萬數用克移就新址不壯崇墉備書於冊用以見

盛世規模廻逾前古即一邑可覘其槩視昔之沾沾補綴者其

相去為何如也猗歟盛矣

縣城乾隆三十三年由今治東北四十里舊城移建城週二里

七分知縣蘇 燕承修

洛川縣志 卷五 城池 ②

图四：《洛川县志》卷五"城池"首叶，版心墨题"(2)"表示该卷部分
内容应收入民国三十三年本卷二"疆域建置志"。

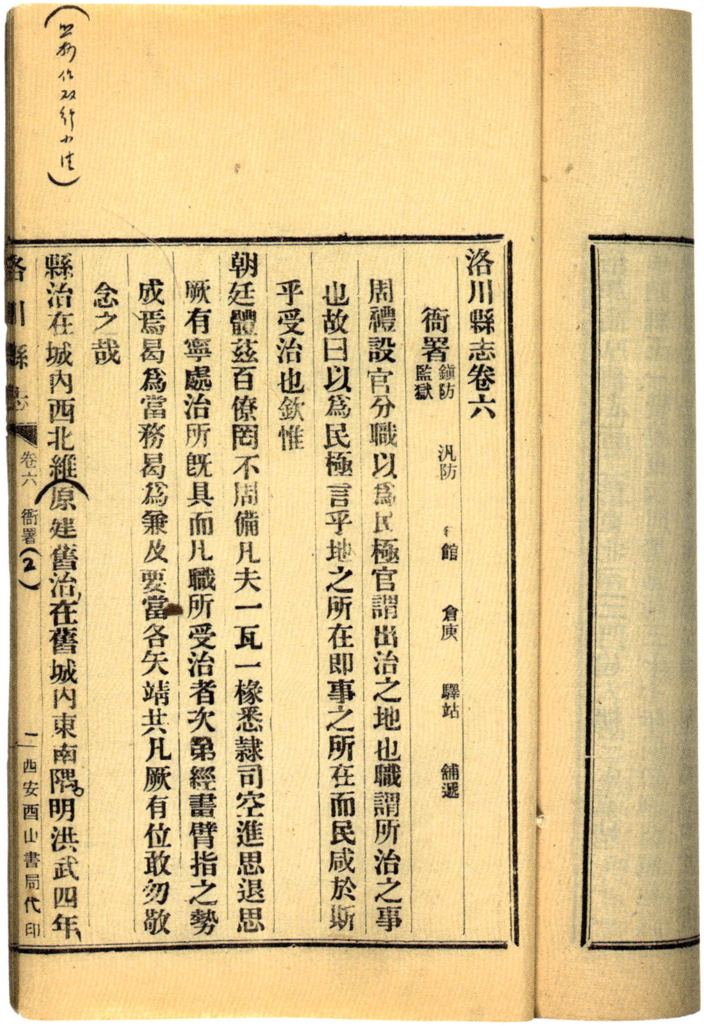

洛川縣志卷六

衙署 鎮防 監獄 汎防 館 倉庾 驛站 舖遞

周禮設官分職以爲民極官謂齒治之地也職謂所治之事也故曰以爲民極言乎地之所在即事之所在而民咸於斯平受治也欽惟

朝廷體茲百僚罔不周備凡夫一瓦一椽悉隸司空進思退思厥有寧處治所既具而凡職所受治者次弟經畫臂指之勢成焉曷爲當務曷爲兼及要當各矢靖共凡厥有位敢勿敬念之哉

縣治在城內西北維原建舊治在舊城內東南隅明洪武四年

洛川縣志 卷六 衙署 (2)

西安西山書局代印

图五：《洛川县志》卷六"衙署"首叶，版心墨题"(2)"表示该卷部分内容应收入民国三十三年本卷二"疆域建置志"。

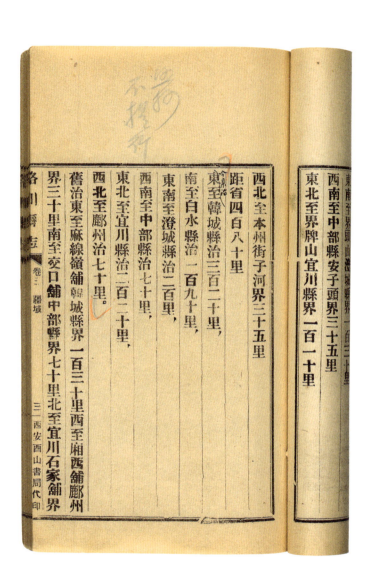

图六：《洛川县志》卷三"疆域"第三叶，蓝笔眉批"照抄，不提行"，
指明民国三十三年本卷二"疆域建置志"第三叶的格式。

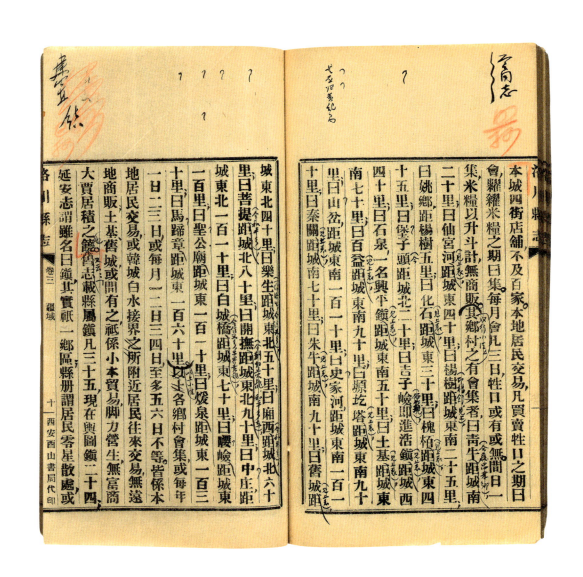

城東北四十里曰樂生距城東北五十里曰廟西距城北六十
里曰菩提距城北八十里曰開撫距城東北九十里曰中庄距
城東北一百一十里曰聖公廟距城東一百二十里曰白城橋距城東七十里曰煖泉距城東一百
一百里曰馬蹄章距城東一百六十里功主各鄉村會集或每年
十里曰一日二三日或每月二三日四日至多五六日不等皆係本
地居民交易或韓城白水接界之所附近居民往來交易無遠
地商販土基舊城或間有之祇係小本貿易脚力營生無富商
大賈居積之饒魯志載縣冊謂居民零星散處或
延安志謂雖名曰鎮其實祇一鄉區縣冊謂鳳鎮凡三十五現在興圖鎮二十四

洛川縣志 卷三 疆域

西安酉山書局代印 十一

本城四街店鋪不及百家本地居民交易凡買賣牲口之期日
會糶糴米糧之期日集每月會凡三日牲口或有或無間日一
集米糧以升斗計無商販賣鄉村之有會集者曰青生距城南
二十里曰仙宮河距城東四十里曰化石距城東三十里曰楊槐距城東南二十五里
曰姚鄉距楊樹五里距城北二十里曰堡子頭距城東南五十里曰槐柏距城東
十五里曰石泉一名與平鎮距城東南九十里曰吉子嶺即進浩鎮距城西
四十里曰山岔距城東南一百一十里曰史家河距城東南一百一
南七十里曰百益距城東南九十里曰源圪塔距城東南九十
十里曰山岔距城東南一百一十里曰朱牛距城南九十里曰
里曰秦關距城南七十里曰舊城距

洛川縣志

图七：《洛川县志》卷三"疆域"第九至十叶，眉批"工商志""建置 镇"，指明应并入民国三十三年本的卷次。

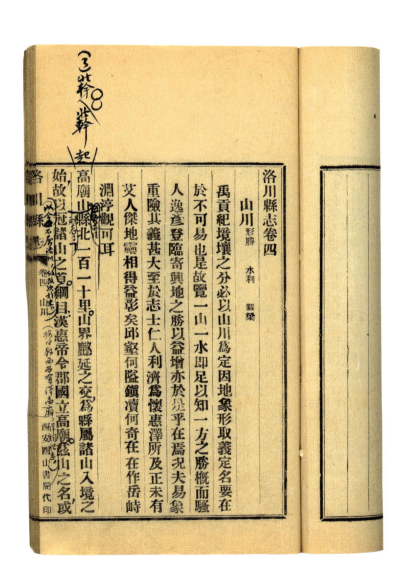

图八：《洛川县志》卷四"山川"首叶。眉批中的数字指明该部分内容在民国三十三年本卷五"山水志"的位置。

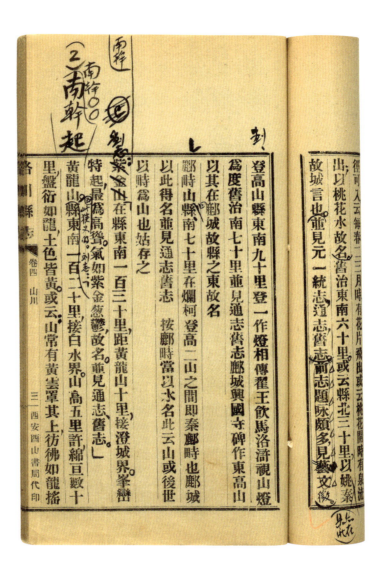

图九：《洛川县志》卷四"山川"第三叶，眉批中的数字指明该部分内容在民国三十三年本卷五"山水志"的位置。

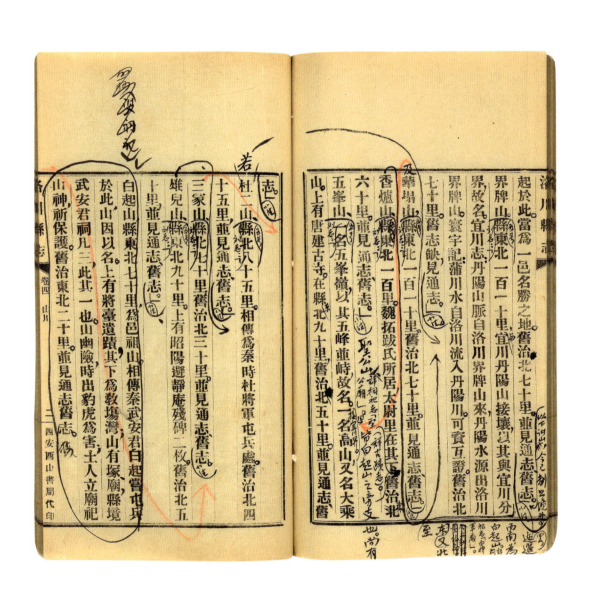

图十：《洛川县志》卷四"山川"第一至二叶，用箭头标明文句在民国三十三年本卷五"山水志"的顺序。

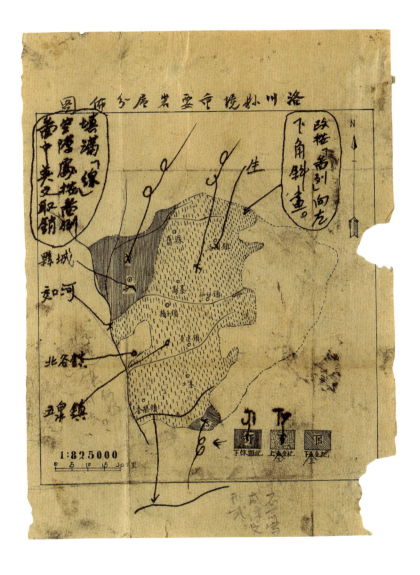

图十一：《洛川县志》第一册夹《洛川县境重要岩层分布图》修改稿，与民国
三十三年本卷四"地质志"附图相同。

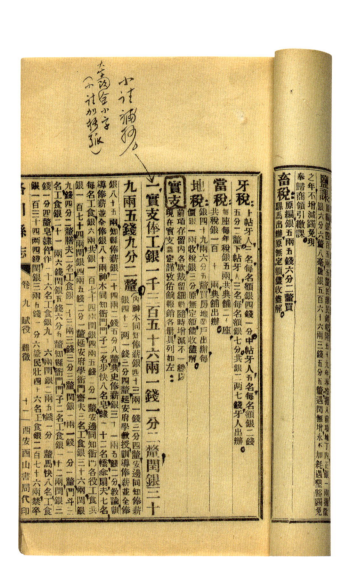

图十二：《洛川县志》卷九"赋役"第十一叶，墨笔眉批指明民国三十三年本卷十四"财政志"格式。

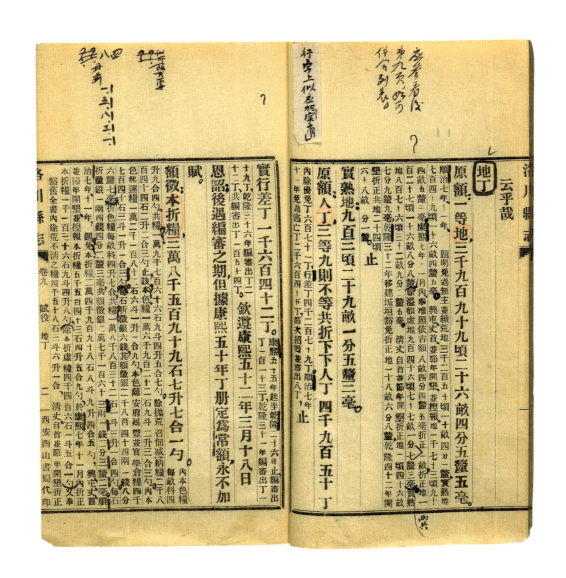

图十三：《洛川县志》卷九"赋役"第一至二叶，眉批指明修改意见。第一叶眉批"行字上似应加'实行'"，民国三十三年本卷十四"财政志"第二叶末采纳该意见。第二叶数字"一五八三一"与民国三十三年本卷十四"财政志"第二叶同。

【民国】通县概况一览

《通县概况一览》，题通县公署总务科编印。民国二十七年十一月（1938年11月）铅印本。

一册六十页。书高19.2厘米，宽13.3厘米。逐页题名"通县概况一览表"。扉页右下方、末页左下方钤"王□席29.8.13"蓝文圆印，第四十八页右上方钤同款字迹不清的蓝文圆印。县全图页钤"北京历史博物馆藏"朱文长方印。本书存世数量稀少，据《北京地方文献联合目录（初编）》载，除国家博物馆外，仅有首都图书馆收藏。

本书实际编纂者纪肇斌（1900—？），字剑依，奉天沈阳（今辽宁省沈阳市）人（一说福建人[1]）。福州英华中学及日本大学政治科毕业，历任吉林省会警察厅总务科长、东北蒙族师范高中、厦门大学附设高中教员[2]，1938年10月26日任伪通县总务科长[3]，1940至1943年任伪昌平县知事。

本书是伪河北省公署冀东道各县新订"概况一览表"的一种单行本。1935年11月25日，汉奸殷汝耕在日本支持下，公然分裂包括通县、密云在内的冀东22县，成立"冀东防共自治委员会"，后改称"冀东防共自治政府"。日本发动全面侵华战争后，"冀东防共自治政府"于1938年2月与伪中华民国临时政府合流，成为伪河北省下属的冀东道。[4]

为攫取冀东各方面情报，伪河北省公署于1938年4月28日在天津召开了"河北省冀东道县知事会议"，伪冀东道下各市、县、局长官在会上填写并提交了"概况一览表"和"年度预算书"。

此时的县级"概况一览表"内容分为警务、财政、教育、建设四大类，包括沿革、位置、面积、气候、户口、县公署组织（附记）、警务局组织、保卫团、教育、宗教、交通、医院、中外官署、合法团体、社会事业、税捐收入、物产、名胜古迹、关隘、要塞等二十个表格。[5]材料上报后，日伪政权认为该表尚不够详尽，又命令主管部门搜集资料加以扩充。1939年底，伪冀东道公署以新订"概况一览表"为主要资料，编成了《冀东道统计概要（二十八年度）》，伪道尹韩则信亲自撰写弁言，称赞其对伪政权"推行政务"有所帮助。

本书目录前附伪通县公署大门、时任伪县知事冉杭照片，正文内容分为地图和表格两部分。地图七幅，分别为：县全图、城关图、警察配备图、学校配备图、电话网图、道路网、山脉河流图。表格四十五个，分别为：沿革、位置、面积、气候、主要乡镇、山脉、河流、名胜古迹、乡镇、户口、县署组织、历任县长知事姓名、行政系统、警务组织、自卫团组织、外侨、内外官衙、邮电机关、慈善团体、学校统计、社会教育、宗教团体、库款收入、县款收入、县公署岁入预算、县公署岁出预算、铁路、公路、桥梁、城池、河防水利、凿井、自来水、农作物、果木、家畜、商业、工业、特别工业、移输出入、林业、渔业、棉业、卫生、娱乐。表格内容中，面积、气候、名胜古迹部分文字抄自1932年何绍曾修，刘鹗书纂《通县编纂省志材料》，其他资料均由调查统计而来。

与 1938 年 4 月版"概况一览表"相比，新表格在大类方面基本不变，但各类细目和内容均有扩充，反映出日伪政权对于加强统治、掠夺资源及镇压抗日活动的极度重视。本书既可供县级官员一目了然地掌握本地概况，又可作为编纂道、省级志书的基本材料，其形式相比正规方志虽较为简略，但仍然可以为今人研究日本侵华史和华北伪政权史提供丰富材料。

撰文：贾浩

注释：

1. 昌平县志编纂委员会编：《昌平县志》，北京出版社，2007 年，第 194 页。

2. 张亚群编：《自强不息止于至善——厦门大学校长林文庆》，山东教育出版社，2012 年，第 338 页。

3. （伪）冀东道公署编：《冀东道统计概要》，（伪）冀东道公署印刷，1939 年，第 55 页。

4. 关于伪"冀东防共自治政府"始末，详见河北省唐山市政协文史资料委员会编：《二十世纪三十年代的冀东阴云——伪"冀东防共自治政府"史略》（唐山文史资料第 21 辑，1999 年印刷）一书。

5. （伪）河北省公署秘书处编：《河北省冀东道县知事会议纪事》，（伪）河北省公署秘书处印刷，1938 年。

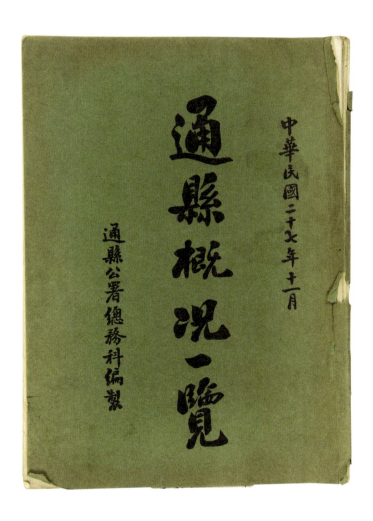

图一：《通县概况一览》，一册，题通县公署总务科编制，民国二十七
年十一月铅印本。

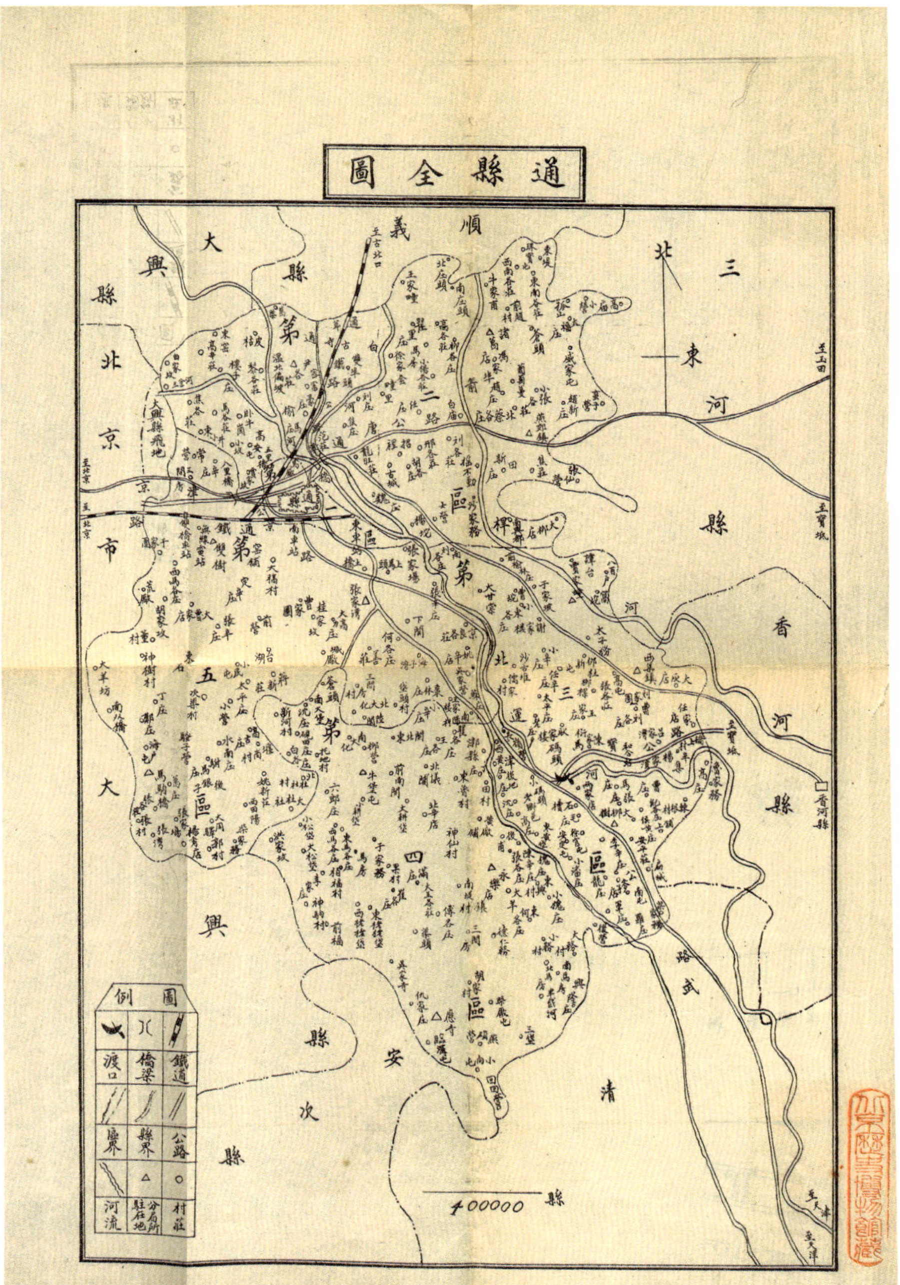

图二：《通县概况一览》卷首目录后附《通县全图》，地图方向上北下南，比例尺四十万分之一。

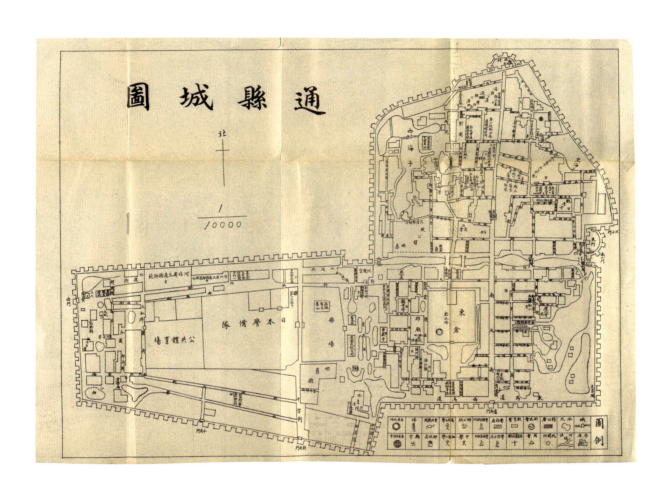

图三:《通县概况一览》卷首目录后附《通县城图》,地图方向上北下南,比例尺万分之一。

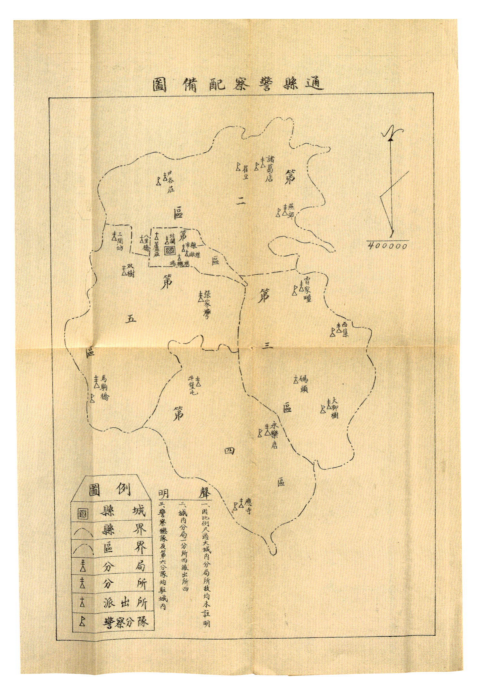

图四：《通县概况一览》卷首目录后附《通县警察配备图》，地图方向上北下南，比例尺四十万分之一。

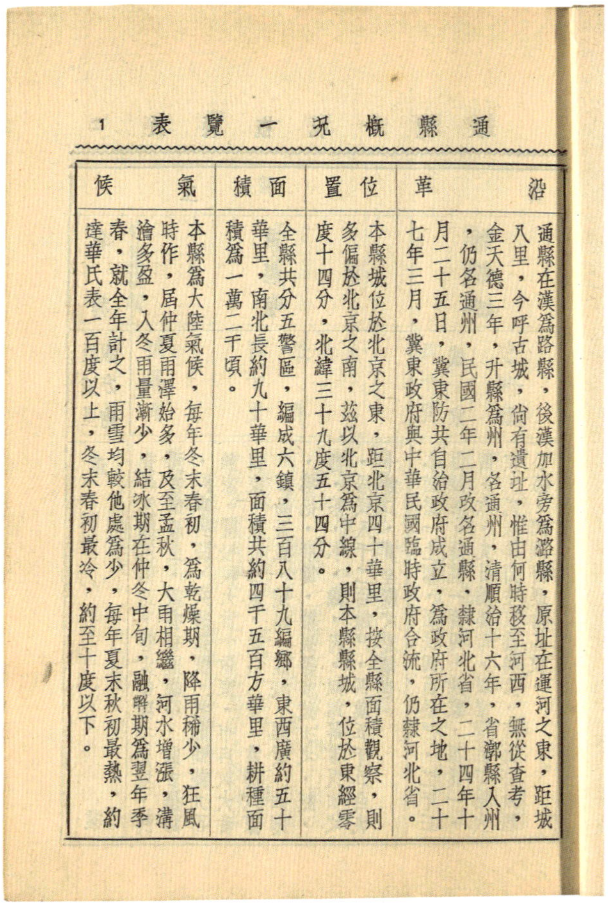

通縣概况一覽表 1

沿革	位置	面積	氣候
通縣在漢爲路縣，後漢加水旁爲潞縣，原址在運河之東，距城八里，今呼古城，尚有遺址，惟由何時移至河西，無從查考，金天德三年，升縣爲州，名通州，清順治十六年，省鄉縣入州，仍名通州，民國二年二月改名通縣，隸河北省，二十四年十月二十五日，冀東防共自治政府成立，爲政府所在之地，二十七年三月，冀東政府與中華民國臨時政府合流，仍隸河北省。	本縣城位於北京之東，距北京四十華里，按全縣面積觀察，則多偏於北京之南，茲以北京爲中線，則本縣縣城，位於東經零度十四分，北緯三十九度五十四分。	全縣共分五警區，編成六鎮，三百八十九編鄉，東西廣約五十華里，南北長約九十華里，面積共約四千五百方華里，耕種面積爲一萬二千頃。	本縣爲大陸氣候，每年冬末春初，爲乾燥期，降雨稀少，狂風時作，居仲夏雨澤始多，及至孟秋，大雨相繼，河水增漲，溝澮多盈，入冬雨量漸少，結冰期在仲冬中旬，融解期爲翌年季春，就全年計之，雨雪均較他處爲少，每年夏末秋初最熱，約達華氏表一百度以上，冬末春初最冷，約至十度以下。

图五：《通县概况一览》表格首页。其中面积、气候部分文字抄自1932年何绍曾修，刘鹍书纂《通县编纂省志材料》“疆域”“气候”两章的对应内容。

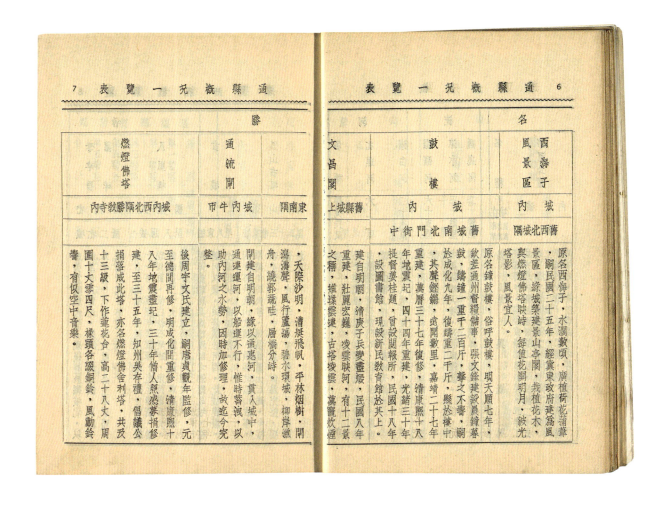

图六：《通县概况一览》表格第6至7页。文字抄自《通县编纂省志材料》"疆域"一章的对应内容。

【民国】密云概况

《密云概况》，题密云县公署总务科汇编。民国二十八年一月（1939 年 1 月）铅印本。

一册四十页。书高 19.2 厘米，宽 13.3 厘米。逐页题名"密云概况一览表"。县全图页钤"北京历史博物馆藏"朱文长方印。此书存世数量稀少，仅有国家博物馆收藏。

本书实际编纂者宁械（1908—? ），字作民，河北密云县（今北京市密云区）人。华北大学法科毕业，历任书记官、局长秘书，1937 年 9 月 11 日任伪密云县总务科长。[1]

本书与《通县概况一览》同属伪河北省公署冀东道各县新订"概况一览表"单行本，二书体例基本相同。目录前附时任伪县知事张鸿宾、日本联络员山道良次、辻本虎雄，伪县公署各科局处官长合影照片，正文内容分为地图和表格两部分。地图七幅，分别为：县全图、城关图、警察配备图、学校配备图、电话网图、道路网、山脉河流图。

表格四十个，分别为：沿革、位置、面积、气候、主要乡镇、山脉、河流、名胜古迹、乡镇、户口、县署组织、历任县长知事姓名、行政系统、警务组织、自卫团组织、外侨、内外官衙、邮电机关、学校统计、社会教育、宗教团体、库款收入、县款收入、县公署岁入预算、县公署岁出预算、铁路、公路、桥梁、城池、河防水利、凿井、农作物、果木、家畜、商业、工业、移输出入、林业、棉业、卫生。

除无慈善团体、自来水、特别工业、渔业、娱乐五项外，其余各表形式和次序与《通县概况一览》一致。

撰文：贾浩

注释：

1.（伪）冀东道公署编：《冀东道统计概要》，（伪）冀东道公署印刷，1939 年，第 56 页。

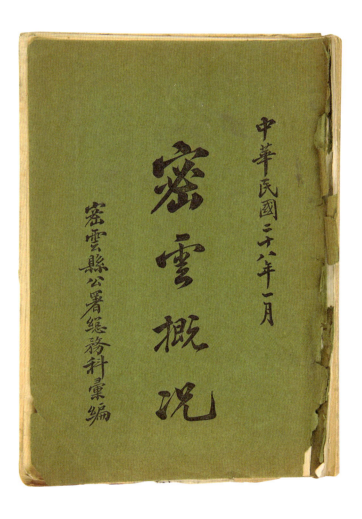

图一：《密云概况》，一册，题密云县公署总务科汇编，民国二十八
年一月铅印本。

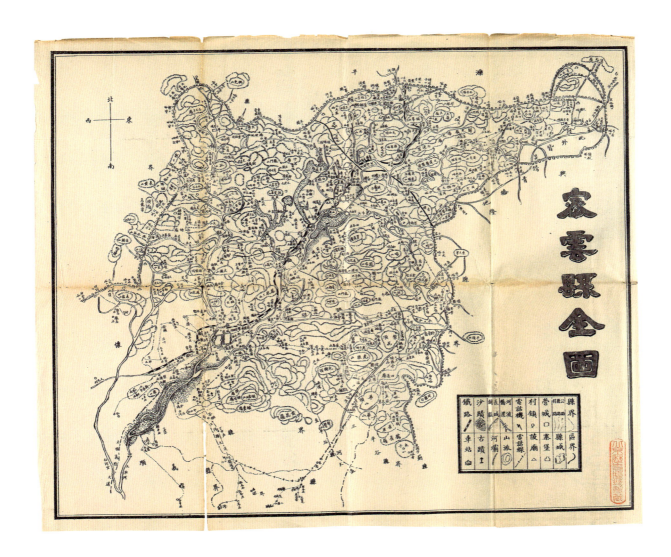

图二：《密云概况》卷首目录后附《密云县全图》。地图方向上北下南，未标注比例尺。注意《密云概况》所附地图图例式样与《通县概况一览》略有区别。

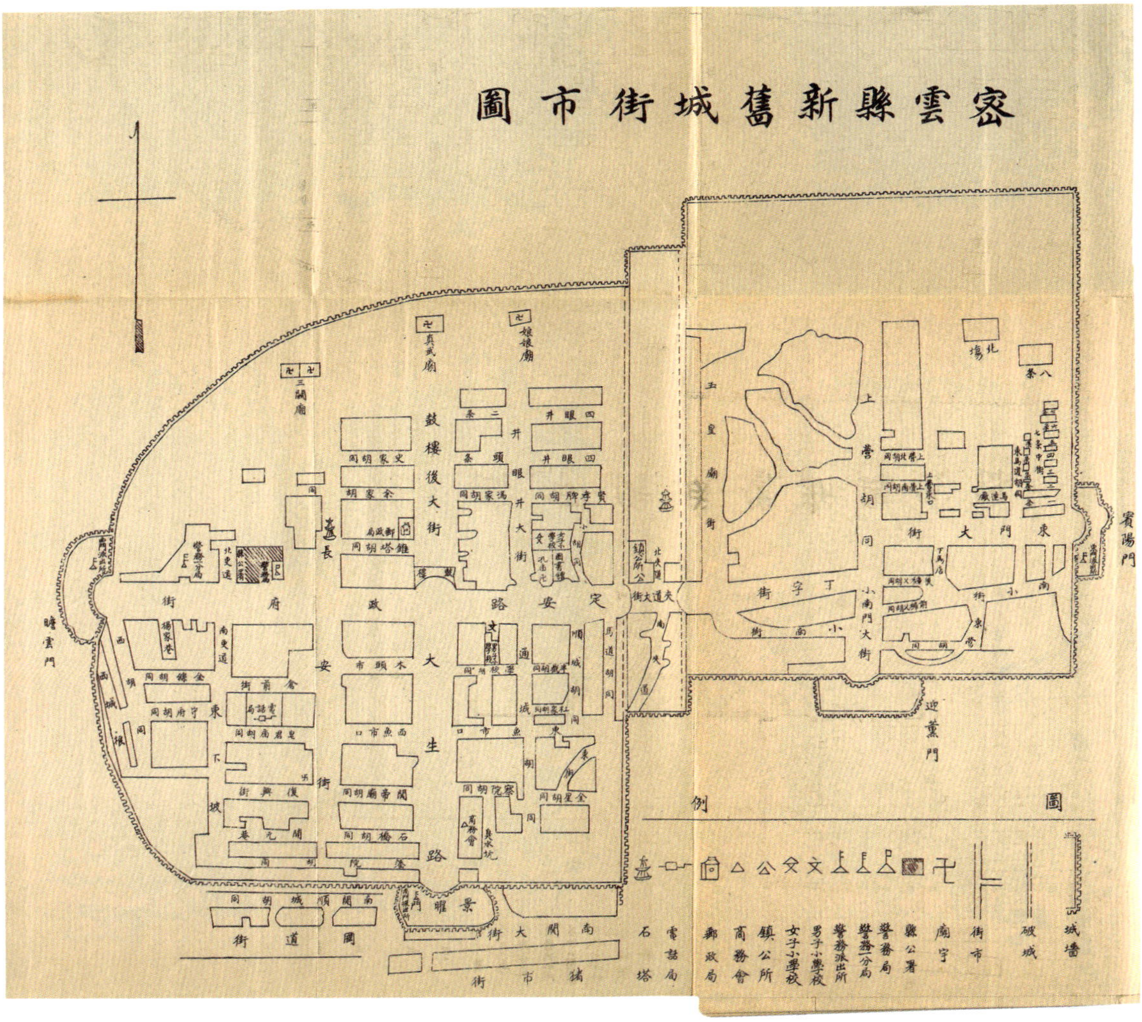

图三：《密云概况》卷首目录后附《密云县新旧城街市图》，地图方向上北下南，未标注比例尺。

图四：《密云概况》卷首目录后附《密云县境内山脉河流图》，地图方向上北下南，未标注比例尺。

图五：《密云概况》表格首页。可见其体例和格式与《通具概况一览》基本相同。

【乾隆】钦定皇舆西域图志

　　《钦定皇舆西域图志》四十八卷首四卷，存卷二，（清）何国宗、刘统勋、明安图等奉敕纂。清乾隆内府写本。

　　一册四十九叶，首末各两叶空白。黄绫封面。书高 29.4 厘米，宽 17.6 厘米。朱丝栏，框高 19.7 厘米，宽 14.2 厘米。四周双边，白口，单鱼尾。版心上题"钦定皇舆西域图志"，下标卷次、叶次。半叶九行，行二十字，小字双行同。工楷抄写。遇圣猷、前猷、皇上、帝、皇舆、圣人等均提行。"御制诗"叶钤"中国历史博物馆藏"朱文长方印。内夹信一通二叶，述及此本来源等事。《中国地方志联合目录》著录有武英殿刻本、清活字本、乾隆间《四库全书》本、清抄本、清光绪间铅印大字本、清光绪年间便益书局石印本等不同传本。乾隆内府写本未见著录。

　　何国宗（1686—1766），字翰如，顺天府大兴人。康熙五十一年（1712）进士，选庶吉士，授编修，雍正时升内阁学士，乾隆初充算学馆、律吕馆总裁，历左副都御史、钦天监正、工部侍郎、礼部尚书、内阁学士、礼部侍郎。乾隆二十一年（1756），授命率钦天监西洋人往伊犁，自巴里坤分西北两路，测天度绘图。刘统勋（1700—1773），字延清，山东诸城人。雍正二年（1724）进士，选庶吉士，授编修。乾隆十九年（1754），协办陕甘总督，协助征讨准噶尔清兵办理军粮、马匹，次年授命察勘巴里坤、哈密驻军，乾隆二十一年，会同何国宗考察伊犁山川、道里。卒谥文正。明

安图（1692—1765），字静庵，蒙古正白旗人。清代天文学家、数学家。乾隆二十一年、二十四年（1759）先后两次深入准噶尔地区进行地理测绘工作。《清史稿》均有传。

　　《钦定皇舆西域图志》又称《西域图志》。乾隆二十年（1755）平定准噶尔部后，清高宗派何国宗、刘统勋等人前往该处，实地调查测量绘制舆图；乾隆二十四年平定回部后，又派明安图等人实地测绘修订前图，乾隆二十六年（1761）谕令刘统勋、何国宗将所办《皇舆西域图志》稿交由军机处方略馆办理，初稿成于乾隆二十七年（1762），该本不见于著录。乾隆三十八年（1773），《四库全书》开始编纂，该本拟收入其中，至乾隆四十七年（1782）五月，《西域图志》五十二卷增纂完成，由武英殿刊印，并被缮入《四库全书》，更名为《钦定皇舆西域图志》，该书是清代首部官修新疆地方志，为研究汉至清代前期新疆历史地理的重要著作。《四库全书总目提要》称其"足以补前朝舆记之遗，而正历代史书之误"。

　　馆藏内府写本卷首卷端顶格题"钦定皇舆西域图志卷之二目录"，第二行空一格题"图考二"。目录后一叶为"御制题舆地图""再题舆地图叠前韵"御制诗二首，从中可知地图绘制背景及人物。第三叶起共有地图十四幅，分别为皇舆全图、西域全图、安西南路图、安西北路图、天山北路图一、天山北路图二、天山北路图三、天山北路图四、天山南路图一、天山南路图二、天山南路图三、

天山南路图四、天山南路图五、天山南路图六，各图前单有一叶篆书题写图名，各图后均附图说。

文渊阁《四库全书》影印本图考为三卷，馆藏为四库本之"卷一图考一"。四库本卷一卷首为御制诗，后接目录，目录后有《图考》言及各图均参考驻疆官员所绘各辖图重新绘制，其后是各图及图说，亦收图十四幅，各地图排列顺序同，但图说内容有异，馆藏天山北路图一、二、三、四实为四库本安西北路图二和天山北路图一、二、三，即四库本安西北路图增至二幅，天山北路图减为三幅。馆藏所绘各地形图、图中所标地名、各图说的文字内容均异于四库本。据《清高宗实录》卷九六二载，乾隆三十八年，置迪化州，改安西府为安西直隶州，巴里坤厅（清乾隆二十四年置）升为镇西府。各地图、图说中，馆藏标为安西府、巴里坤，四库本则改为安西州、镇西府，馆藏标为乌鲁木齐处四库本则标为迪化州。又《皇舆全图》中题为"湖广"名称者，四库本则增改为"湖北""湖南"两名。据此，馆藏内府写本《钦定皇舆西域图志》成书在乾隆三十八年之前，可能是乾隆二十七年初稿的誊写本。

撰文：李静

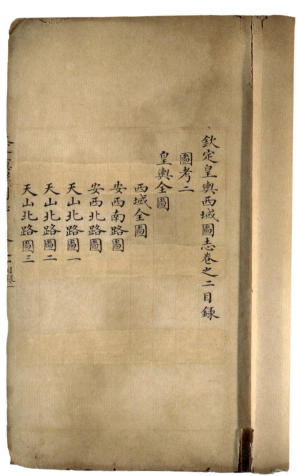

钦定皇舆西域圖志卷之二目錄

圖考二

皇輿全圖

西域全圖

安西南路圖

安西北路圖

天山北路圖一

天山北路圖二

天山北路圖三

图一：乾隆《钦定皇舆西域图志》一卷，(清)何国宗、刘统勋、明安图等奉敕纂，乾隆内府写本，一册。图为原装封面。　　图二：《钦定皇舆西域图志》卷首目录。

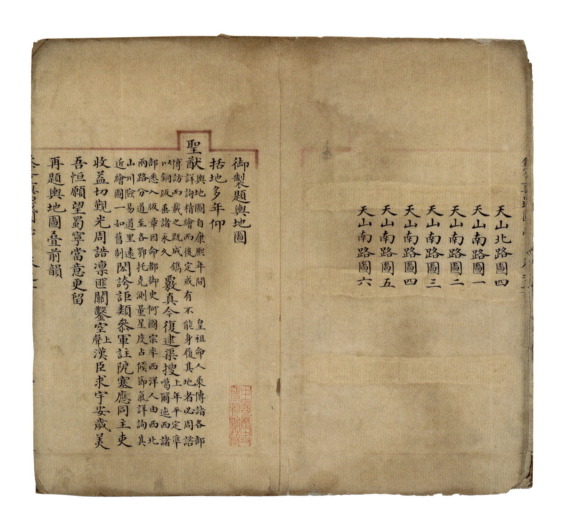

图三：《钦定皇舆西域图志》首叶，乾隆御制诗，记录西域图绘制缘起，钤"中国历史博物馆藏"朱文长方印。

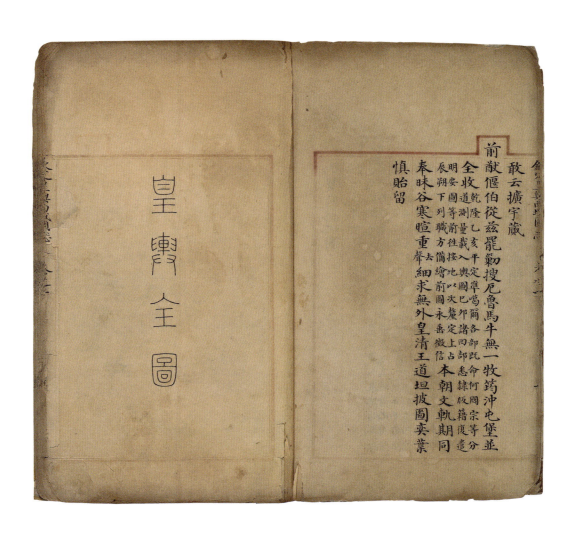

图四：《钦定皇舆西域图志》第二叶、《皇舆全图》题名页。

图五：《钦定皇舆西域图志》第二至三叶《皇舆全图》，图中"湖广"四库本中添改为"湖北""湖南"；
"巴里坤""安西府""乌鲁木齐"四库本中标为"镇西府""安西州""迪化州"。

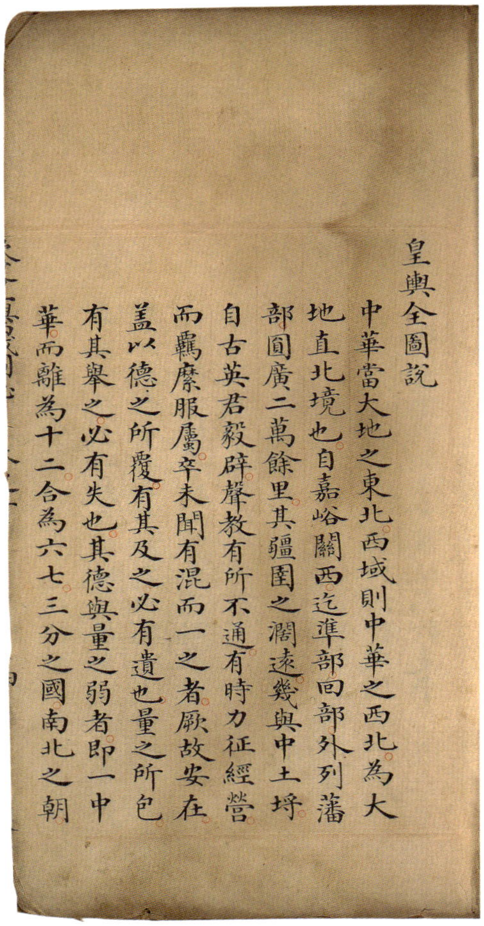

皇輿全圖說

中華當大地之東北西域則中華之西北為大
地直北境也自嘉峪關西迄準部回部外列藩
部圓廣二萬餘里其疆圉之闊遠幾與中土埒
自古英君毅辟聲教有所不通有時力征經營
而羈縻服屬卒未聞有混而一之者厥故安在
蓋以德之所覆有其及之必有遺也量之所包
有其舉之必有失也其德與量之弱者即一中
華而離為十二合為六七三分之國南北之朝

图六：《钦定皇舆西域图志》第四叶《皇舆全图说》。

图七:《钦定皇舆西域图志》第六至七叶《西域全图》,图中"巴里坤""安西府""乌鲁木齐"四库本中
标为"镇西府""安西州""迪化州"。

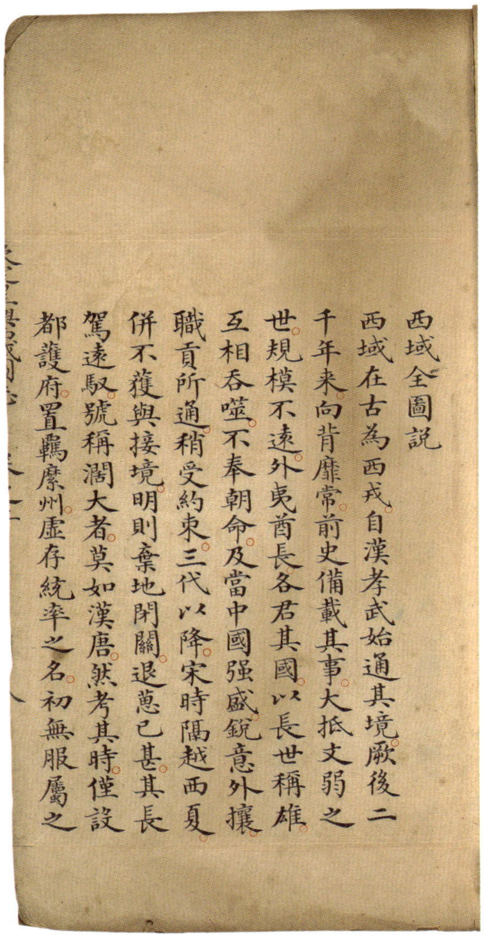

西域全圖說
西域在古為西戎自漢孝武始通其境厥後二
千年來向背靡常前史備載其事大抵丈弱之
世規模不遠外夷酋長各君其國以長世稱雄
互相吞噬不奉朝命及當中國強盛銳意外攘
職貢所通稍受約束三代以降宋時隔越西夏
併不獲與接境明則棄地閉關退意已甚其長
駕遠馭號稱閎大者莫如漢唐然考其時僅設
都護府置羈縻州虛存統率之名初無服屬之

图八：《钦定皇舆西域图志》第八叶《西域全图说》。

山水志

　　山水志包含山志、水志、山水合志等。山志是记述名山的历史沿革、形胜、水泉、名胜古迹、宗教寺观、物产、艺文和有关的风物人事等的志书；水志则是记载江、河、湖泊等水系为主，辅以水利设施、名胜古迹等内容的志书，内容包括河源、流向、支流、历代变迁、水利、航运、灾害和历代疏浚治理的情况。山水志起源甚早，《禹贡》《山海经》和秦汉地理书中，均有山脉水系记载。历代山水志种类繁多，大多单独刊刻传世，也有少数收入丛书之中，或作为其他总志的专志。

　　中国国家博物馆图书馆藏有山水志古籍85种，1050册，民国出版物87种，300余册。本书从中精选了4种山志，包括明末编纂的《华岳全集》、清代编修的《阴那山志》《玉皇山志》和民国时期成书的《八华山志》。

【大顺】华岳全集

《华岳全集》十三卷，（明）李时芳纂，马明卿增补。明李自成大顺初年（1644）曹士抡翻刻本。馆藏存六册，卷一至卷四。书高26.7厘米，宽18.2厘米。框高21.5厘米，宽14.1厘米。半叶九行，行二十字，小字双行同。四周单边，白口，单黑鱼尾。版心上记书名，下记卷次、叶次。《中国古籍善本书目》著录仅上海图书馆藏一部。

李时芳，明嘉靖间山西临汾人，曾任华阴县令。

华山，即太华山。《水经注》"远而望之若花状"，由此得名。古称"西岳"，是五岳之一，位于陕西省华阴市境内，素有"奇险天下第一山"的美称。华山是中华文化的发祥地之一，章太炎先生曾经考证"中华""华夏"的称谓都是源自华山。《尚书》《史记》中都有历代帝王到华山进行大规模祭祀活动的记载。

《华岳全集》实为一部华山志。据《陕西省志·著述志》记载：现存最早的《华山志》只有一卷，是宋全真祖师王重阳门人王处一编辑，其内容主要为华山道家神仙故事，"盖道教之余文，非地志正体"，《四库全书总目》列入道家类存目，《道藏举要》亦收录。直至明嘉靖四十二年（1563），时任华阴县令的李时芳纂修刊行了《华岳全集》十卷，其内容包括华山古迹、碑记、御祭文、歌、赋、诗等。万历二十四年（1596），陕西巡察司副史张维新与华阴知县马明卿在原十卷本的基础上，重加增补、删改，扩为十三卷本，并于次年刊行。上海图书馆所藏即万历增补本。《华岳全集》

增补本卷目包括：卷一图说，卷二峰麓名胜纪、物产、灵异，卷三封号考、祭告文，卷四至卷八文：碑记、碑铭、纪略、状书、辩、颂、赋、五言古风、七言古风，卷九至卷十三诗：五言律诗、五言排律、七言律诗、七言排律、五言绝句、七言绝句。《四库全书》史部地理类存目著录了该书。

《华岳全集》十三卷本除万历刻本外，王重民先生《中国善本书提要》还著录有明末李自成大顺政权时期刻本和清初康熙重修本，清康熙本今藏国家图书馆，国家博物馆所藏《华岳全集》即为大顺本。此本是南京学者朱偰[1]1959年捐赠中国历史博物馆的，惜为残本，只存卷一至卷四。正文前有序两篇，首篇"刻华岳全集叙"为万历丁酉年（1597）兵部右侍郎兼督查院右金都御史贾待问撰，后附题记一则，内容如下"此明序也，谨存之使古人与名以俱传。致令千百世相禅，皆得以递衍作者，而凡居先儒不凛凛有生气也哉。大顺初年开创第一令曹士抡谨识"；次篇"华岳全集叙"为万历丙申年陕西巡察司副史张维新撰，序后附题记一则"学衍于先后天，揆一于先后圣。兹明序也。而既有存之者，昭斯文之禅代，同渊源有由，则异世而同德，以俟后之君子。大顺初年开创第一令曹士抡谨识"。两篇题记中都提到了"大顺初年"，史载明崇祯十七年（1644）李自成称王于西安，国号大顺，年号永昌，题记中的"大顺"应是当时的李自成政权的国号。

以大顺本与万历本比对，目录无异，正文内

容也没有差异，字体亦基本相似，惟边框改为四周单边，而万历本为四周双边，因此可以初步判定此本应为曹士抡据万历本翻刻而成。[2] 捐赠者朱偰先生也曾对此本卷端的具衔者"钦命镇守潼关兼摄河南山陕等处地方军民事务巫山伯马世耀、钦命镇守潼关等处地方提督军务监理学政防御使刘苏、华阴县令曹士抡编辑　华阴县学正王名士校正"一一进行了详尽的考证，马世耀、刘苏的任职情况在明末清初诗人吴伟业撰写的《绥寇纪略》都有记载，更进一步确定此书为李自成政权建立后的刊行文献。

20世纪60年代初，学术界也曾就另一部《华岳全集》的刊行年代及地点展开过一场讨论，当时版本目录学者潘景郑、鲁深、李承祥分别在《光明日报》"治学往来"栏发表多篇文章，最终达成共识，确定曹士抡以万历本剜改刊行《华岳全集》，其内容未经改动，只是剜改了序、跋后题识和卷端题衔部分，因当时的研究条件有限，所以并未对这几种版本的板框、字迹进行比对。与我馆所藏此本情况大体一致，也成为确定此书版本的又一佐证。

我馆所藏大顺初年本《华岳全集》与明万历十三卷本的内容无异。大顺《华岳全集》是目前发现的李自成政权唯一刊行图书，在印刷史上具有特殊的地位，同时也是这一农民起义政权留下的珍贵历史遗物。1959年，此书作为展品，入选"中国通史陈列"，曾引起学术界的广泛关注。直至1992年它都是明末农民起义部分的重要展品。[3]

撰文：李靖

注释：

1. 江飞主编：《大师》，南京大学出版社，2015年，第121页。
2. 郭立暄：《中国古籍原刻翻刻与初印后印研究》，中西书局，2015年，第329页。
3. 中国历史博物馆陈列部编：《中国通史陈列展品项目及说明》，1993年，第170页。

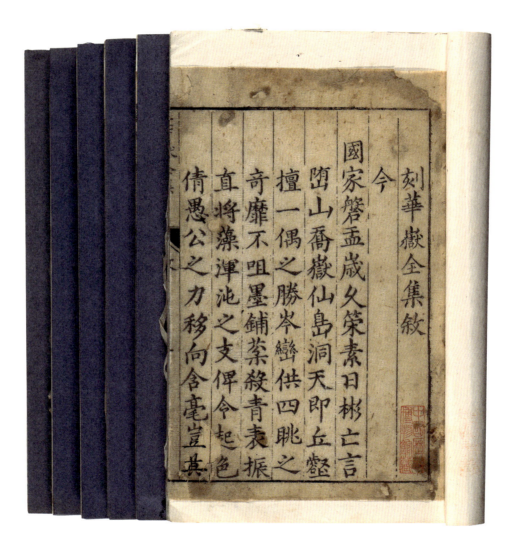

图一：大顺《华岳全集》残本，存一至四卷，（明）李时芳纂，李自成大顺初年翻刻本，六册。

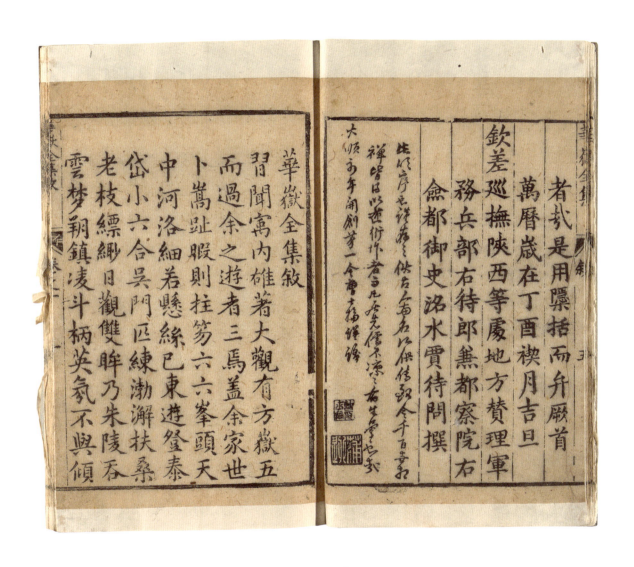

图二:《华岳全集》叙第五叶，贾待问所撰叙后附题记一则，大顺曹士抡题识.

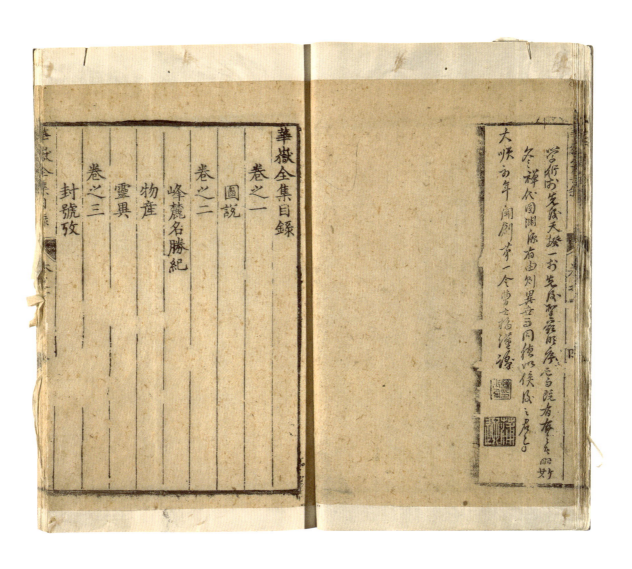

図三：《华岳全集》叙第九叶，张维新叙后附题记一则，大顺曹士抡题识。

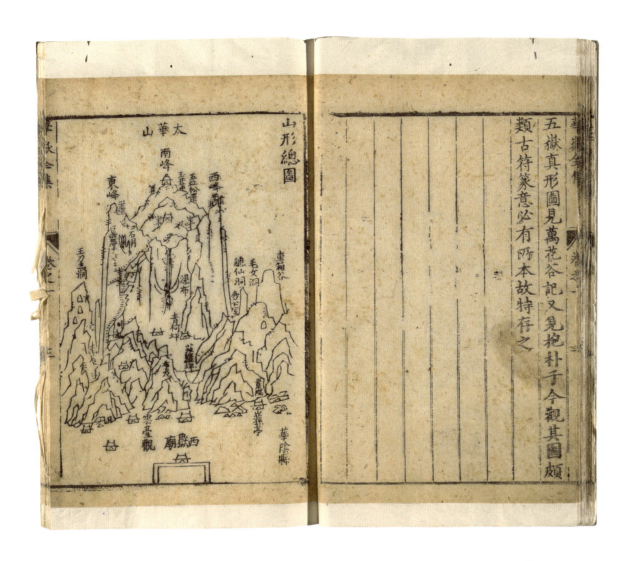

五嶽真形圖見萬花谷記又見抱朴子今觀其圖頗
類古符篆意必有所本故特存之

图四：《华岳全集》卷一第三叶《太华山山形总图》。

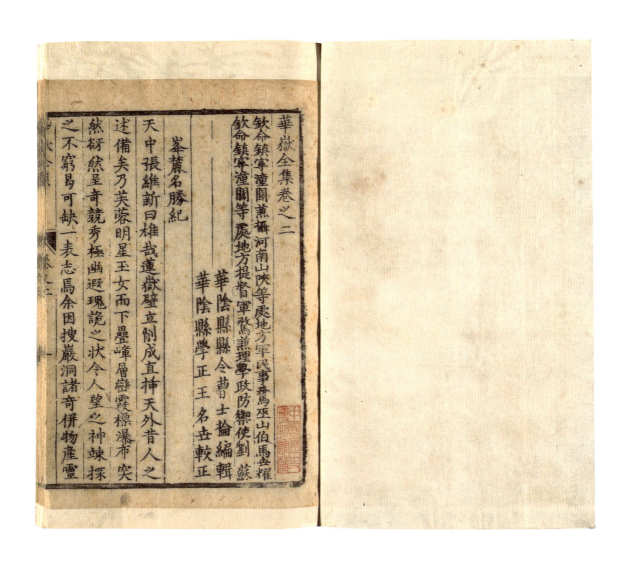

華嶽全集卷之二

欽命鎮寧潼關薫醬河南山陝等處地方軍民事務馬巫山伯馬鳴耀

欽命鎮寧潼關等處地方提督軍務薫理學政防禦使劉蘇

華陰縣縣令曹士掄編輯

華陰縣縣學正王名垚較正

峯巒名勝紀

天中張維新曰雄哉蓮嶽壁立削成直插天外昔人之

述備矣乃芙蓉明星玉女而下疊嶂層巒霞標瀑布突

然矫然呈奇競秀極幽邃瑰詭之狀令人望之神竦探

之不窮易可缺一表志焉余因搜巖洞諸奇併物產靈

图五：《华岳全集》卷二第一叶，题衔中所列编纂者，经考证均在李自成政权任职。

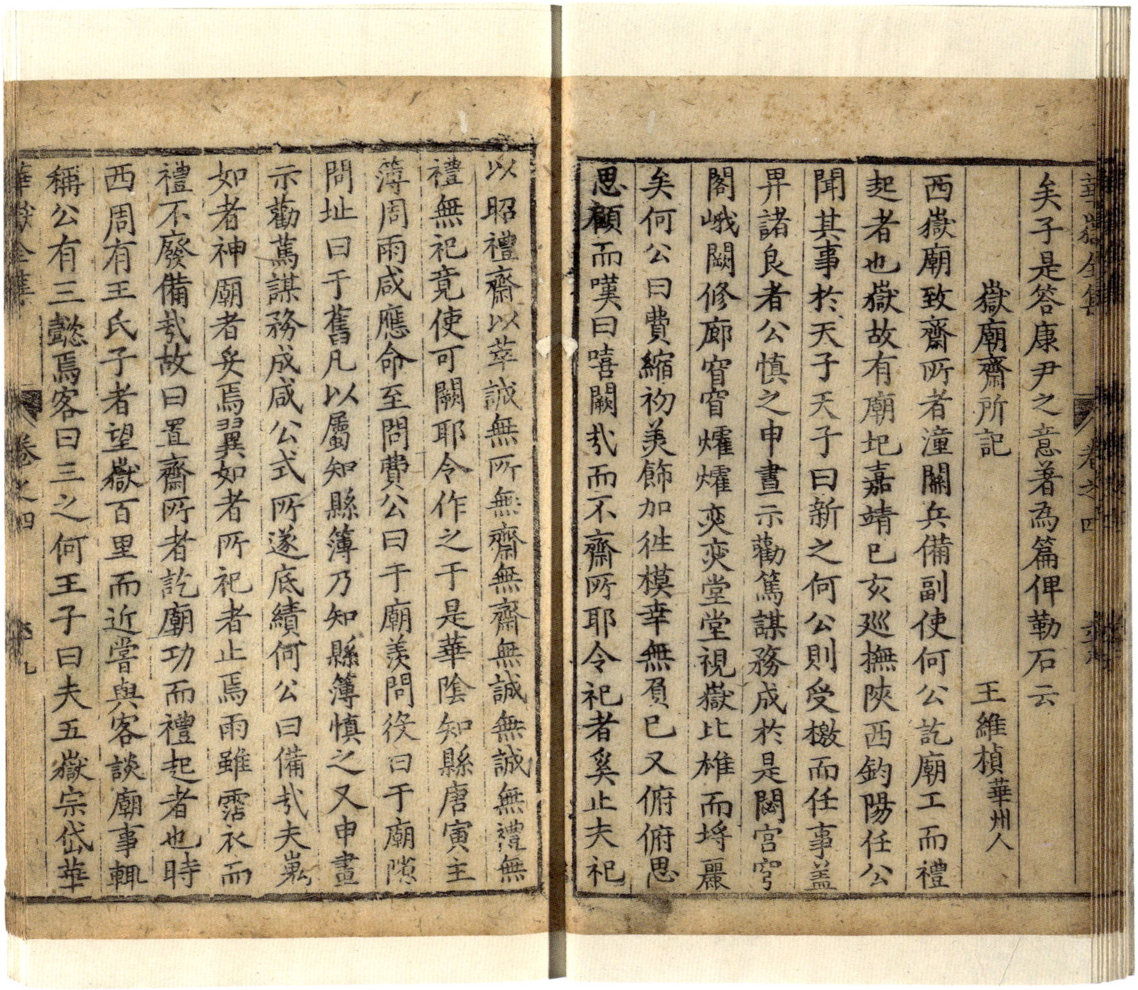
華嶽全集 卷之四

矣子是答康尹之意著為篇俾勒石云

嶽廟齋所記

王維楨華州人

西嶽廟致齋所者潼關兵備副使何公訖廟工而禮起者也嶽故有廟圯嘉靖己亥巡撫陝西鈞陽任公聞其事於天子天子曰新之何公則受檄而任事葢畀諸良者公慎之申晝示勸篤謀務成於是閎宮穹閣峨闕修廊窅窅爗爗奕奕堂堂視嶽比雄而埒靡矣何公曰費縮礿美飾加徃模華無負已又俯俯思思顧而嘆曰嘻闕哉而不齋所耶令祀者奚止夫祀

以昭禮齋以華誠無所無齋無齋無誠無誠無禮無禮無祀竟使可闕耶令作之于是華陰知縣唐寅主簿周雨咸應命至問費公曰于廟羨問役曰于廟隙問址曰于舊凡以屬知縣簿乃知縣簿慎之又申晝示勸篤謀務成咸公式所遂底績何公曰備哉夫嶽如者神廟者奚焉翼如者所祀者止焉雨雖霑衣而禮不廢備哉故曰置齋所者訖廟功而禮起者也時西周有王氏子者望嶽百里而近嘗與客談廟事輒稱公有三懿焉客曰三之何王子曰夫五嶽宗岱華

華嶽全集 卷之四

图六：《华岳全集》第四卷六十八叶“艺文”，收嘉靖间王维桢所作《岳庙斋所记》。

【咸丰】阴那山志

《阴那山志》六卷，（明）李士淳纂，（清）李阆中续修。清咸丰七年（1857）刻同治补刻民国重印本。

二册。第一册（卷一至卷二）一百二十二叶，第二册（卷三至卷六）一百五十八叶。书高 26.5 厘米，宽 15.5 厘米。框高 19.5 厘米至 22.5 厘米，宽 13.5 厘米至 14 厘米不等，部分版框遇尊号或法号时抬高一至二格。半叶八至十行，行十九至二十二字不等，小字双行二十二字，字体不一。四周双边，白口，个别叶有单黑鱼尾、除目录三叶外均无界栏。版心记书名、卷次、叶次。首册封面书签红底黑字"阴那山志首次卷"。每册首叶钤"梅县黄氏自怡悦室藏书"朱文方印，第二册首叶钤"中国历史博物馆藏"朱文长方印。

李士淳（1584—1665），字仲翱，号二何，广东省程乡县（今梅州市梅县区松口镇）人。明万历三十七年（1609）乡试解元，崇祯元年（1628）进士，历任山西翼城、曲沃县知县，官至翰林院侍讲，明亡后乡居不仕，顺治八年（1651）奉知县葛三阳之命编纂《程乡县志》，顺治十一年（1654）刊行，已佚。[1] 存世著作有辑录《古今文苑》四卷，另有民国二十五年（1936）后人李大中所辑《三柏轩集文存》一册。

李阆中，字香田，号漱芳山人，嘉应州雁里（今梅县区雁洋镇）人。秀才出身，清咸丰、同治年间候选县学训谕。

《阴那山志》实为阴那山灵光寺的寺志。阴那山位于今广东省梅州市梅县区雁洋镇境内，其地在明为程乡县，清雍正十一年（1733）升为嘉应州，宣统三年（1911）改名梅州，民国三年（1914）改为梅县。阴那山主峰五指峰山麓的灵光寺为广东名寺，相传该寺创始人为唐代惭愧祖师，乡人于其圆寂后在唐咸通六年（865）为建圣寿庵，明洪武十八年（1385），粤东监察御史梅鼎捐资扩建，更名灵光寺。1978 年，该寺被广东省列为首批文物保护单位。[2]

阴那山修志始于明天启元年（1621），当时灵光寺僧真莲向皇帝请赐藏经，李士淳为其编志上下二卷，今已不存。另据本书卷六康熙三十二年（1693）灵光寺住持僧正瑛《附刊陈姓冒占佛山审案小引》称，此文系"附刊志尾"，可知山志在康熙年间曾经重修。咸丰六年（1856）冬，潮州镇左营驻嘉应州游击潘法元倡议重修灵光寺，委托李阆中及其弟李诚中协董工程，并续修山志，成书六卷。咸丰九年二月十六日（1859 年 3 月 21 日），太平天国国宗石镇吉攻破嘉应州，部分版片毁于兵火。清军重据州城后，李阆中增补缺损，于同治元年（1862）八月将山志刊出。书成后于清末至民国多次重印，内容递有增补。

国家博物馆藏《阴那山志》卷首篆书题名《嘉应州阴那山志》，署"灵光寺藏板"，目录前冠天启纪年岁次辛酉孟秋月朔日李士淳序。目录编次为：上卷卷一、（无卷二）、次卷卷三、卷四、卷五、卷六、李阆中跋。卷一山图前有篆书题签

《阴那山全图》，署"咸丰丁巳七年仲秋月新增、辛酉翻刻"。

卷一前有李阆中绘阴那山全图、灵光寺全图及摘录乾隆《嘉应州志》对阴那山的记载，此卷辑录惭愧祖师传记、募修灵光寺建筑及记叙阴那山景物的序、引、记、疏、铭、跋等文，卷末民国九年（1920）七月萧云汉的《重修灵光寺芳名小引》为全书年代最晚的文字。卷二为寺产清册，收录灵光寺康熙四年（1665）、道光十四年（1834）两次统计山场田地分布和租税的情况，附录同山圣寿寺、西竺寺道光十五年（1835）的田产情况。卷三为诗，共收自宋至清题咏阴那山及灵光寺的诗文二百三十余篇。卷四为楹联。卷五为匾额。卷六辑录灵光寺在清康熙年间与陈氏争讼地产的档案、明末和南明时期为灵光寺捐赠银两和田产

者名录、清康熙至民国五年（1916）当地官府署宣谕保护寺产的告示。书末跋语后，有光绪六年十二月（1881 年 1 月）重刷启事，说明灵光寺山场田租归属当以此次刻印的山志为式。

本书存世稀少，《中国古籍总目》记上海图书馆藏有咸丰七年刻同治八年（1869）补刻本、民国十年（1921）刻本各一部，北京师范大学图书馆有咸丰七年（实为民国五年）刻本一部。此外，广东中山图书馆藏有光绪六年（1886）刻本一部，梅州剑英图书馆藏有年代不详刻本半部。国家博物馆藏民国本《阴那山志》为该书全本，是研究灵光寺沿革、阴那山景观乃至清代地方经济史的宝贵资料。[3]

撰文：贾浩

注释：

1. 梅州市政协文化和文史资料委员会编：《梅州进士录》，2012 年，第 25—27 页。
2. 参见《梅县灵光寺》编写小组：《梅县灵光寺志》，1996 年。
3. 利用《阴那山志》对清代地方社会的研究，参见卜永坚：《阴那山田产诉讼与 17 世纪广东程乡县》，《历史人类学学刊》第七卷，第二期（2009 年 10 月）。

图一：咸丰《阴那山志》六卷，二册，（明）李士淳纂，（清）李阅中续修，嘉
　　　应州（今广东省梅州市）前街文华堂雕版，民国重印本。

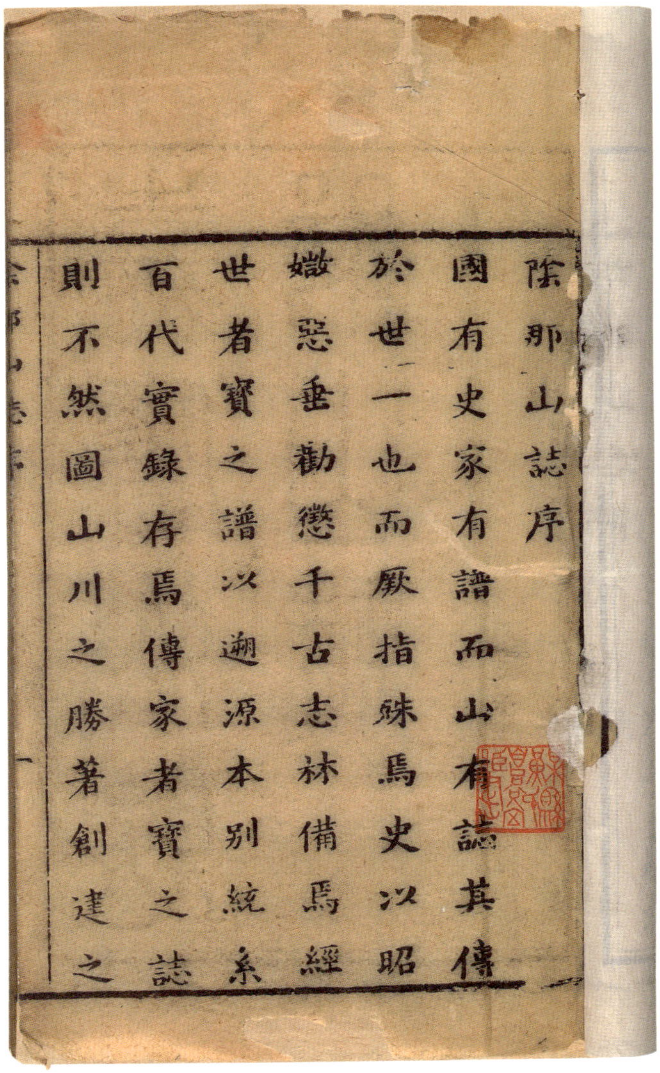

陰那山誌序

國有史家有譜而山有誌其傳於世一也而厥指殊焉史以昭媺惡垂勸懲千古志林備焉經世者寶之譜以遡源本別統系百代實錄存焉傳家者寶之誌則不然圖山川之勝著創建之

陰那山誌序 一

图二：《阴那山志》卷首所载《阴那山志序》，李士淳撰。

图三：《阴那山志》卷一第一至二叶，李阃中绘《阴那山图》，地图方向大致为上东下西。

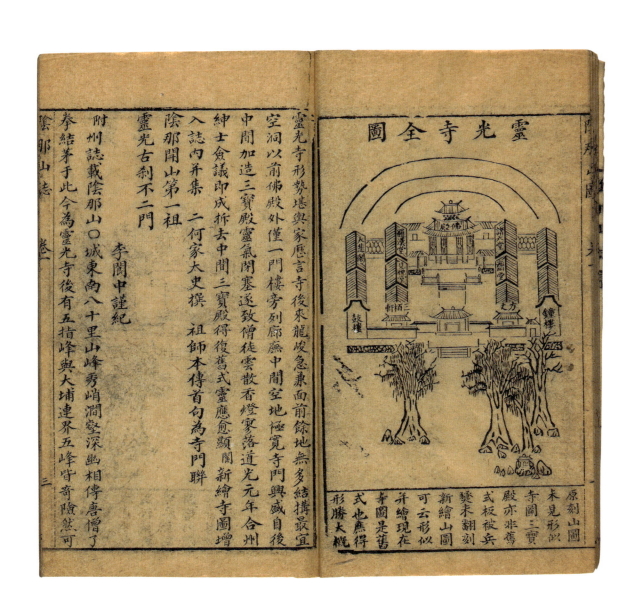

靈光寺全圖

原刻山圖未見形似寺圖三寶殿亦非舊式板被兵燹未翻刻

新繪山圖可云形似寺圖現在并繪寺圖式也應得形勝大概

靈光寺形勢堪輿家應言寺後來龍峻急兼面前餘地無多結搆最宜
空洞以前佛殿外僅一門樓旁列廊廡中間空地極覽寺門與藏自後
中間加造三寶殿遂致僧徒雲散香燈寥落道光元年合州
紳士僉議即成拆去中間三寶殿得復舊式靈應愈顯閣新繪寺圖增
入誌內并集

二何家大史撰　祖師本傳首句為寺門聯

陰那開山第一祖
靈光古剎不二門

李閫中謹紀

附州誌載陰那山〇城東南八十里山峰秀峭澗壑深幽相傳唐僧了
拳結茅于此今為靈光寺後有五指峰與大埔連界五峰皆奇險然可

陰那山志　卷一　　三

图四：《阴那山志》卷一第二叶。李閫中绘《灵光寺全图》，反映了灵光寺于咸丰年间重修后的建筑格局。

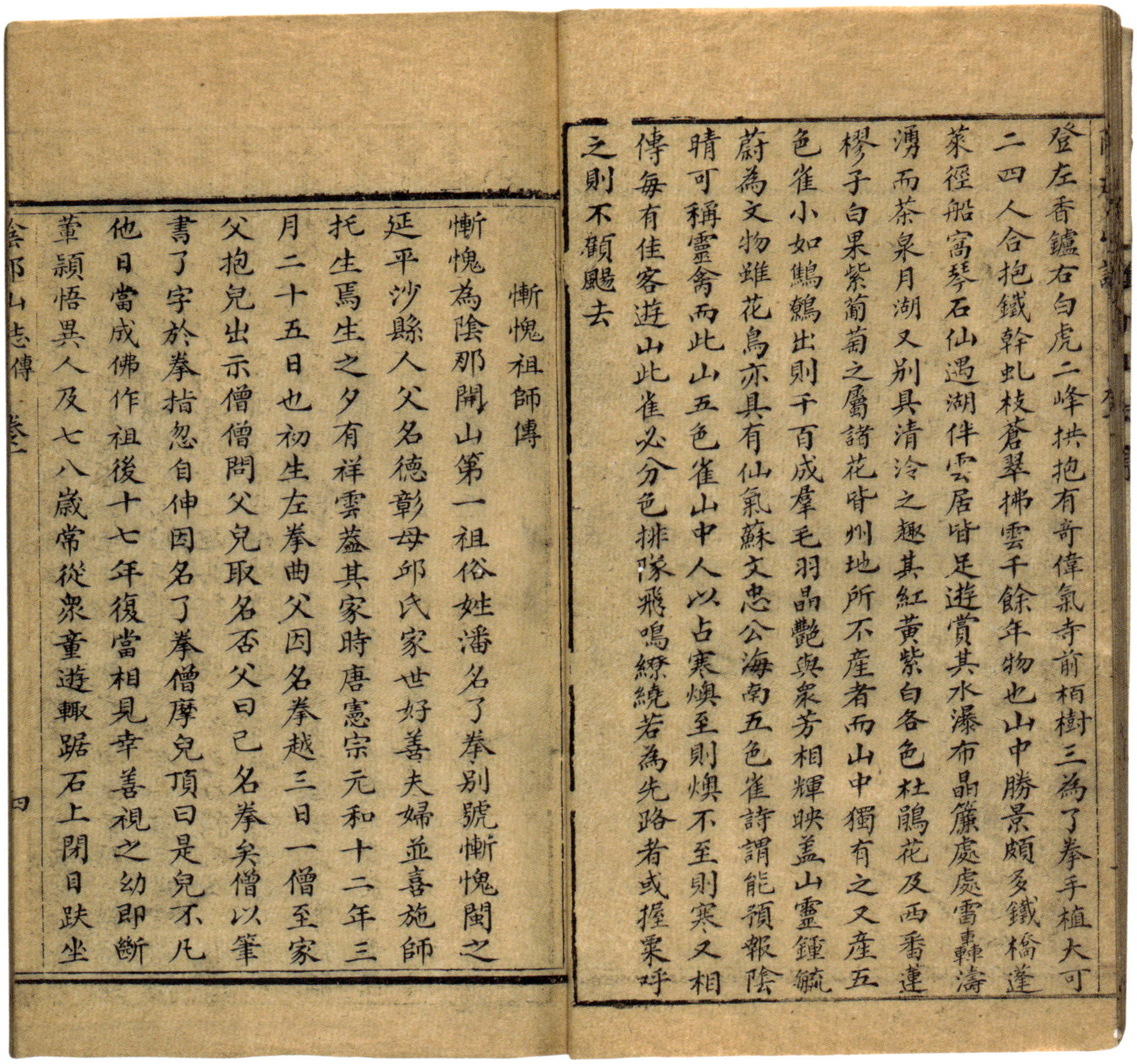

登左香鑪右白虎二峰拱抱有奇偉氣寺前栢樹三為了拳手植大可二四人合抱鐵幹虬枝蒼翠拂雲千餘年物也山中勝景頗多鐵橋蓬萊徑船窩琴石仙遇湖伴雲居皆足遊賞其水瀑布晶簾處處雷轟濤湧而茶泉月湖又別具清冷之趣其紅黃紫白各色杜鵑花及西番蓮樛子白果紫葡萄之屬諸花皆州地所不產者而山中獨有之又產五色雀小如鷦鷯出則千百成羣毛羽晶艷與衆芳相輝映蓋山靈鍾毓蔚為文物雖花鳥亦具有仙氣蘇文忠公海南五色雀詩謂能預報陰晴可稱靈禽而此山五色雀山中人以占寒燠至則燠不至則寒又相傳每有佳客遊山此雀必分色排隊飛鳴繚繞若為先路者或握粟呼之則不顧颺去

慚愧祖師傳

慚愧為陰那開山第一祖俗姓潘名了拳別號慚愧閩之延平沙縣人父名德彰母邱氏家世好善夫婦並喜施師托生焉生之夕有祥雲蓋其家時唐憲宗元和十二年三月二十五日也初生左拳曲父因名拳越三日一僧至家父抱兒出示僧僧問父兒取名否父曰已名拳矣僧以筆書了字於拳指忽自伸因名了拳僧摩兒頂曰是兒不凡他日當成佛作祖後十七年復當相見幸善視之幼即斷葷顓悟異人及七八歲常從衆童遊輒踞石上閉目趺坐

陰那山志傳 卷一 四

图五：《阴那山志》卷一第四叶。李士淳撰《惭愧祖师传》，记叙了灵光寺开山祖惭愧法师的生平事迹。

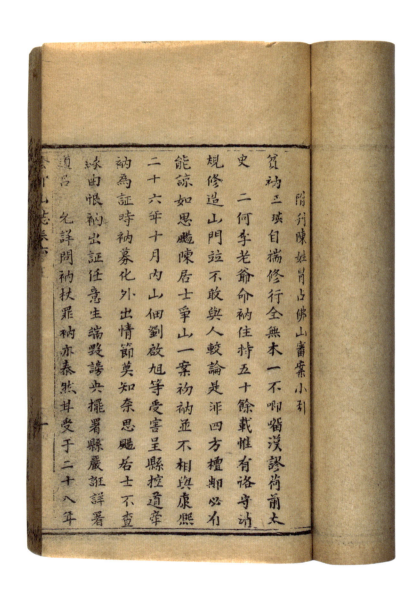

图六：《阴那山志》卷六第一叶。康熙三十二年灵光寺住持僧正瑛《附刊陈
姓冒占佛山审案小引》，《阴那山志》卷六辑录了记载灵光寺在清康
熙年间与陈氏地主争讼田产经过的多份文书，是研究当地社会史的生
动资料。

【光绪】玉皇山志

《玉皇山志》不分卷，（清）卓炳森辑。清光绪七年（1881）卓炳森刻本。

一册四十七叶。书高 22 厘米、宽 15 厘米。框高 16.8 厘米，宽 13 厘米，四周双边、白口，部分叶有单黑鱼尾，无界栏，部分版框遇尊号或仙名时抬高一至二格。半叶十行，行十九至二十一字。版心上记书名或篇目名，下记叶次。"玉皇山建复殿宇七星铁缸志"首叶钤"中国历史博物馆藏"朱文方印。《中国古籍总目》仅记浙江图书馆收藏。

卓炳森（1811—？），字莲生，浙江嘉善县人，寄籍钱塘（今浙江杭州），抚署吏员出身，曾任广东琼山县丞，署理南海县加同知衔，赏戴花翎。[1]据《清续文献通考》卷二百六十七载，他还撰有《仓圣庙志》一卷、《五祖庙志》一卷，均已佚。

玉皇山，在杭州市西湖南部，海拔 246 米。传五代吴越王迎明州阿育王塔之舍利供于此，故称阿育王山，简称育王山，明清时期属浙江杭州府钱塘县（今浙江省杭州市），山中有多座古刹和五代时期的石刻、造像，人文景观丰富。明万历中，其山巅已有玉皇殿，至清代，山名遂因之而改。相传雍正年间，浙江巡抚李卫曾在山腰安设七星铁缸，命道士挑水，取镇压火势之意，太平天国期间，山上宫观及铁缸均毁于战火。同治三年（1864），有全真派道士蒋羽林在山上结庐，

同治八年（1869），乡绅卓炳森、李煌、高念曾等人禀请浙江巡抚杨昌濬拨铁重铸铁缸，又募资修建福星观，请蒋羽林出任方丈。福星观自此不断发展，至民国时期成为杭州最著名的道观。2004 年 6 月 30 日起，福星观恢复为道教活动场所。

《玉皇山志》无目录，卷首有杭州西防同知余庭训序文、玉皇山图、福星观图、慈云岭庙图、卓炳森序文，正文分为"开山遗迹""玉皇山建复殿宇七星铁缸志"和"玉皇山庙志"三部分，辑录有关福星观的名人题序、禀文饬谕、匾额楹联和道士名录等。近人来裕恂于 20 世纪 40 年代修纂《杭州玉皇山志》时，引用了本书图版和部分文字资料。

本书为玉皇山第一部山志，对梳理玉皇山史事有开创之功，但编次欠精，考订失据。郁达夫曾有评价："它的目的，只在搜集公文案牍而已，记兴革、述山川的文字是没有的，与其称它作志，倒还不如说它是契据的好。"书中"开山遗迹"第一至三叶署梁同书乾隆庚申（1740）所作《玉皇山福星观历代开山之遗迹》，文词浅陋不堪，且出现了光绪年间人物、事情，显系托名伪造；"玉皇山庙志"二十九叶后夹"开山遗迹"第三十三叶，下文"玉皇山庙志"叶次即改从三十四叶计起，然前文"开山遗迹"部分仅有六叶。

撰文：贾浩

注释：
1.（清）江峰青修，顾福仁纂：《重修嘉善县志》，清光绪十八年（1892）刻本，卷十六。

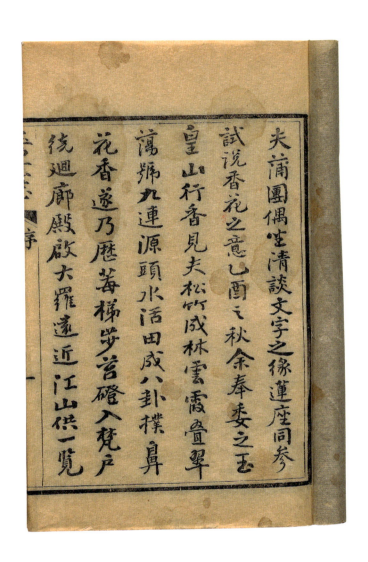

图一：光绪《玉皇山志》不分卷，一册，（清）卓炳森辑，光绪七年
卓炳森刻本。

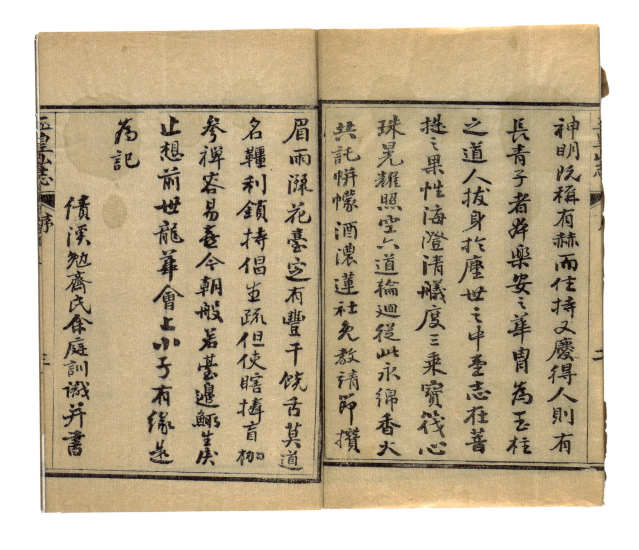

图二：《玉皇山志》卷首余庭训序文，为手书上版。余庭训（1832—?），字勉斋，安徽绩溪（今宣城市绩溪县）人，监生出身，同治十一年（1872）补浙江宁海知县，后累捐至知府衔。著《淑园诗馀》四卷，有光绪十七年（1891）江宁书局刻本。

图三：《玉皇山志》卷首《玉皇山图》，山顶建筑即为福星观。

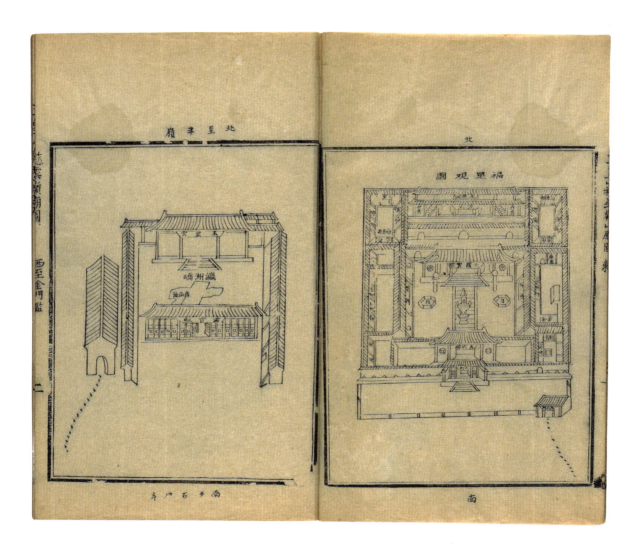

图四：《玉皇山志》卷首《玉皇山福星观图》和《慈云岭庙图》。慈云岭位于玉皇山东侧，山巅传有五代吴越王祭天处登云台，
宋时为天真寺，清代改为慈云宫，属福星观。

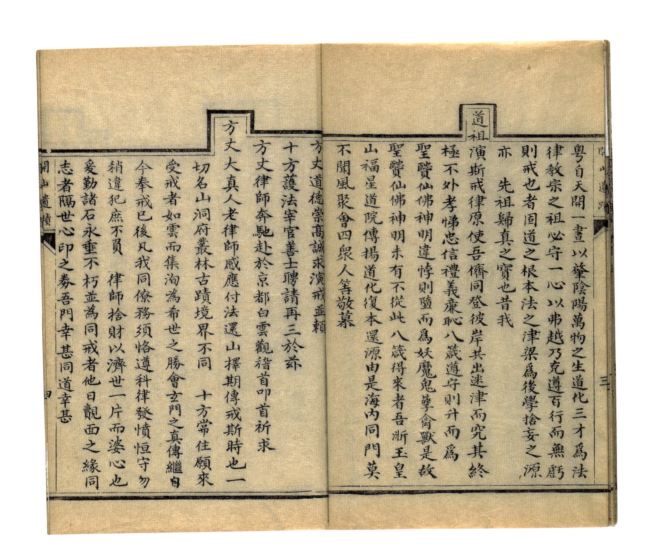

粤自天開一畫以肇陰陽萬物之生道化三才爲法

律教宗之祖必守一心以弗越乃克遵百行而無虧

則戒也者固道之根本法之津梁爲後學捨妄之源

亦先祖歸真之寶也昔我

道祖演斯戒律原使吾儕同登彼岸共出迷津而究其終

極不外孝悌忠信禮義廉恥八箴道守則升而爲

聖贊仙佛神明達悖則墮而爲妖魔鬼蜮獸是故

聖贊仙佛神明未有不從此八箴得來者吾浙玉皇

山福星道院傳揚道化復本還源由是海內同門莫

不聞風聚會四眾人等敬慕

方丈道德崇高誠求演戒益賴

方丈大真人老律師感應付法於京都白雲觀禧首叩首祈求

十方護法宰官善士聘請再三於茲

方丈律師奔馳應付法還山擇期傳戒斯時也一

切名山洞府叢林古蹟境界不同　十方常住願來

受戒者如雲而集洵爲希世之勝會遵白門之真傳繼

今奉戒巳後凡我同僚務須恪遵科律發憤恒守勿

稍違犯庶不員　律師捨財以濟世一片而婆心也

愛勤諸石永重不朽並爲同戒者他日覿面之緣同

志者隔世心印之券吾門幸甚同道幸甚

閉山遺蹟

图五：《玉皇山志》"开山遗迹"部分第三叶。张铬撰《开山真传重演戒律序》，原刻于福星观大殿内墙壁上。张铬（1851—1904），字振笙，广东省大埔县人，光绪十五年（1889）浙江乡试举人，二十四年（1898）进士，官至直隶清苑县（今河北省保定市清苑区）知县。

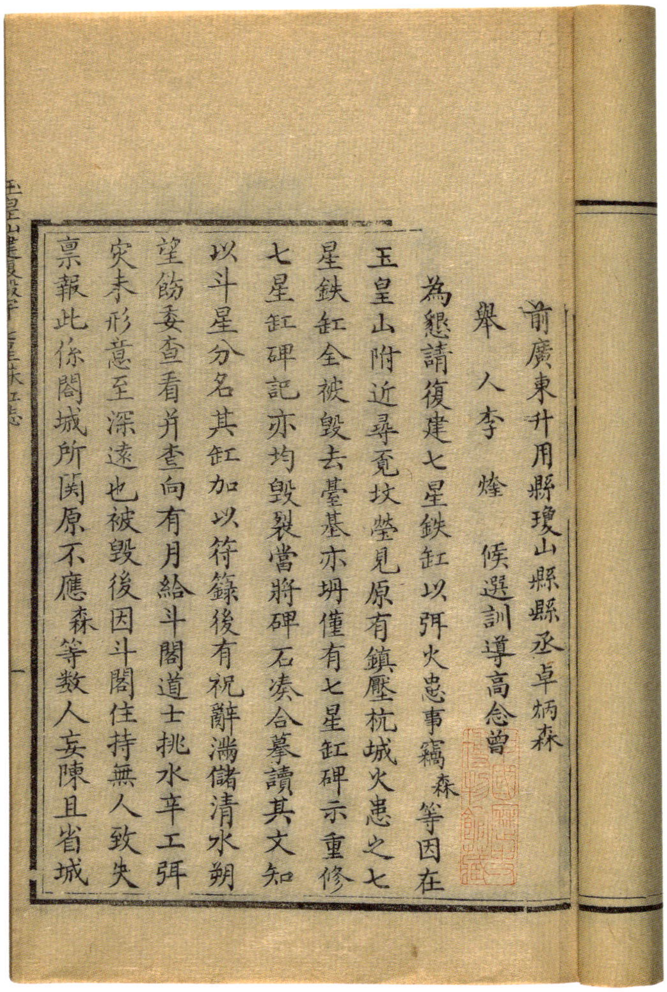
玉皇山建復殿宇七星鉄缸志
前廣東升用縣瓊山縣縣丞卓炳森
舉　人李　烽　　候選訓導高念曾
為懇請復建七星鉄缸以弭火患事竊森等因在
玉皇山附近尋覔坟塋見原有鎮壓杭城火患之七
星鉄缸全被毀去臺基亦坍僅有七星缸碑示重修
七星缸碑記亦均毀裂嘗將碑石凑合摹讀其文知
以斗星分名其缸加以符籙後有祝辭滿儲清水朔
望飭委查看并查向有月給斗閣道士挑水辛工弭
灾未形意至深遠也被毀後因斗閣住持無人致失
禀報此係閤城所関原不應森等數人妄陳且省城

图六：《玉皇山志》"玉皇山建复殿宇七星铁缸志"部分首叶，卓炳森、李烽、高念曾请求浙江巡抚杨昌濬拨铁重铸铁缸的禀文。重铸七星铁缸是修复福星观的重要契机。

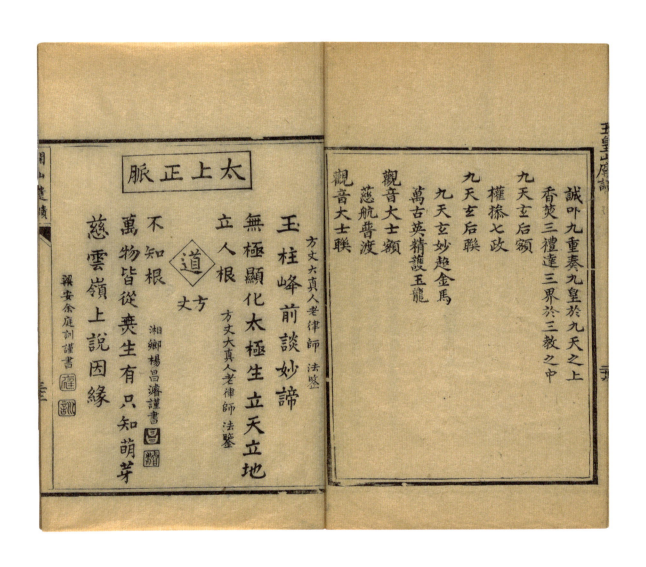

太上正脈

開山遺蹟

誠叩九重奏九皇於九天之上
香爇三禮達三界於三教之中

九天玄后額

權挺七政

九天玄后聯

九天玄妙趨金馬
萬古英精護玉龍

觀音大士額

慈航普渡

觀音大士聯

方丈六真人老律師　法鑒

道　方丈

玉柱峰前談妙諦
無極顯化太極生　立天立地
立人根
　　　　湘鄉楊昌濬謹書　昌濬

方丈大真人老律師　法鑒

不知根
萬物皆從喪生有　只知萌芽
慈雲嶺上說因緣
　　　祁安余庭訓謹書　庭訓

图七：《玉皇山志》"玉皇山庙志"二十九叶后杨昌濬、余庭训为福星观方丈室所作的题词，版心题为"开山遗迹"第三十三叶，然此前"开山遗迹"部分总共仅有六叶。

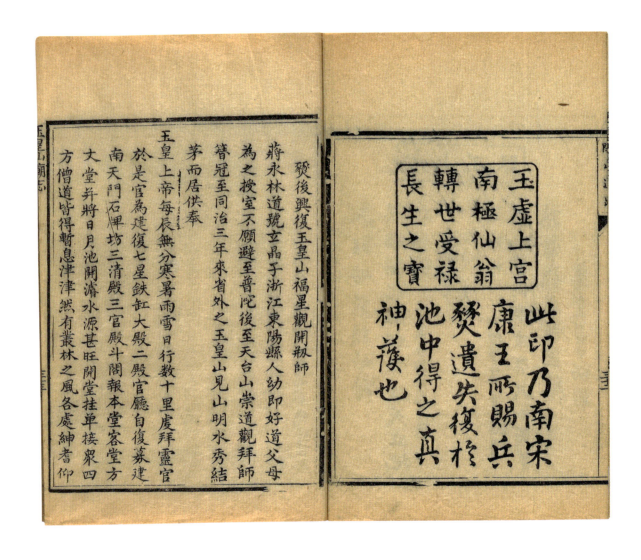

玉虚上宫
南極仙翁
轉世受禄
長生之寶

此即乃南宋
康王所賜兵
燹遺失復於
池中得之真
神護也

燹後興復玉皇山福星觀開瓻師
蔣永林道號立晶于浙江東陽縣人幼即好道父母
為之搜室不願避至普陀後至天台山崇道觀拜師
簪冠至同治三年來省外之玉皇山見山明水秀結
茅而居供奉
玉皇上帝每長無分寒暑雨雪日行數十里虔拜靈官
於是官為建復七星鐵缸大殿二殿官廳自復募建
南天門石牌坊三清殿三官殿斗閣報本堂客堂方
大堂并將日月池開濬水源甚旺開堂挂單接眾四
方僧道皆得暫息津津然有叢林之風各處紳耆仰

图八：《玉皇山志》"玉皇山庙志"部分第三十三叶。福星观初创时期道士名录，系研究晚清浙江道教发展史的珍贵资料。

【民国】八华山志

《八华山志》三卷，许鸿烈采集，陈一中编校，邵万钰鉴定。民国二十七年（1938）木活字印本。

三册，首册五十四叶，第二册九十五叶，第三册一百二十一叶。书高 27.3 厘米、宽 19.5 厘米，框高 20.8 厘米、宽 16.1 厘米。半叶九行，行十八字。四周单边，白口，单黑鱼尾。版心上记书名，中记卷次、章节题名、每篇叶次，下镌"民国二十七年重修"。每册首叶钤"北京历史博物馆藏"朱文长方印。本书为单文朝印刷，仅印 150 册，除国家博物馆外，目前仅浙江东阳市图书馆藏有全本。

许鸿烈，字家语，浙江省东阳县（今东阳市）三单乡华阳村人。毕业于浙江省地方自治专修学校，1933 年时为东阳县第八区区长[1]，后曾在兰溪实验县（今兰溪市）民政科任职。

陈一中，字开士，东阳县（今东阳市）南马镇下格村人。1913 年 12 月毕业于浙江省立第七中学，曾任县参议员，后于王坎头画溪小学任教。[2]

邵万钰（1872—？），原名邵藕田，字子香，中举后改名万钰，字子向，东阳县紫溪村（今属东阳市南市街道）人。光绪二十年（1894）举人[3]，清末任邮传部电政司主事，民国后为交通部邮传司电务科主事[4]，1918 年任交通部邮传司电务科主事试署佥事[5]，官至最高法院东北分院民二庭科长。

单文朝系东阳早期中共党员，1934 年曾负责党组织交通工作。[6]

八华山位于浙江省东阳市画水镇，因"八峰环绕，挺秀如华"而得名。元延祐元年（1314），当地豪户许孚吉在其舅父沿海上副万户石抹继祖的支持下，将山上原有房舍扩建为讲堂，取名八华书院，聘族人许谦讲学。许谦（1270—1337），字益之，号白云山人，世称白云先生，生于东阳，受学于朱熹嫡传弟子金履祥，学问该贯渊博，一生授徒 40 年，著有《读四书丛说》《诗集传名物钞》《读书丛说》等，卒谥"文懿"，清雍正三年（1725）从祀文庙。许谦在山中讲学两年，各地学者赢粮箧书而从，前后著录弟子千人，待其离开后，书院旋即衰落。明正统年间，许氏后人许彦洪曾重建八华书院，嘉靖中，许珏、许一元（号竹岩）父子又先后创建瞻云书院、彭山书院和华阳墨庄，讲习阳明心学，但均不复当年盛况。

万历八年（1580），许一元编纂《八华山志》四卷，以纪念许谦和曾在八华山留下文章题咏的历代名贤，该书"因人编次，不分款目"，前二卷"首图像及白云公诸名贤嘉章"，后二卷"录八华彭山诗文，附以竹岩子山中杂著"，20 世纪 30 年代尚有残本，今已不存。

民国时期，许鸿烈有感于山中书院仅存遗迹，而"关心本山代不乏人，关心本志者鲜矣"，故搜集山志残卷，拼成全本，又从方志、族谱中抄录八华山相关资料。1936 年秋，他将旧志和抄本交与正在为浙江省文献展览会征集展品的陈一中，因品相欠佳，未能入选。抗战爆发后，许鸿烈与陈一中为保存文化起见，于 1938 年 10 月将这些文献整理成书，编印出版。

陈一中在编校《八华山志》时借鉴了徐霞客《鸡足山志》"首真形，次名胜，次化宇……次古德，次护法……胜事天之余，艺苑人之余"的"渐由天而人"思想，将旧志材料重新分类排列，结合方志、家谱附以批注，并补充了明万历至民国时期与八华山相关的文献资料。

重修《八华山志》分为上、中、下三卷。卷首有白云遗像、八华山全图、彭山书院全图、许鸿烈、邵万龢新志序各一篇、楼如山旧志序一篇和陈一中新志编校大意。上卷为形胜志、院宇志。形胜志记载八华山的形势、名胜、物产和异迹。院宇志收录历代关于山中书院、亭台和义田由来的记叙文章。

中卷为道统志、崇学志。道统志收录八华书院、彭山书院的学规、讲章和许谦父子及许一元的传记。崇学志收录有关许谦立谥、从祀孔庙、历代祭祀的文告和明代当地请求将许一元列入乡贤祠的呈文，卷末有民国时期八华山土地情况的相关文献，包括 1925 年平政院对八华山荒山所有权划分的裁决书，以及许鸿烈 1938 年所作的《八华山名胜古迹调查表呈文》和附表等。

下卷为胜事志、艺文志。胜事志收录明清文人对八华山和彭山书院的题咏，主要为许一元及其友人所作。艺文志收录许谦和许一元的部分诗文遗作，还杂录了许一元友人楼如山的一篇序文和许鸿烈、陈一中新作诗四首。卷末附有八华山自宋绍定三年（1230）至 1938 年的大事表。

本书收录的许谦《八华学规》及《社日与许三畏诸生》《赠许三畏留别三首》等诗歌不见于其各类文集，成于元代的《金仁山许白云立谥咨文》亦未见他书记载，这些资料是研究许谦生平和思想的重要文献。许一元无文集传世，其全部作品均保存于志中。此外，许鸿烈绘制整理的文物古迹图表保存了民国时期八华山的风貌，对今天当地开展文物保护和旅游开发工作可以起到一定帮助作用。

撰文：贾浩

注释：

1. 行政院农村复兴委员会编：《浙江省农村调查》，商务印书馆，1935 年，第 240 页。

2. 中国人民政治协商会议浙江省东阳市委员会文史资料委员会编：《东阳文史资料选辑第 11 辑》，1992 年，第 84—85 页、第 321 页。

3. 顾廷龙主编：《清代朱卷集成》第 287 册，台湾成文出版社，1992 年，第 31 页。

4. 敷文社编：《最近官绅履历汇录》，1920 年，第 83 页。另见权量：《适园老人年谱》，民国铅印本。

5.《法令》，《东方杂志》，第十五卷第十号，第 203 页。

6. 中央档案馆等编：《浙江革命历史文件汇集（地县文件）一九三一年——一九三六年》，1989 年，第 230 页。

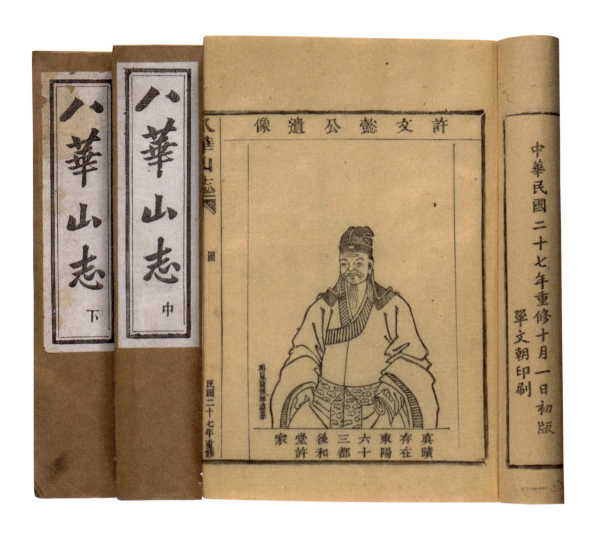

图一：民国《八华山志》三卷，三册，许鸿烈采集，陈一中编校，邵万龢鉴定，民国二十七年木活字刻本，单文朝印刷。

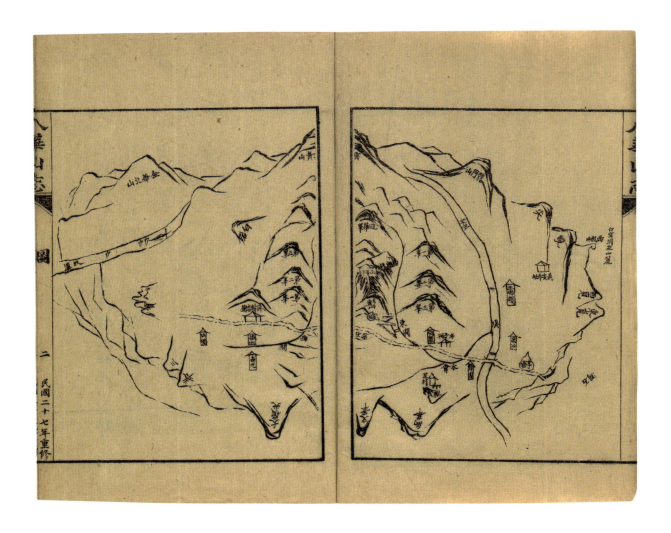

图二：《八华山志》首册第三至四叶（此为单册实际叶次，原书每篇各排叶码）。查鸿烈手绘《八华山图》，标注了山外与志有关的景物。

图三:《八华山志》首册第五至六叶。许鸿烈据许一元明万历本旧志附图摹绘而成的《彭山书院原图》。

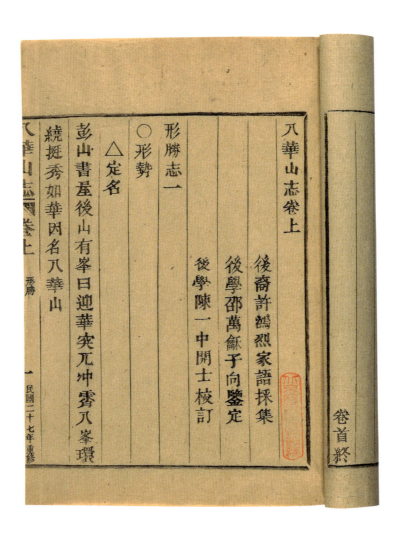

图四：《八华山志》书正文首叶。"形胜志"的"定名"一节记载了八华山
名称的由来。

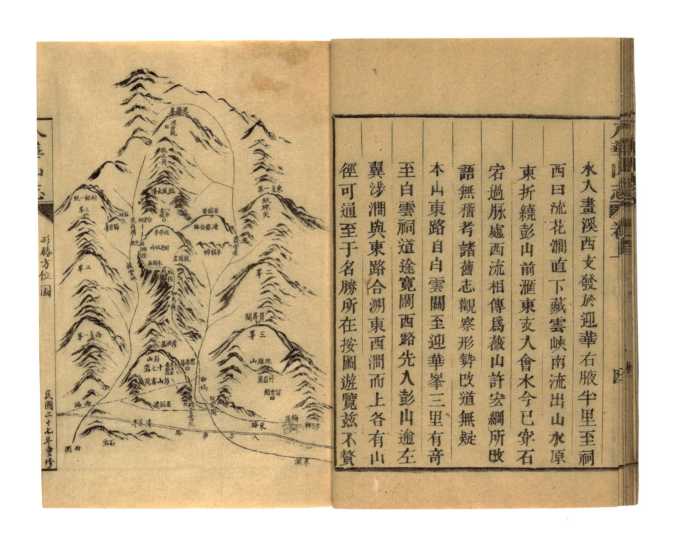

水入盡溪西支發於迎華右腋半里至祠
西曰流花瀰直下藏雲峽南流出山水原
東折繞彭山前滙東支入會水今已穿石
宕過脉處西流相傳爲薇山許宏綱所改
語無稽考諸舊志觀察形勢改道無疑
本山東路自白雲關至迎華峯三里有奇
至白雲祠道途寬闊西路先入彭山逾左
翼涉澗與東路合溯東西澗而上各有山
徑可通至于名勝所在按圖遊覽兹不贅

图五：《八华山志》首册第二十二至二十三叶。许鸿烈手绘八华山《形胜方位图》，图向上北下南，比例尺七千二百分之一，视线照立体倾斜十分之三度，院字旧排用"口"标出。

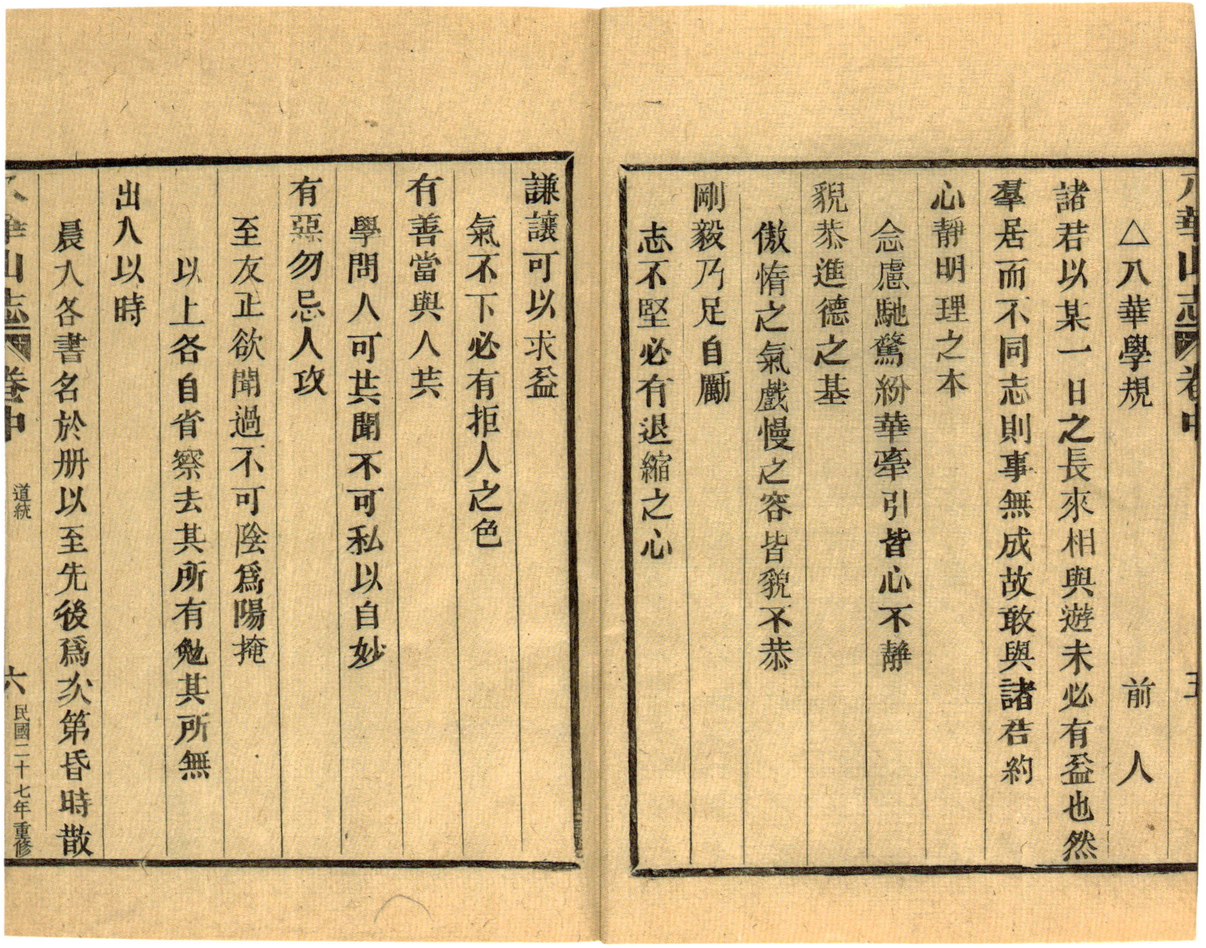

八華山志卷中 五

△八華學規 前人

諸君以某一日之長來相與遊未必有益也然羣居而不同志則事無成故敢與諸君約

心靜明理之本
念慮馳騖紛華牽引皆心不靜

貌恭進德之基
傲惰之氣戲慢之容皆貌不恭

剛毅乃足自勵
志不堅必有退縮之心

謙讓可以求益
氣不下必有拒人之色

有善當與人共
學問人可共聞不可私以自妙

有惡勿忌人攻
至友正欲聞過不可陰爲陽掩

以上各自省察去其所有勉其所無

出入以時
晨入各書名於册以至先後爲次第昏時散

八華山志卷中 道統 六 民國二十七年重修

图六：《八华山志》第二册第五至六叶。相传为许谦所拟的《八华学规》，未见有他处记载。

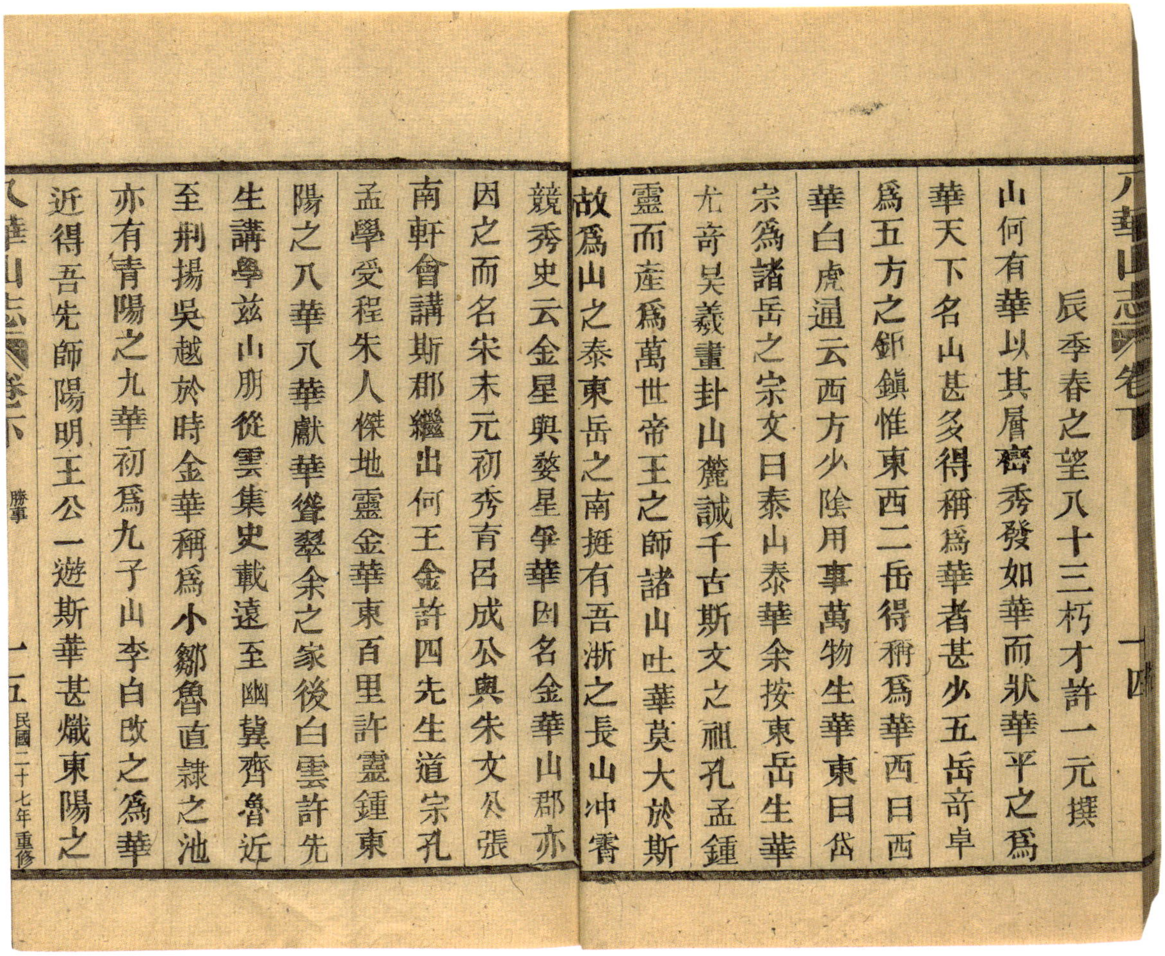

八華山志 卷下 十四

辰季春之望八十三朽才許一元撰
山何有華以其層巒秀發如華而狀華乎之爲
華天下名山甚多得稱爲華者甚少五岳奇卓
爲五方之鉅鎮惟東西二岳得稱爲華西曰西
華白虎通云西方少陰用事萬物生華東曰岱
宗爲諸岳之宗文曰泰山泰華余按東岳生華
尤奇吴羲畫卦山麓誠千古斯文之祖孔孟鍾
靈而產爲萬世帝王之師諸山吐華莫大於斯
故爲山之泰東岳之南挺有吾浙之長山冲霄
競秀史云金星與婺星爭華因名金華山郡亦
因之而名宋末元初秀育呂成公與朱文公張
南軒會講斯郡繼出何王金許四先生道宗孔
孟學受程朱人傑地靈金華東百里許靈鍾東
陽之八華八華獻華聳翠余之家後白雲許先
生講學茲山朋從雲集史載遠至幽冀齊魯近
至荆揚吴越於時金華稱爲小鄒魯直隸之池
亦有青陽之九華初爲九子山李白改之爲華
近得吾先師陽明王公一遊斯華甚熾東陽之

八華山志 卷下 勝事 一五 民國二十七年重修

图七：《八华山志》第三册第十四至十五叶。许一元撰《迎华说》，许一元（1498—1583），字应中，号竹岩子，少从应典、程文德、朱方等浙东学者讲习阳明心学，嘉靖中与友人在八华山结社讲学。本书大部分资料来自他万历八年编纂的首部《八华山志》。

乡土志

　　乡土志，并非通常认为的乡镇志或风土志，特指晚清至民国间全国各地编修的，具有教育功能的乡土志书或乡土教材，是地方志中一个特殊的类型。乡土志滥觞于清末的学制改革，清末多作为各地蒙学教材而编写，旨在培育儿童由"爱乡"到"爱国"的观念。民国后乡土志书的编纂与乡土教育向全社会普及，乡土志编纂愈加频繁。清末至民国间，各地修成乡土志共千余种，但多数未及刊印。朱士嘉先生编纂的《中国地方志综录》及《中国地方志综录补篇》共著录乡土志 242 种。

　　中国国家博物馆图书馆藏有乡土志古籍 19 种，38 册，以稿抄本为主；民国乡土教材 15 种，40 册，多为印刷出版物。本书精选四种国内外罕见的乡土志进行研究和介绍，包括三种清末乡土志《新兴县乡土志》《连平州乡土志》《江津县乡土志》以及民国乡土教材《茌平县训蒙地理》。

【光绪】新兴县乡土志

《新兴县乡土志》不分卷，（清）邹增祜修，顾云龙纂。清光绪三十二年（1906）抄本。

四册，首册四十二叶，第二册三十八叶，第三册三十八叶，第四册四十四叶。书高27.9厘米，宽16.4厘米。乌丝栏，框高18.8厘米，宽11.7厘米。四周双边，白口，单黑鱼尾。半叶十二行，行约二十五字，楷书抄写。每册首叶钤"中国科学院图书馆藏"朱文方印，"中国历史博物馆藏"朱文长方印，叶右下方有"广东省解来官书"朱文戳记。《中国地方志联合目录》仅著录中国科学院收藏。

乡土志是晚清至民国年间，全国各地为普及大众教育编修的一批乡土教材。乡土志提倡由爱乡之情延伸出爱国之情，因此有别于传统地方志，具有特殊的教育功能。由于最初乡土志的大量纂修是为符合晚清政府培养民众"尊君""爱国"的理念，因此光绪年间乡土志编修大多与当地改革地方教育学制，建办中小学学堂息息相关。[1]新兴县学堂始办于光绪二十八年（1902），至光绪三十二年正式成立官立第一初等小学堂。[2]其时学堂以知县邹增祜任监督，顾云龙为校长，这二人正是《新兴县乡土志》的主要编订者。另外据中科院文献情报中心所藏《新兴县乡土志》的另一抄本所记，还有文童林士清负责缮校。

邹增祜（1851—1910），字受丞，重庆涪陵市人。光绪二十一年（1895）进士，任新兴县知县，光绪二十五年（1899）升任广东嘉应州知州。工书，

诗文皆有师法，研精汉学。著有《天风海水楼诗文集》《蕙言》《医学丛钞》。《涪陵县续修涪州志》有传。顾云龙，生卒年不详，广东新兴县人，光绪十九年（1893）恩科举人，任新兴县官学堂教习。

国家博物馆藏《新兴县乡土志》类目分为：地理（第一册）；政绩录、耆旧录（第二册）；山、水、道路、物产、商务（第三册）；历史、政绩、兵事、耆旧、人类、户口、氏族、实业、宗教（第四册）。光绪三十一年（1905）晚清政府制定官修《乡土志例目》，将乡土志内容定为十五个部分：历史、政绩、兵事、耆旧、人类、户口、氏族、宗教、实业、地理、山、水、道路、物产、商务。[3]《新兴县乡土志》明显按《乡土志例目》安排体例。尤其是第四册，尽管政绩、耆旧两部分第二册已有记录，但第四册为与《乡土志例目》相照应，精选政绩、耆旧中的部分内容编入第四册以完整体例。中科院所藏《新兴县乡土志》的另一抄本，内容上与国博藏本基本一致，次序略有不同。[4]但缺第四册特殊的体例安排。因此国博藏本更能反映晚清《乡土志例目》的影响。《新兴县乡土志》在大类之下，又各分有小类，如地理又分出：总述、街坊、乡村、古迹、祠庙、坊表、桥梁、市镇、学堂学田等等。物产下又分：动物兽类、植物谷类、矿物、动物制造、植物制造、矿物制造、商务进出口等等。皆与光绪《乡土志例目》旨意相符，可见《新兴县乡土志》确为晚清乡土志的典型代表。

新兴县位于广东省中部偏西，肇庆地区南部，珠江三角洲西北部，总面积 1519 平方公里，属新（兴）、高（明）、鹤（山）丘陵台地，地处要塞，古有"八州通衢"之称，历为军政要地。其正式建置可追溯到东晋永和七年（351），后至北宋天禧四年（1020）数百年间，先后曾称新城县、新州县、新春州，但终复称新兴县，沿用至今。新兴县修志最早是元惠宗元统二年（1334）《新州志》（已佚）。后明代有嘉靖《新兴县志》（已佚）、万历《新兴县志》（已佚）、崇祯《新兴县志》（已佚）。清代有康熙十二年（1673）李超修《新兴县志》（稀见），康熙二十六年（1687）徐煌修《新兴县志》乾隆二十三年（1758）刘芳修《新兴县志》，嘉庆年间陈在谦修《新兴志略》（已佚）以及光绪三十二年修成的《新兴县乡土志》。因而《新兴县乡土志》既符合隔代修志的方志学传统，其体例和内容又能反映晚清特殊的时代民情，具有重要的方志学意义和史学价值。

撰文：林璜

注释：

1. 清末乡土志的发展历史，可参见王兴亮：《爱国之道 始自一乡——清末民初乡土志书的编纂与乡土教育》，复旦大学历史系中国古代史博士学位论文，2007 年。

2. 新兴县地方志编纂委员会编：《新兴县志》，广东人民出版社，1993 年，第 16 页。

3. 李新著：《中国教科书发展史丛书·百年中国乡土教材研究》，知识产权出版社，2015 年，第 30—37 页。

4. 中科院藏《新兴县乡土志》抄本类目顺序为：历史、政绩录、兵事录、耆旧录、地理、山、水、道路、物产。

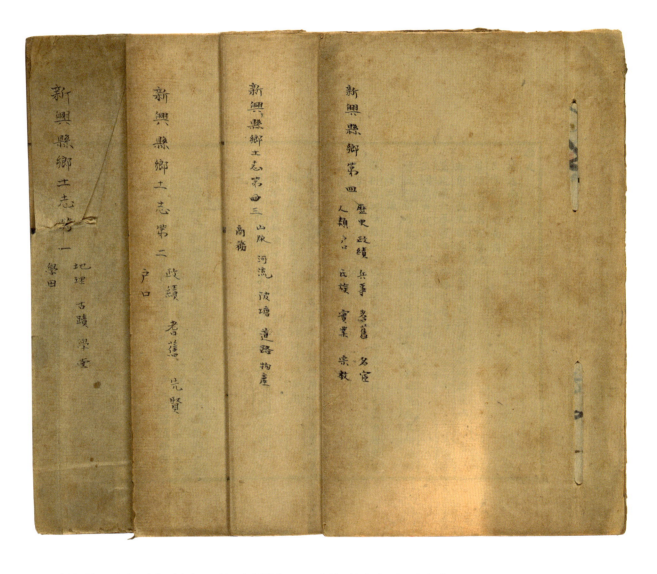

图一：光绪《新兴县乡土志》不分卷，（清）邹增祜修，顾云龙纂，清光绪三十二年抄本，四册。

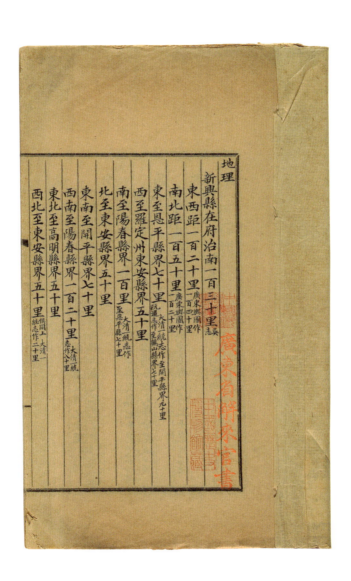

新興縣在府治南一百三十里<small>吳志</small>

東西距一百二十里<small>廣東圖作一百四十里</small>

南北距一百五十里<small>廣東圖作一百二十里</small>

東至恩平縣界七十里<small>大清一統志作至開平縣界九十里</small>

西至羅定州東安縣界五十里<small>大清一統志作至鬱山縣界六十里</small>

南至陽春縣界一百里<small>大清一統志作至恩平縣界七十里</small>

北至東安縣界五十里

東南至開平縣界七十里

西南至陽春縣界一百二十里<small>大清一統志作八十里</small>

東北至高明縣界五十里

西北至東安縣界五十里<small>恩同上大清一統志作二十里</small>

地理

圖二：《新興縣鄉土志》書首叶。首門類"地理"。每冊首頁均鈐
"中國科學院圖書館藏"朱文方印，"中國歷史博物館藏"
朱文長方印，有"廣東省解來官書"朱文戳記。

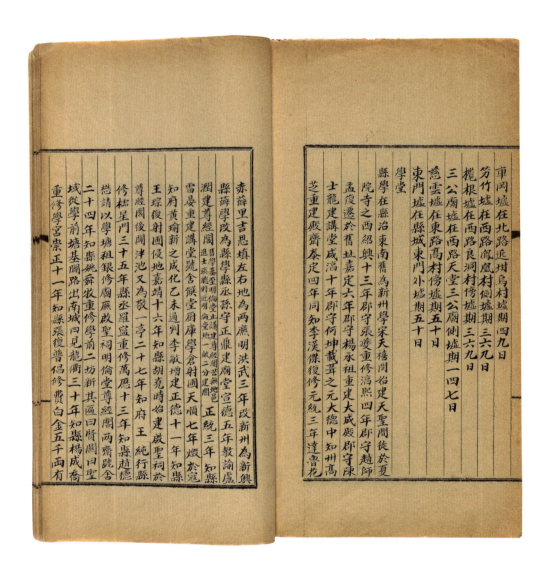

車岡墟在北路近坩烏村墟期四九日
笏竹墟在西路鳳凰村側墟期三六九日
攬根墟在西路良洞村側墟期三六九日
三公廟墟在西路天堂三公廟側墟期三六九日
慈雲墟在東路高村傍墟期五十日
東門墟在縣城東門外墟期一四七日

學堂
縣學在縣治東南舊為新州學宋天禧間始建天聖間徙於夏
院寺之西紹興十三年郡守張燮重修熙四年郡守趙師
孟復遷於舊址嘉定六年郡守楊永祖重建大成殿郡守陳
士龍建講堂成淳十年郡守何坤藏葺之元大德中知州高
芝重建殿齊泰定四年同知李漢傑復修元統三年達魯花

赤薛里吉思填左右地為兩廡明洪武三年改新州為新興
縣薛學改為縣學縣丞孫守正鼎建廟堂宣德五年教諭盧
潤建尊經閣舊學基至明倫堂出請建尊經閣苦無地邑進士張龍約近明倫堂一畝二分建閣
雷晏重建講堂號舍饌堂廚庫學倉射圃天順七年燬於寇
知府黃瑜新之成化乙未通判李敏增建正德十一年知縣
王琮復射圃侵地嘉靖十六年知縣胡堯時始建啟聖祠於
尊經閣後閣洋池又為敬一亭二十七年知縣王純行縣
修櫺星門三十五年縣丞羅盛重修萬厯十三年知縣趙號德
懋請以學塘祖銀修廟廡改聖祠明倫堂尊經閣兩齋號舍
二十四年知縣姚舜牧重修學前龍衢三十年知縣楊成喬
域從學前塘基闢路出南城曰見龍衢二坊新其匾曰賢闢曰聖
重修學宮崇正十一年知縣張復普倡修費白金五千兩有

图三：《新兴县乡土志》第一册第三十三叶，"学堂"首叶。"学堂"记载新兴县学堂的建立及演变，
其后附"学田"。清末乡土志的纂修与学堂改制密切相关，大多数乡土志为改制后学校教材。

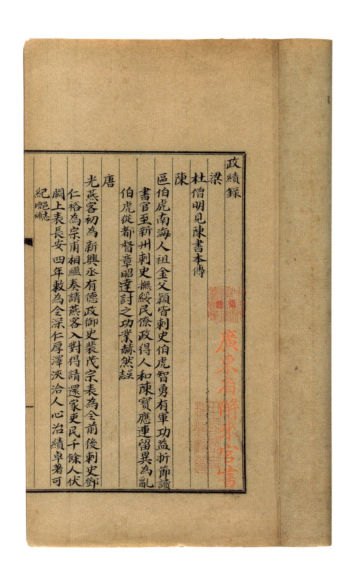

政績錄

梁

杜僧明見陳書本傳

陳

區伯虎南海人祖金父穎皆刺史伯虎智勇有軍功益折節讀
書官至新州刺史撫綏民僚政得人和陳寶應連留異為亂
伯虎從都督章昭達討之功業赫然懿

唐

光燕客初為新興丞有德政御史裴戊宗表為令前後刺史鄧
仁裕為宗甫相繼奏請燕客入對得請還家更民千餘人伏
闕上表長安四年敇為令深仁厚澤浹洽人心治績卓著可
紀□邑志

图四：《新兴县乡土志》第二册首叶，"政绩录"首叶。"政绩录"
介绍各时代新兴县任职的知名士绅，类于旧方志的"名宦"。

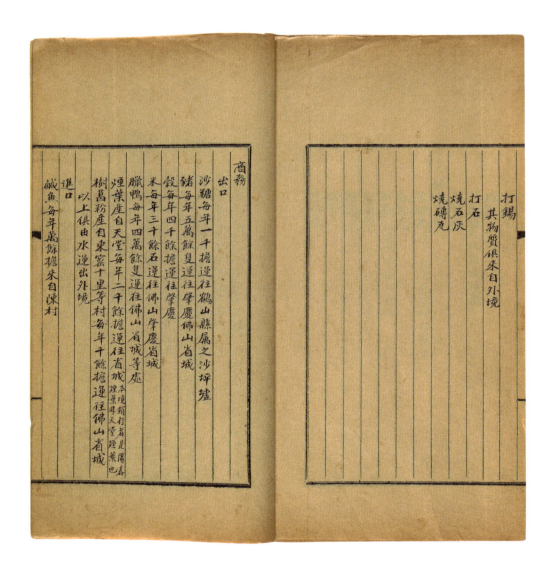

商務

出口

沙糖每年一千擔運往鶴山縣屬之沙坪墟

豬每年五萬餘隻運往肇慶佛山省城

穀每年四千餘擔運往肇慶

米每年三十餘石運往佛山肇慶省城

臘鴨每年四萬餘隻運往佛山省城等處

煙葉産自天堂每年二千餘擔運往省城煙業非天堂煙業也本境銷行者是陽春

樹萬粉産自東窰十里等村每年千餘擔運往佛山省城

以上俱由水運出外境

進口

鹹魚每年萬餘擔來自陳村

打錫

打石　其物質俱來自外境

燒石灰

燒磚瓦

图五：《新兴县乡土志》第三册第三十七叶，"商务"首叶。"商务"记载新兴县对内、外贸易状况，分"进口""出口"，是清末乡土志中较有特色的门类。

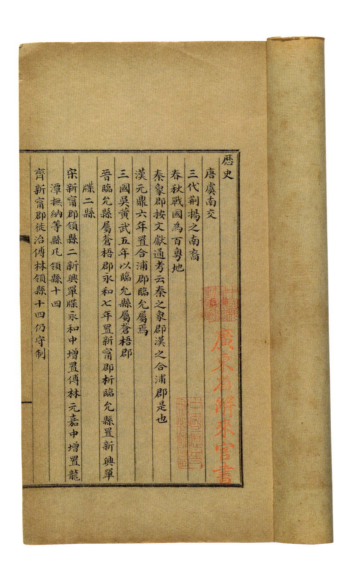

歷史

唐虞南交

三代荊揚之南裔

春秋戰國為百粵地

秦象郡按文獻通考云秦之象郡漢之合浦
郡是也

漢元鼎六年置合浦郡臨允屬焉

三國吳黃武五年以臨允縣屬蒼梧郡

晉臨允縣屬蒼梧郡永和七年置新寧郡析臨允縣置新興單

牒二縣

宋新寧郡領縣二新興單牒永和中增置傅林元嘉中增置龍
潭撫納等縣凡領縣十四

齊新寧郡徙治傅林領縣十四仍守制

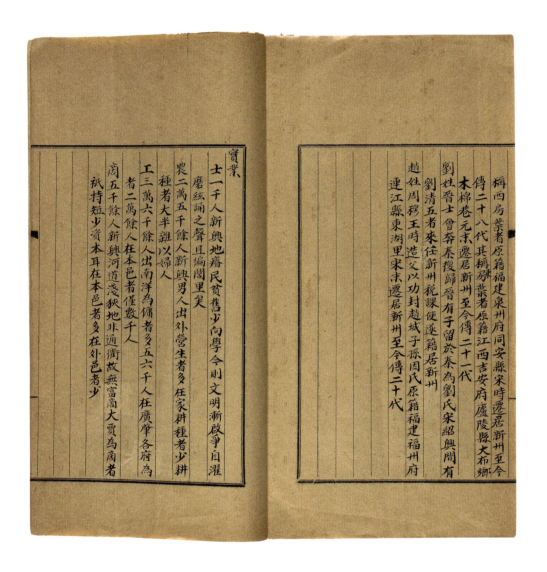

實業

士一千人新興地瘠民貧舊少向學今則文明漸啟爭自濯
磨絃誦之聲且編閭里矣

農二萬五千餘人新興男人出外營生者多庄家耕種者少耕
種者大半雜以婦人

工三萬六千餘人出南洋為傭者多五六千人在廣肇各府為
者二萬餘人新興在本邑者僅數千人

商五千餘人新興河道淺狹地非通衢故無富商大賈為商者
祇持短少資本耳在本邑者多在外邑者少

稱西房葉者原籍福建泉州府同安縣宋時遷居新州至今
傳二十八代其稱葉葉者原籍江西吉安府盧陵縣大布鄉
木棉巷元末遷居新州至今傳二十一代

劉姓晉士曾弈後歸晉有子留於秦為劉氏原居新州
劉清五者來往新州稅課使遂籍居新州紹興間有

趙姓周穆王時造父以功封趙城子孫因氏原籍福建福州府
連江縣東湖里宋末遷居新州至今傳二十代

图七：《新兴县乡土志》第四册第四十三叶，"实业"首叶。"实业"是光绪年间黄绍箕编定《乡土志例目》中所定门类，以往地方志少见此门类。

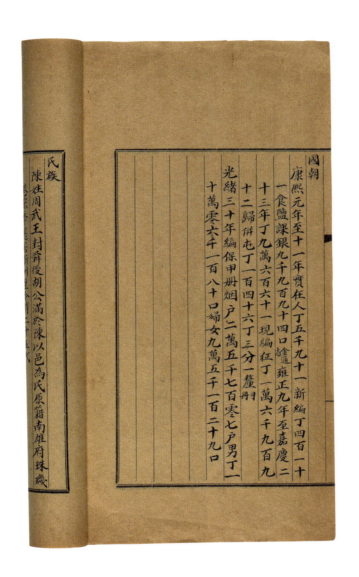

图八：《新兴县乡土志》第四册第四十二叶，"户口"末叶。"光绪三十年"是书中提及最晚年代。

【光绪】连平州乡土志

《连平州乡土志》不分卷,(清)谢锡善编撰。清光绪三十四年(1908)抄本。

一册四十四叶。书高22.3厘米,宽11.1厘米。无界栏,半叶五行,行二十至二十八字不等,小字双行同,楷书抄写。封面题签红底黑字"连平州乡土志"。首叶右下方有"广东省解来官书"朱文戳记。卷首叶钤"中国历史博物馆藏"朱文长方印,"中国科学院图书馆藏"朱文方印。《中国地方志联合目录》仅著录中国科学院收藏。

谢锡善,生卒年不详,广东连平州人,光绪十一年(1885)拨贡入国子监,后归广东任职东安县、饶平县教谕。光绪二十二年(1896),谢锡善年约四十,遭父丧丁忧,遂辞职归家,专心治学。光绪三十四年三月,时任连平州知州的潘森瑞请谢锡善修乡土志。谢锡善按当时学部厘定的乡土志编修章程,搜罗旧闻,整理以往志乘,在当年四月编成《连平州乡土志》。

《连平州乡土志》采用纲目体,其类目分为:建置、政绩录、兵事录、耆旧录、人类、宗教、氏族、实业、地理、山、水、道路、物产、商务。其中建置又分为"建置连平州时代""未置连平州以前境属"。政绩录及耆旧录内容最详,耆旧录又分出"宦绩""将弁""忠烈"。由于连平州正式建置在明代末年,故除去"未置连平州以前境属"部分述及前代,此部乡土志记事起于明代崇祯四年(1631),迄于清代光绪三十二年(1906)。书前有谢锡善所撰序。

连平州(今为连平县)地处广东省北部九连山区,建置于明代末年,是明清广东最后设立的州县。明崇祯初年,广东制蓝(染料)商人陈万,聚集种蓝工人近万人揭竿起义,据于九连山一带。[1]为平此乱,明朝廷议在九连山一带设州。故崇祯七年(1634),割惠州府和平县之惠化图、河源县之忠信图、长宁(新丰)县之长吉图,韶州府翁源县之东桃、银梅两铺(后称银梅图),置连平州,属惠州府。清沿明制,连平仍设州,但无属县。清宣统三年(1911),连平改州为县。现连平县属广东省河源市管辖。

连平州建置虽晚,然设州未久,首任知州牟应受就在崇祯十二年(1639)修成《连平州志》。入清以后,康熙三十六年(1697),当时和平县知县兼连平州知州韩师愈再修州志。可惜明末和清初这两部《连平州志》都已散佚。清雍正八年(1730)知州卢廷俊组织重修州志,此志即现存《连平州志》。光绪《连平州乡土志》后,民国二十二年(1933)至二十九年(1940),连平再有修志之议,但终未成书。因此清代雍正八年至民国期间连平州修成的志书,仅存国家博物馆所藏此部《连平州乡土志》。

撰文:林璜

注释:

1. 方志钦、蒋祖缘主编:《广东通史·古代》,广东高等教育出版社,2007年,第639—640页。

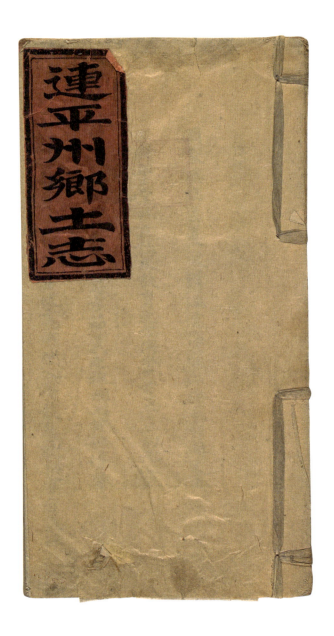

图一：光绪《连平州乡土志》不分卷，（清）谢锡善编撰，清
　　光绪三十四年抄本，一册。原装封面，题签红底黑字"连
　　平州乡土志"。

序

廣東省解來官書

國家撫臨區夏教澤涵濡海澨山陬咸仰同文之治近今各府州

縣學堂林立講求教育之方俾學者蒸蒸向化以興起感發其愛

國之誠油然生其振奮忠孝節義之概固非徒以傳習舊聞蒐羅故實

祇矜為宏博已巴士當伏處鄉閭入學鼓篋既無官守民社之任固

图二：《连平州乡土志》书首叶，有"广东省解来官书"朱文戳记。
卷首为编修者谢锡善序，该序尾署"光绪三十四年四月
朔日连平谢锡善谨序"（见图三）。

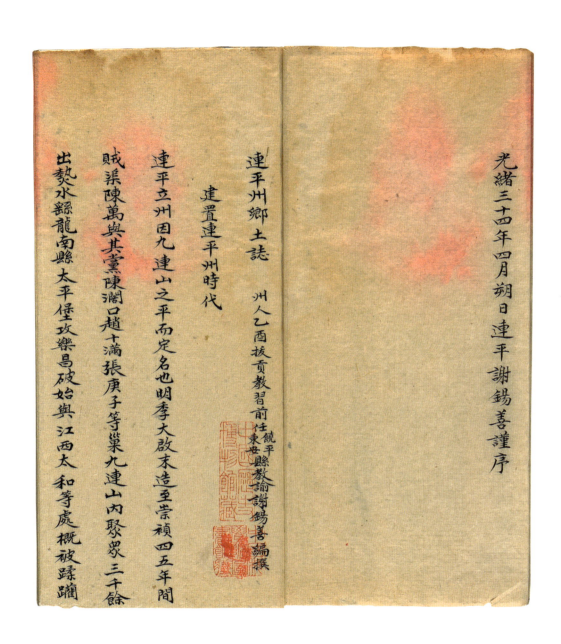

光緒三十四年四月朔日連平謝錫善謹序

連平州鄉土誌　州人乙酉拔貢教習前任饒平縣教諭謝錫善編撰

建置連平州時代

連平立州因九連山之平而定名也明季大啟末造至崇禎四五年間

賊渠陳萬與其黨陳潤口趙十滿張庚子等棠九連山內聚眾三千餘

出劫水窯龍南縣太平堡攻樂昌破始與江西太和等處概破蹂躏

图三：《连平州乡土志》卷首叶，钤"中国历史博物馆藏"朱文长方印、"中国科学院图书馆藏"朱文方印。《连平州乡土志》首门类为"建置连平州时代"，"建置连平州时代"类似传统地方志中的"沿革"门类。

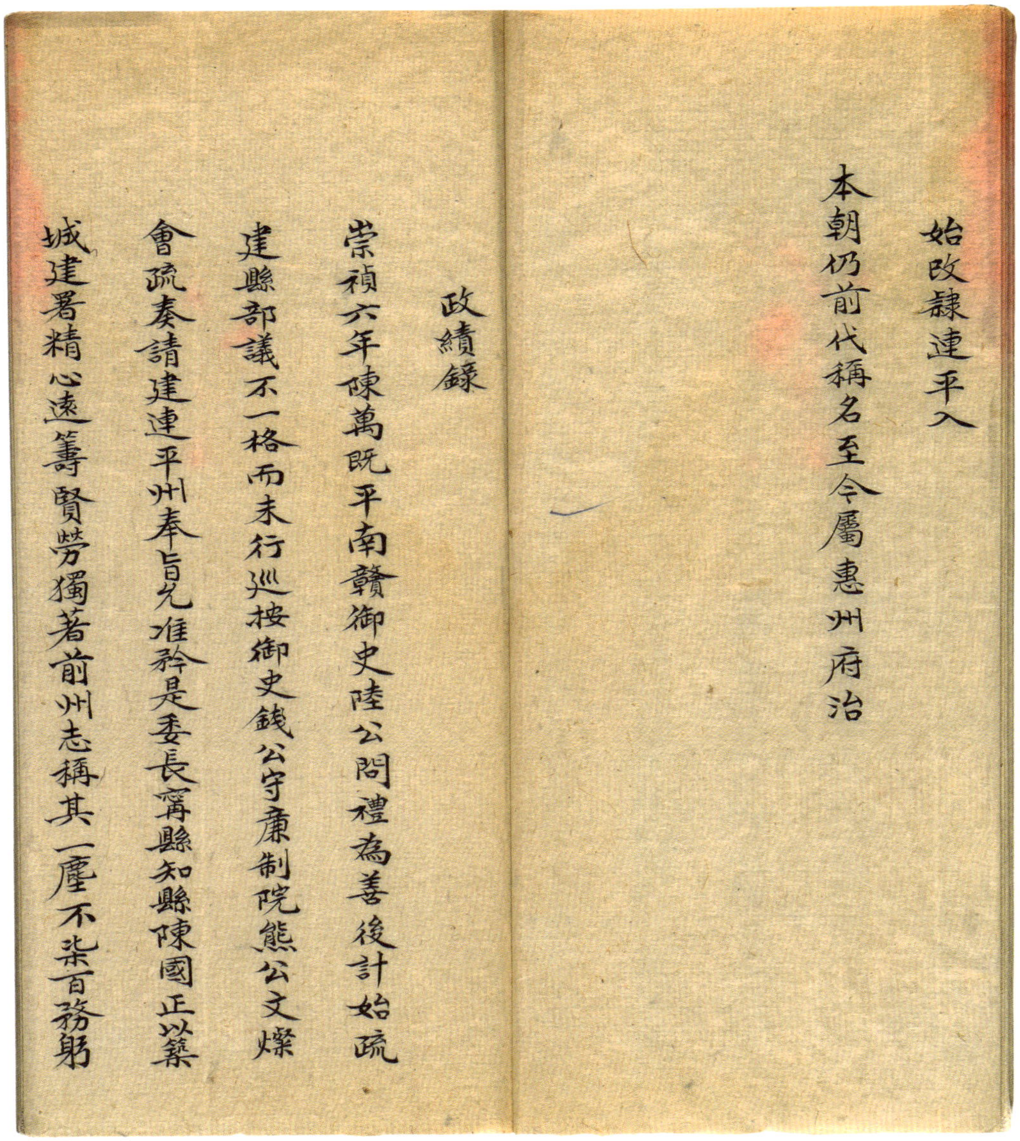

始改隸連平入

本朝仍前代稱名至今屬惠州府治

政績錄

崇禎六年陳萬既平南贛御史陸公問禮為善後計始疏

建縣部議不一格而未行巡按御史錢公守廉制院熊公文燦

會疏奏請建連平州奉旨允准於是委長寧縣知縣陳國正以築

城建署精心遠籌賢勞獨著前州志稱其一塵不染百務躬

图四：《连平州乡土志》第七叶，"政绩录"首叶。连平州建置较晚，明代崇祯年间方才建州，故"政绩录"记事始于"崇祯六年"（1633）。

先遠颶自此地方元氣凋殘民生日見蕭索求治者宜

有以休養之也

光緒三十二年丙午三月二十九日夜巡防隊第十三營勇在

城叛亂時管帶藍肇棠以外委把總資望甚淺該營各哨

以藍在廣西時分派花紅未照給公允時有怨言藍夜自營

回寓該營勇四人即自後放鎗轟擊未中遂合營鼓譟

持斧破柵抄刮街坊店舖二十七間鎗斃店東一名天明始

開城門四出鄉民追趕格鬭互有殺傷該弁勇亦有逃逸

無踪者該營統領聞知馳來則補牢既晚矣

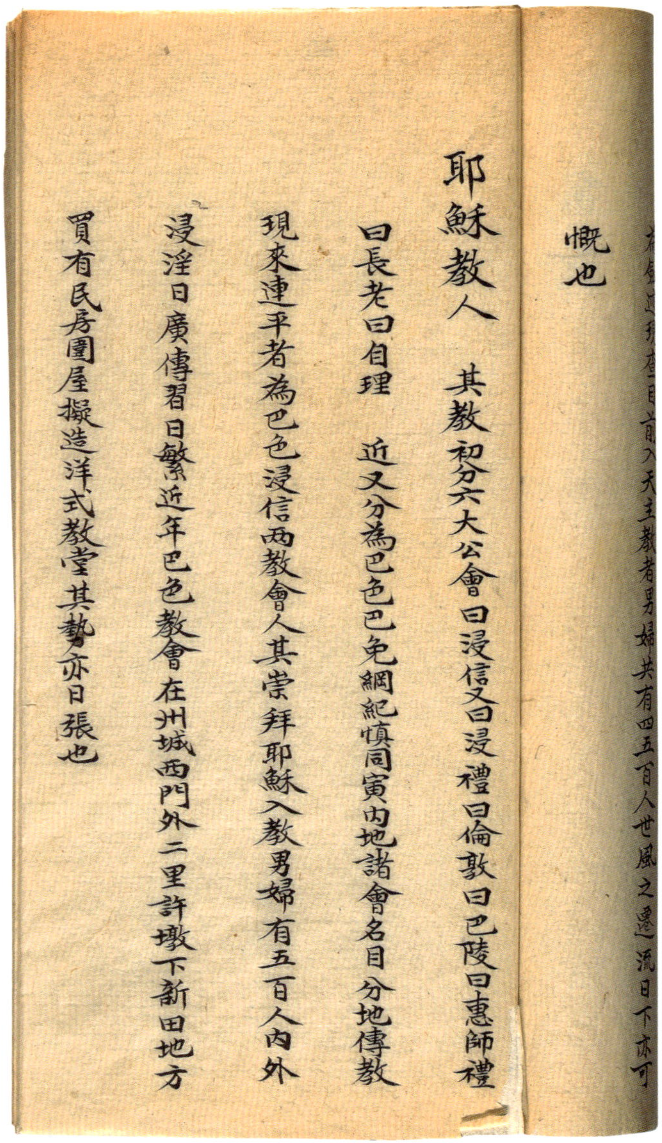

耶穌教人　其教初分六大公會曰浸信又曰浸禮曰倫敦曰巴陵曰惠師禮

曰長老曰自理　近又分為巴色巴免綱紀慎同寅內地諸會名目分地傳教

現來連平者為巴色浸信兩教會人其崇拜耶穌入教男婦有五百人內外

浸淫日廣傳習日繁近年巴色教會在州城西門外二里許墩下新田地方

買有民房圍屋擬造洋式教堂其勢亦日張也

慨也

慨也近來查日前入天主教者男婦共有四五百人世風之遷流日下亦可

图六：《连平州乡土志》第二十九叶，"宗教"第二叶。"宗教"门类，无传统"仙释"小类，而分出"回教人""天主教人""耶稣教人"

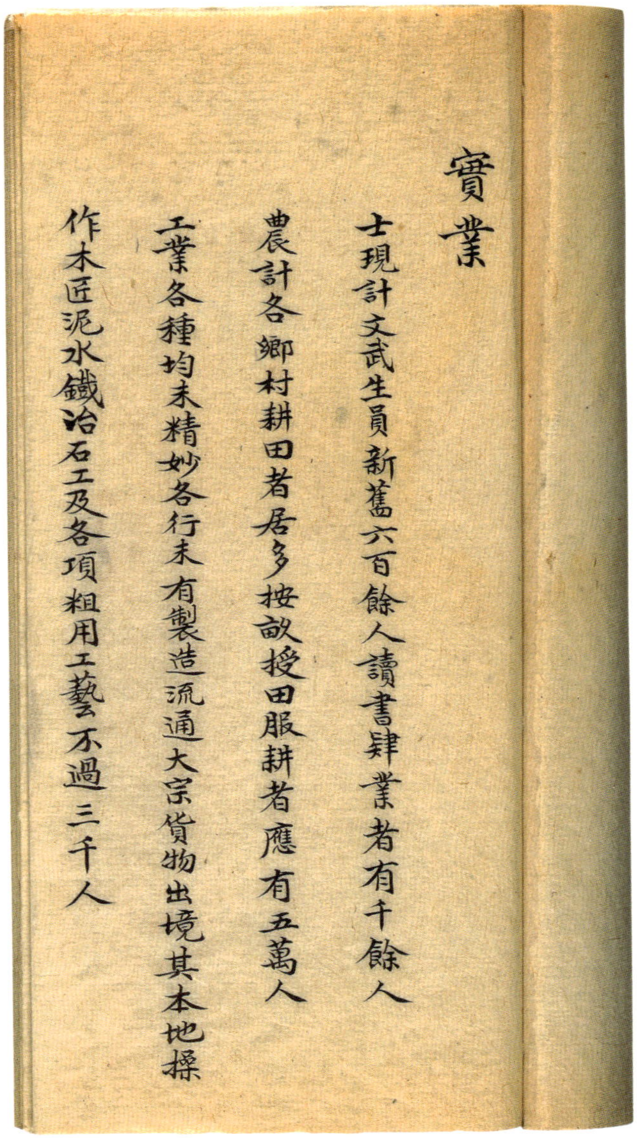

實業

士現計文武生員新舊六百餘人讀書肄業者有千餘人

農計各鄉村耕田者居多按畝授田服耕者應有五萬人

工業各種均未精妙各行未有製造流通大宗貨物出境其本地操

作木匠泥水鐵冶石工及各項粗用工藝不過三千人

图七：《连平州乡土志》第三十二叶，"实业"首叶。"实业"
门类为清末地方志中新有。记载连平州"工业各种均未精妙，
各行未有制造流通大宗货物出境，其有本地操作木匠、泥水、
铁冶、石工及各项粗用工艺，不过三千人"，所记切实客观。

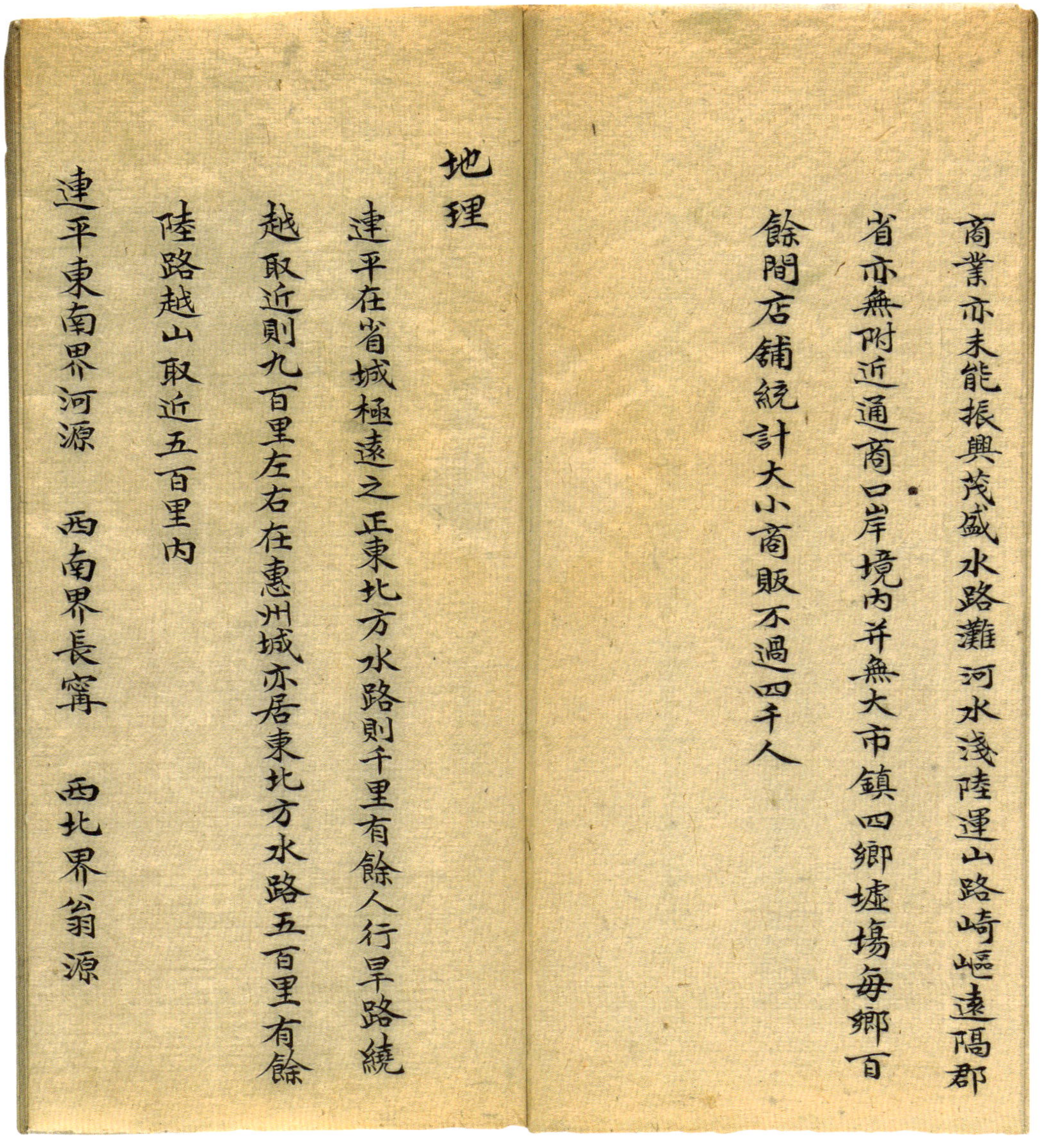

商業亦未能振興茂盛水路灘河水淺陸運山路崎嶇遠隔郡

省亦無附近通商口岸境內并無大市鎮四鄉墟場每鄉百

餘間店鋪統計大小商販不過四千人

地理

建平在省城極遠之正東北方水路則千里有餘人行旱路繞

越取近則九百里左右在惠州城亦居東北方水路五百里有餘

陸路越山取近五百里內

連平東南界河源　西南界長寧　西北界翁源

图八：《连平州乡土志》第三十三叶，"地理"首叶。"地理"说明连平州的地貌和周边，传统方志中通常为首门类，但在乡土志中却时常被后置，受重视程度有所下降。

【光绪】江津县乡土志

《江津县乡土志》四卷，（清）佚名纂。清光绪末待刻稿本。

四册，首册五十二叶，第二册四十三叶，第三册五十四叶，第四册六十七叶。书高25.3厘米，宽15.5厘米。框高19.7厘米，宽13.0厘米。朱栏，四周双边，白口，双对鱼尾。书口上方墨题类名，中题卷次及叶码，下方朱印"江津县乡土志"。半叶九行，行二十四字，小字双行同，楷书抄写。封皮朱色，黄框朱底题签，墨题书名、卷次。每卷首叶钤"中国历史博物馆藏"朱文长方印。《中国地方志联合目录》仅著录四川大学图书馆收藏有一部抄本。

《江津县乡土志》编纂者及编纂时间均无著录。但乡土志纂修大体在光绪民国年间，与晚清的教育改革及地方中小学堂建立密切相关。江津县于清光绪三十一年（1905）改原聚奎书院为学堂，[1] 光绪三十二年（1906）成立官立江津中学，光绪三十三年（1907）开始招生。[2]《江津县乡土志》的编纂和抄写当也在这二三年间。

《江津县乡土志》全书共八万余字，在当时乡土志中属记事详尽的一种。书前有目录，正文类目分为：历史、政绩录、兵事录、耆旧录、人类、宗教、实业、地理、道路、物产。全书采用问答形式，目录中条列问题，正文中则一问一答。晚清时期的乡土志编修多用于中小学堂教材，针对蒙童初学，而民国后逐渐转向普及引导成人阅读。《江津县乡土志》以目作问，逐条解答，内容通俗易懂。因志书编修处于清末社会变革时期，科举制度已然废止，新型教育刚刚起步，其类目设置新旧杂陈，既有以往方志所设历史、政绩、兵事、耆旧、地理、道路、物产等项，也出现了人类、宗教、实业等新的类目；从编写方式看，仅按类叙事大体保留了传统方志的框架，其形式更近似于现代教学的课本。例如卷一"历史"，开篇问题为："问江津本境何代何年置？"答曰："周慎靓王五年，秦惠王灭巴国，置巴郡。江津县为其属地。是本境即秦所置。"卷二"人类"，有问题为："问江津汉族多由何处迁居？"答曰："江津汉族自前明以及国初，由福建、湖广、广东、浙江、江西、江苏、河南、云贵、陕西接踵而来者不一。其人论其族，邻两湖、闽粤为最多，其余皆次之。"同卷"地理"问："江津在省城之何方向若干里？"答曰："江津在四川省城东方之南，距省一千九十里。"均凸显了乡土志的教育属性。

江津县建置最早可追溯至三国时期，后北魏孝闵帝元年（557），县治迁至今址，彼时称为江阳县。隋开皇十八年（598），江阳县改名为江津县。现隶属重庆市管辖。江津立县虽早，修志却晚于他县。明正德五年（1510）邹双山及嘉靖十九年（1540）杨复祥先后尝试纂修县志，但均未成书刊印。清康熙十九年（1680），当时县令王璧再主持修县志，但也未曾刊印。乾隆三十年（1765）江津知县曾受一重修《江津县志》，乾隆三十三年（1768）修成刊印，此即现存最早《江津县志》。其后有杨彦青嘉庆九年（1804）修嘉庆《江津县志》，袁方城光绪元年（1875）修光绪《江津县志》以及民国十三年（1924）几经周折才刊印的民国《江津县志》。

国家博物馆藏《江津县乡土志》抄写工整，每卷各一册，使用的又是印有书名的专用纸笺，装订题签十分考究，其外观与刻本无异，应属于完稿之后誊清的一部待刻稿本。查诸家著录，未见《江津县乡土志》有刻本传世，因而这部待刻稿本的文献价值较一般抄本更显珍贵。

撰文：林璜

注释：

1. 邓洪波、彭爱学主编：《中国书院揽胜》，湖南大学出版社，2000 年，第 280 页。
2. 纪稿缘、虞桃秀主编：《中华学府志·四川卷》，中共中央党校出版社，1998 年，第 454 页。

图一：光绪《江津县乡土志》四卷，纂修者不详，清光绪末抄本，四册。
原装函套封面，封面题签朱底墨字题书名卷次。

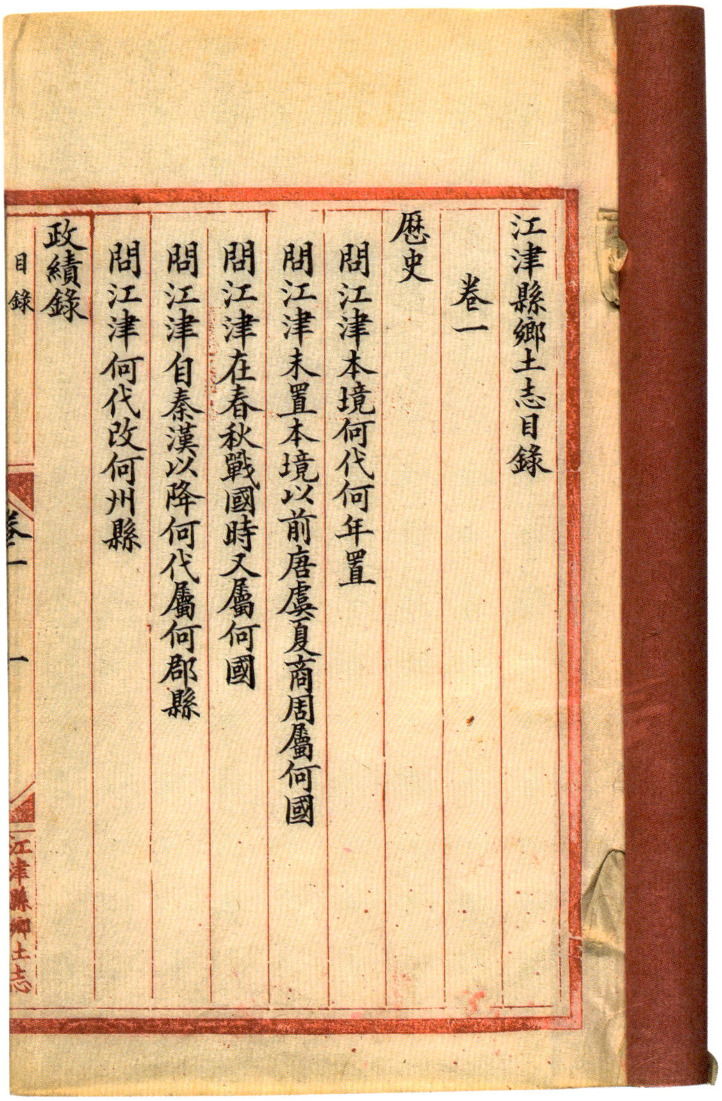
江津縣鄉土志目錄

卷一

歷史

問江津本境何代何年置

問江津未置本境以前唐虞夏商周屬何國

問江津在春秋戰國時又屬何國

問江津自秦漢以降何代屬何郡縣

問江津何代改何州縣

政績錄

目錄

卷一　一

江津縣鄉土志

图二：《江津县乡土志》书首叶，书前目录。全书采用问答形式，目录收各卷问题。此内容形式在存世地方志、乡土志中均极为罕见，但更体现清末乡土志用于少年儿童教育，强调爱国爱乡的特色。

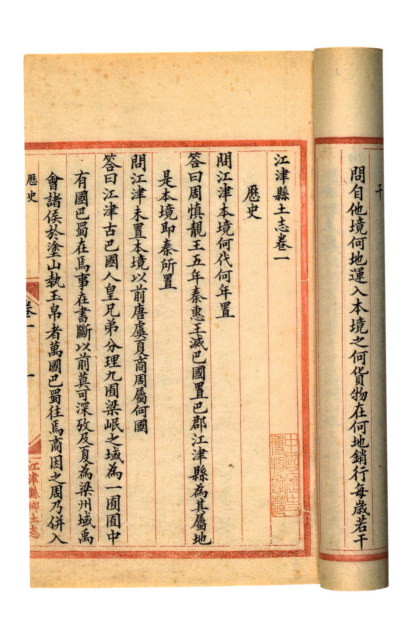

問自他境何地運入本境之何貨物在何地銷行每歲若干

干

江津縣鄉土志卷一

歷史

問江津本境何代何年置

答曰周慎靚王五年秦惠王滅巴國置巴郡江津縣為其屬地是本境即秦所置

問江津未置本境以前唐虞夏商周屬何國

答曰江津古巴國人皇兄弟分理九囿梁岷之域為一囿囿中有國巴蜀在焉事在書斷以前莫可深攷及貢為梁州域禹會諸侯於塗山執玉帛者萬國巴蜀往焉商因之周乃併入

歷史

卷一　一

江津縣鄉土志

图三：《江津县乡土志》卷首叶，钤"中国历史博物馆藏"朱文长方印。书口下朱字印"江津县乡土志"，全文用专用纸抄录。清末乡土志多为蒙学课本，用纸粗糙。此书却装帧精美，用纸讲究，殊为难得。

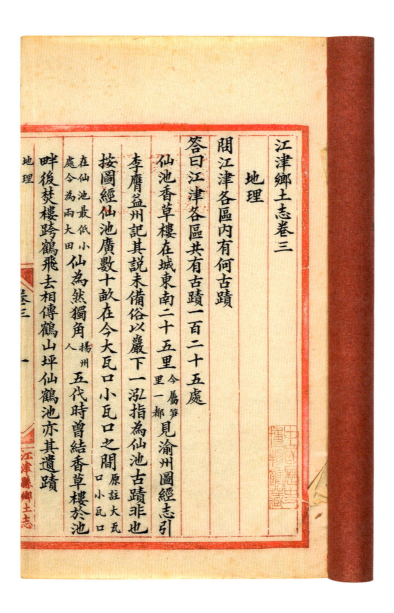

图四：《江津县乡土志》卷三"地理"首叶。卷一"历史"，卷二"地理"，
首重史地，清末乡土志内容分类与传统地方志一脉相承。

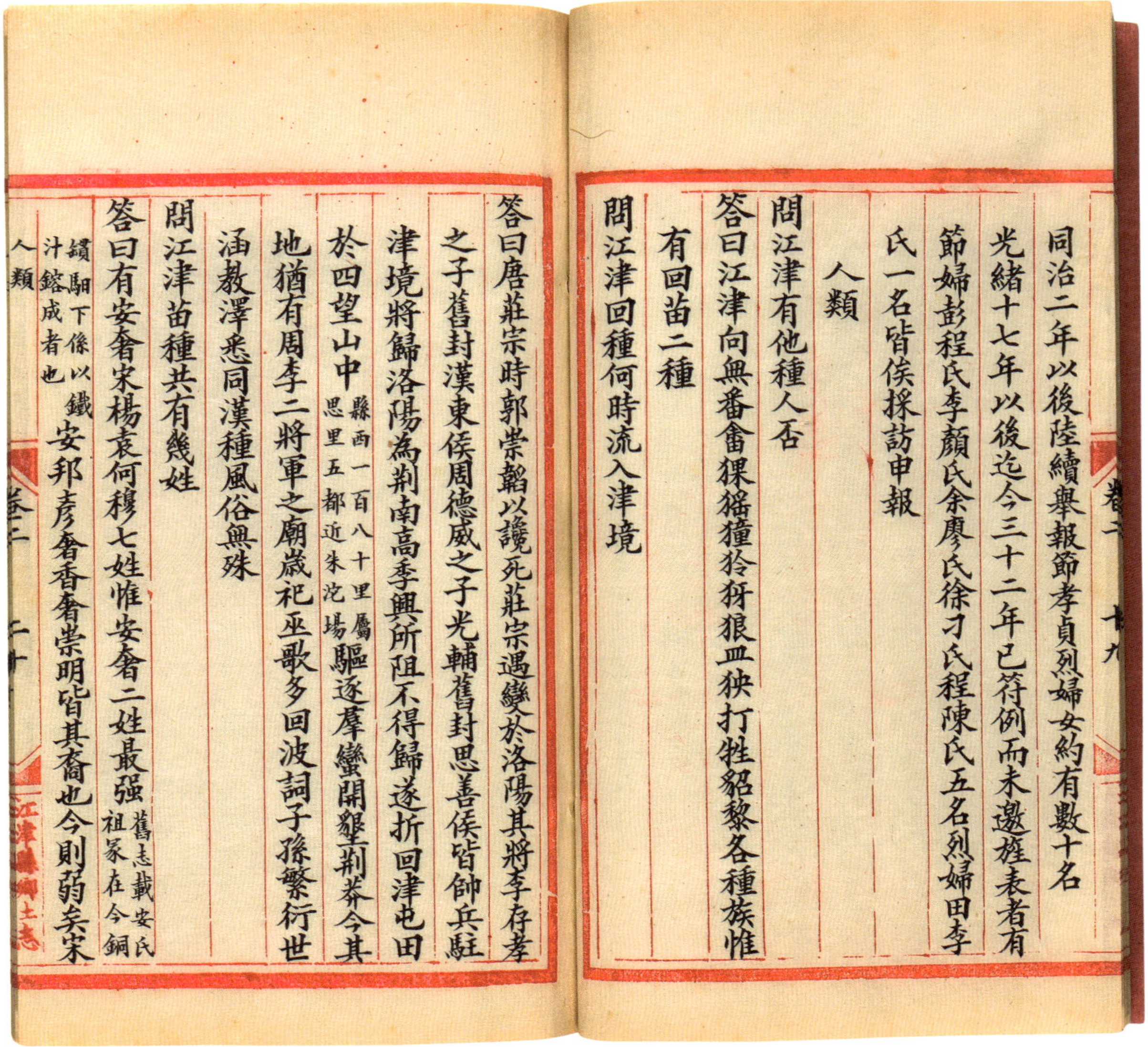

同治二年以後陸續舉報節孝貞烈婦女約有數十名

光緒十七年以後迄今三十二年已符例而未邀旌表者有

節婦彭程氏李顏氏余廖氏徐刁氏程陳氏五名烈婦田李

氏一名皆俟採訪申報

人類

問江津回種何時流入津境

有回苗二種

答曰江津向無番畬猓玀狑犵狼狋狑打牲貂黎各種族惟

問江津有他種人否

答曰唐莊宗時郭崇韜以讒死莊宗遇變於洛陽其將李存孝

之子舊封漢東侯周德威之子光輔舊封思善侯皆帥兵駐

津境將歸洛陽為荊南高季興所阻不得歸遂折回津屯田

於四望山中（縣西一百八十里屬思里五都近朱沱場）驅逐蠻獠開墾荊莽今其

地猶有周李二將軍之廟歲祀巫歌多回波詞子孫繁衍世

涵教澤悉同漢種風俗無殊

問江津苗種共有幾姓

答曰有安奢宋楊袁何穆七姓惟安奢二姓最強（舊志載安氏祖冢在今銅）

續驌下條以鐵（安邦彥奢香奢崇明皆其裔也今則弱矣宋）
汁鎔成者也

人類

卷二 二十

卷二 十九

图五：《江津县乡土志》卷二"人类"首叶。"人类"为清末地方志中新出现门类。

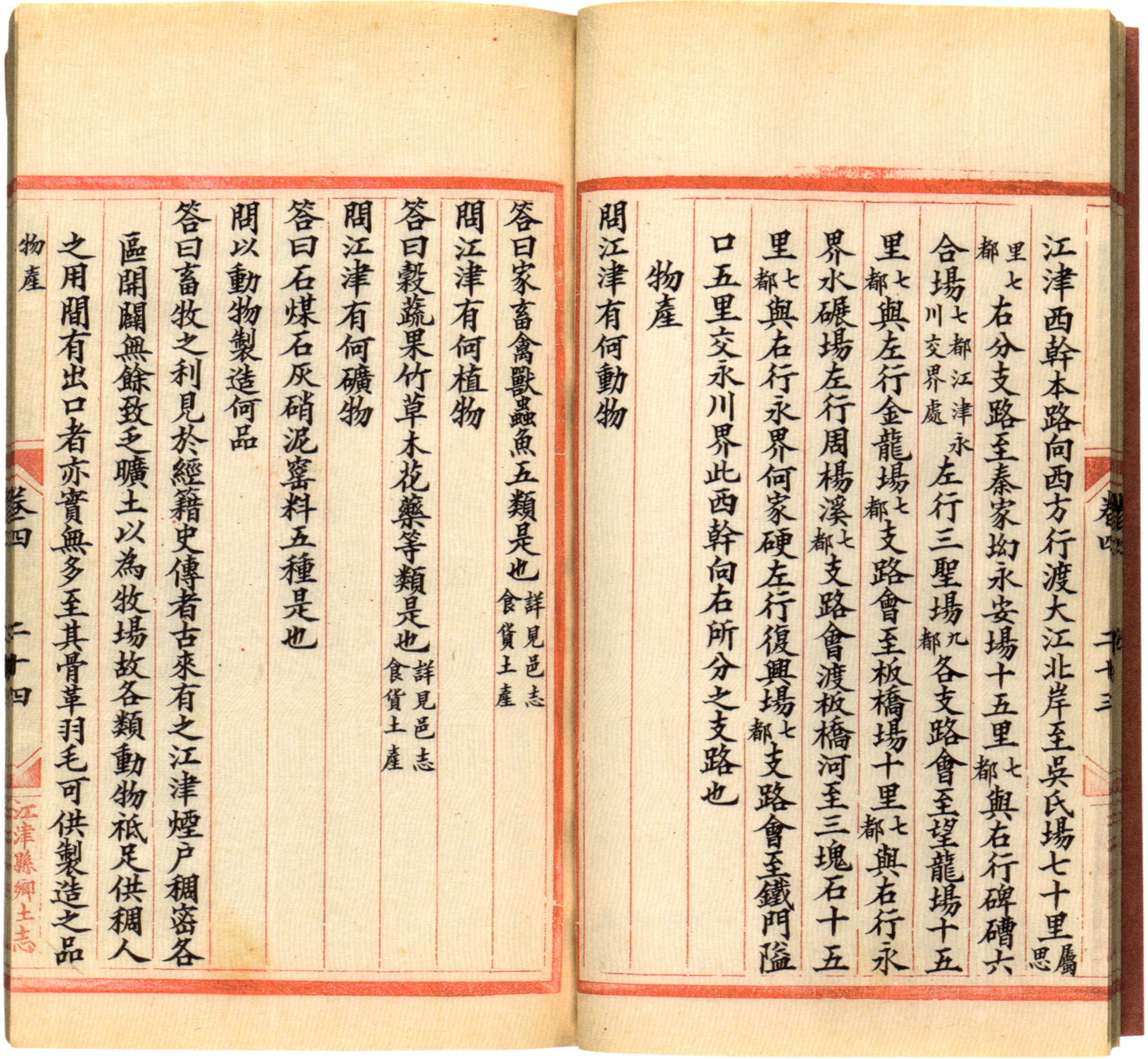

江津西幹本路向西方行渡大江北岸至吳氏場七十里屬思
里七右分支路至秦家坳永安場十五里七都與右行碑碥六
合場七都江津永川交界處左行三聖場九都各支路會至望龍場十五
里七都與左行金龍場七都支路會至板橋場十里七都與右行永
界水碾場左行周楊溪七都支路會渡板橋河至三塊石十五
里七都與右行永界何家硬左行復興場七都支路會至鐵門隘
口五里交永川界此西幹向右所分之支路也

物產

問江津有何動物

問江津有何動物

答曰家畜禽獸蟲蛇魚五類是也　詳見邑志　食貨土產

問江津有何植物

答曰穀蔬果竹草木花藥等類是也　詳見邑志　食貨土產

問江津有何礦物

答曰石煤石灰硝泥窯料五種是也

問以動物製造何品

答曰畜牧之利見於經籍史傳者古來有之江津煙戶稠密各
區開闢無餘致乏曠土以為牧場故各類動物祇足供稠人
之用間有出口者亦實無多至其骨革羽毛可供製造之品

物產

卷四　二十四　江津縣鄉土志

图六：《江津县乡土志》卷四"物产"首叶。"物产"一门是地方志传统门类，其下分出"动物""植物""矿物""制造物"等小类则在清代后期才开始盛行。

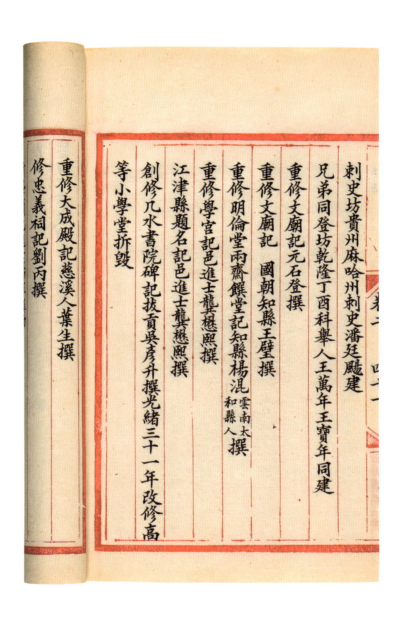

図七：《江津县乡土志》卷二《创修几水书院碑记》条。《江津县乡土志》
纂修具体时间不详，《创修几水书院碑记》提及"光绪三十一年"
为书中记载最晚时间，纂修时间当在此之后。

【民国】茌平县训蒙地理志

《茌平县训蒙地理志》不分卷，周之桢撰，刘儒臣绘图，民国八年（1919）石印本。

一册四十一页。书高 25.5 厘米，宽 16 厘米，框高 20 厘米，宽 14 厘米。每页十行，四周双边，无鱼尾、版心。扉页钤"中国历史博物馆藏"朱文长方印。

周之桢（1879—1941），又作周之祯，字维轩，晚号了福老人，山东省高唐县张大屯乡周新庄人（今张大屯村），附贡生，山东大学堂备斋毕业。为山东省首批留日官费生，入东京弘文学院师范部学习，因日俄战争爆发，延至 1907 年回国，留省供学务差，累保至花翎四品衔候选知府。民国后行医为业，因医术精湛，颇受称颂。1935 年总纂《茌平县志》，另有《化学启蒙》《松花江医案》《医学别论》等著述。[1]

刘儒臣（1859—? ），字汉章，山东省茌平县人。曾任山东通志局采访员，清光绪三十四年（1908）与王金阶合纂《重修恩县志》十卷。

茌平县位于山东省西部，因地处茌山平陆而得名。秦置茌平县，属东郡，东汉改称茌平，属济北国。此后"茌平"与"茬平"时常混用。北齐废，隋开皇初年复置，唐入聊城县。金天会八年（1130）复置，属博州。元先后属东平路、东昌路，明清属东昌府，民国先后属济西道、东临道、东昌道，1928 年直属省辖。现隶属聊城市。

茌平修志始自明万历二年（1574），现存年代最早的县志为清康熙二年（1663）王画一修《茌平县志》四卷。其后有康熙四十九年（1710）王世臣修《茌平县志》五卷、民国元年（1912）盛津颐修宣统《茌平县志》二十八卷首一卷、1926年赵又扬增修宣统志、1935 年周之桢总纂《茌平县志》十二卷，另有山东图书馆藏年代不详的《茌平乡土志》抄本一卷。[2]

民国初年，山东匪患猖獗，鲁西受害尤甚。1918 年 4 月 17 日，土匪与茌平城防游击队勾结，攻入县城，大肆劫掠，释放囚犯，绑架人质，并将县署卷宗付之一炬。[3] 事后，新任县知事沈世华整顿警务，实行清乡，周之桢等地方士绅也成立城防专局协力守御，当地治安状况略有好转。周之桢有感于匪乱影响教育发展，造成儿童蒙昧无知，故将茌平的人文史地、物产风俗等情况，编写成歌谣形式的乡土教材，供当地儿童学习，即为此《茌平县训蒙地理志》。1922 年，本书作为图志类展品参加了山东省教育厅主办的山东历史博物展览会。[4]

本书卷首有沈世华民国七年序、山东曹濮道道尹王炳燮民国八年题词，课文前有刘儒臣所绘"茌平八景图"八幅，均附简要说明。课文共 100 节，每课有三四字韵文 4 至 8 句。第 1、2 课为导言，正式课程为：历史（3—17 课）、古迹（18—24 课）、河道（25—35 课）、山脉（36—42 课）、天文（43—46 课）、人文（47—50 课）、政治（51—56 课）、学校（57—65 课）、物产（66—69 课）、谷类（70—73 课）、菜类（74—76 课）、瓜类（77—79 课）、果类（80—82 课）、蔬类（83 课）、风俗（84、85 课）、当改革者（86 课）、当崇尚者（87 课）、当破积习（88、89 课）、宗教（90 课）、币制（91—94 课）、追昔（95、96 课）、八景（97、98 课），第 99、100 课为结语，卷末有周之桢后记。

本书编写于晚清《乡土志例目》与民国 1922 年"新学制"颁布之间，是极具特色的过渡阶段乡土志，除国家博物馆外，尚未见有他处收藏，具有极其珍贵的文物和史料价值。

撰文：贾浩

注释：

1. 牛占诚督修，周之桢总纂：《茌平县志》卷四、卷十二，1935 年。另见谢均之：《著名中医周之祯简介》，见政协高唐县文史资料委员会编：《高唐文史资料》第四辑（内部参考），1990 年 3 月，第 95—96 页。

2. 山东省图书馆编：《山东省地方志联合目录》，中国文联出版社，2005 年，第 187 页。

3. 《山东茌平县失陷详情》，《申报》（上海版），1918 年 4 月 28 日，第 16233 号，第 7 版。另见牛占诚督修，周之祯总纂：《茌平县志》卷二、卷十一，1935 年。

4. 山东历史博物展览会编：《山东历史博物展览会报告书》二编，1923 年，第 135 页。

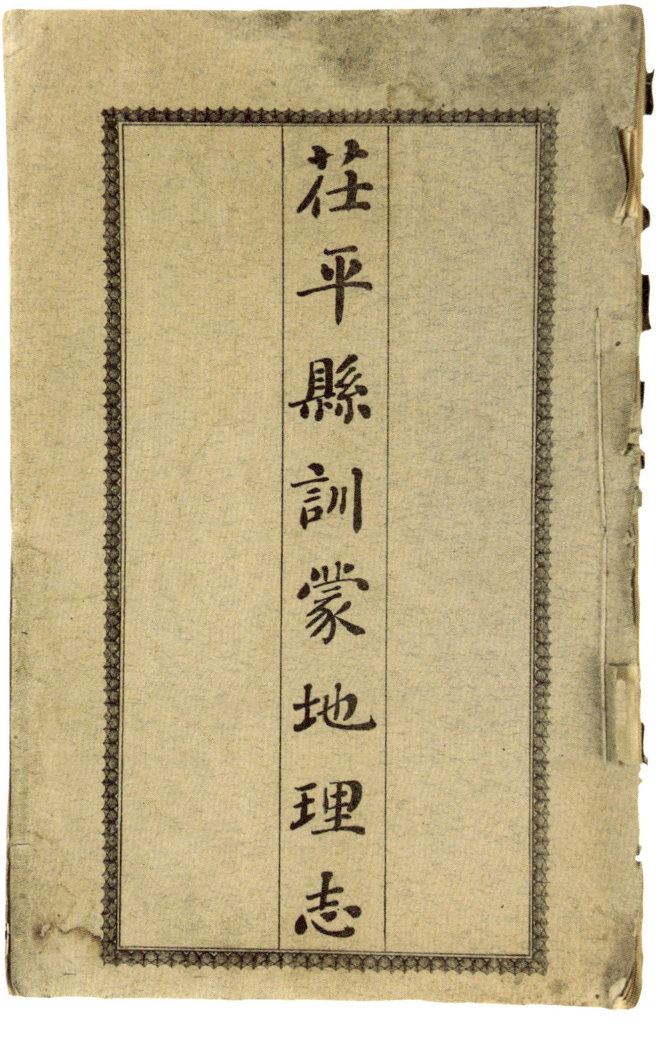

图一：《茌平县训蒙地理志》不分卷，一册，周之桢撰，刘儒臣绘图，
民国八年石印本。

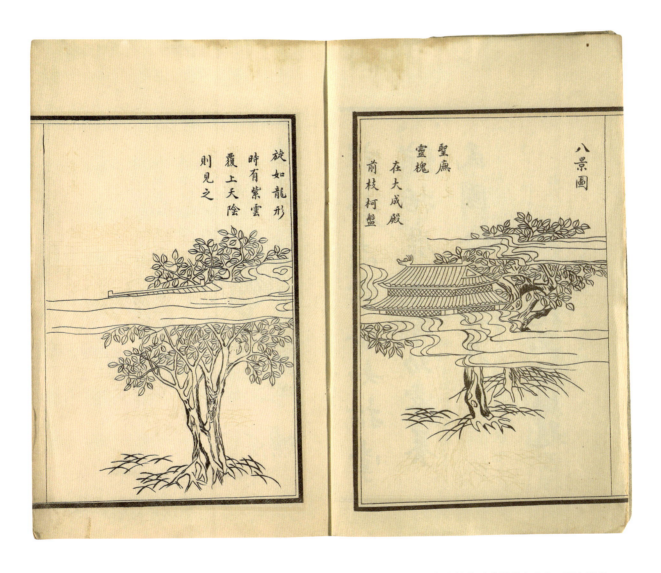

图二：《茌平县训蒙地理志》第二至三页。《圣庑灵槐》图，茌平八景之一，该株千年古槐位于茌平县文庙内，至今尚在。

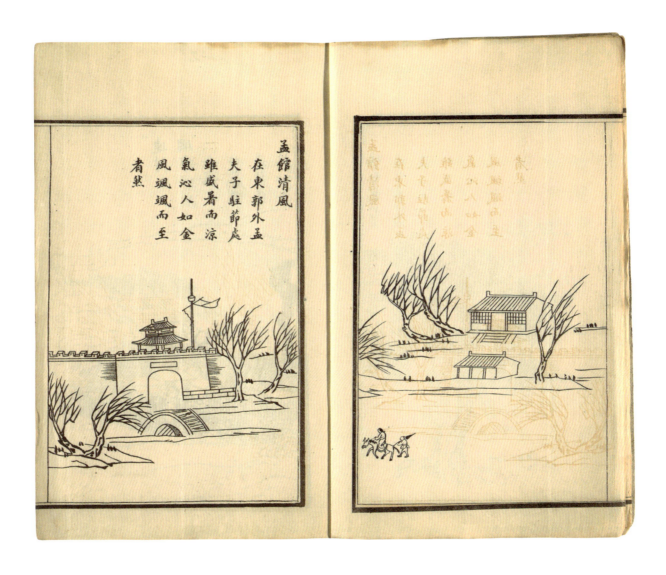

图三：《茌平县训蒙地理志》第三至四页。《孟馆清风》图，茌平八景之一，相传为孟子由齐游梁时所居旧驿。

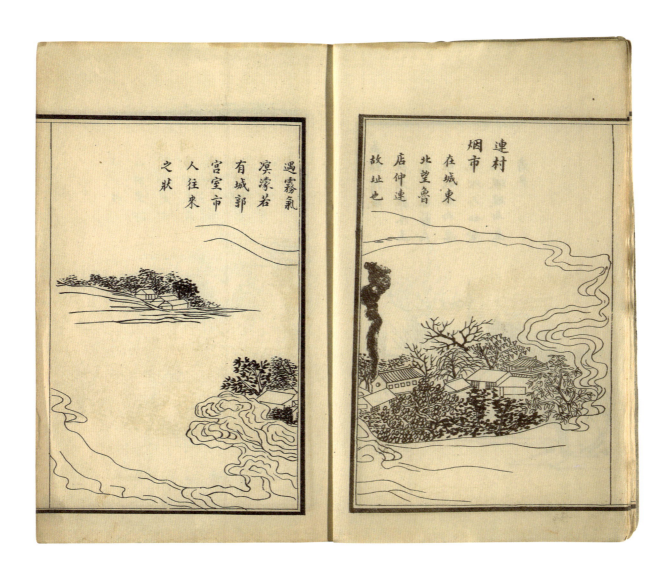

遇霧氣
滨濛若
有城郭
宮室市
人往來
之狀

連村
烟市
在城東
北望魯
店仲連
故址也

图四：《茌平县训蒙地理志》第四至五页，《连村烟市》图，茌平八景之一，相传为战国时齐国高士鲁仲连故里。

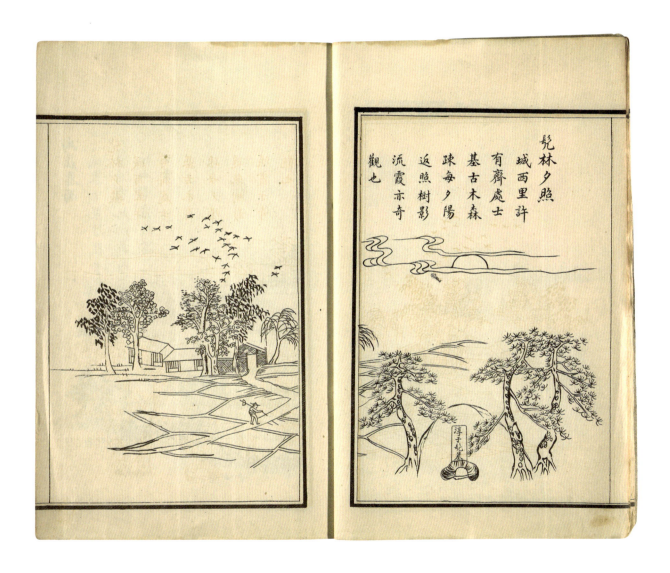

髡林夕照
城西里許
有齊處士
基古木森
疎每夕陽
返照樹影
流霞亦奇
觀也

图五：《茌平县训蒙地理志》第五至六页。《髡林夕照》图，茌平八景之一，相传为战国时齐国辩士淳于髡之墓。

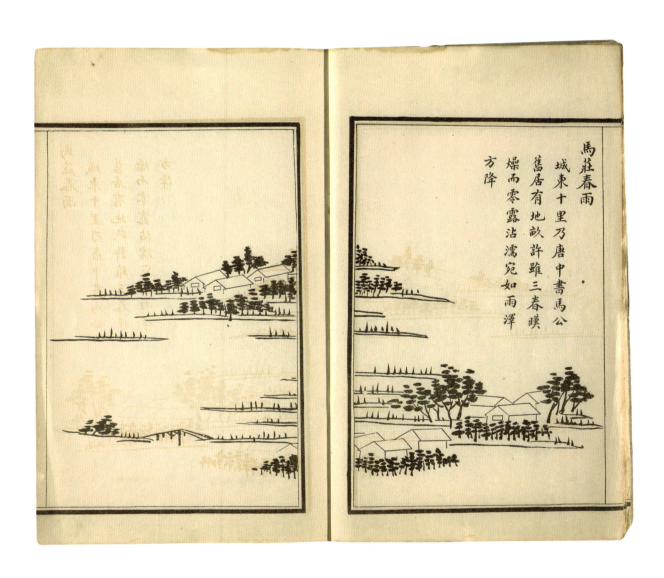

图六：《茌平县训蒙地理志》第六至七页。《马庄春雨》图，茌平八景之一，为唐初宰相马周（601—648）故里。

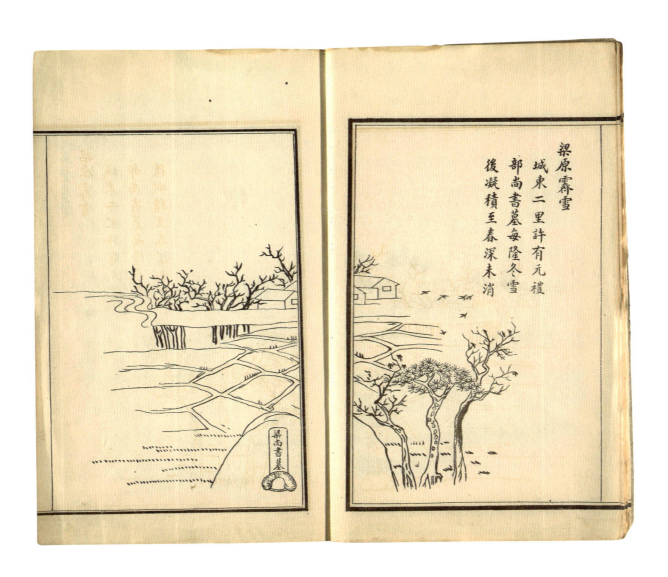

图七：《茌平县训蒙地理志》第七至八页。《梁原霁雪》图，茌平八景之一，有元吏部尚书梁宜之墓。

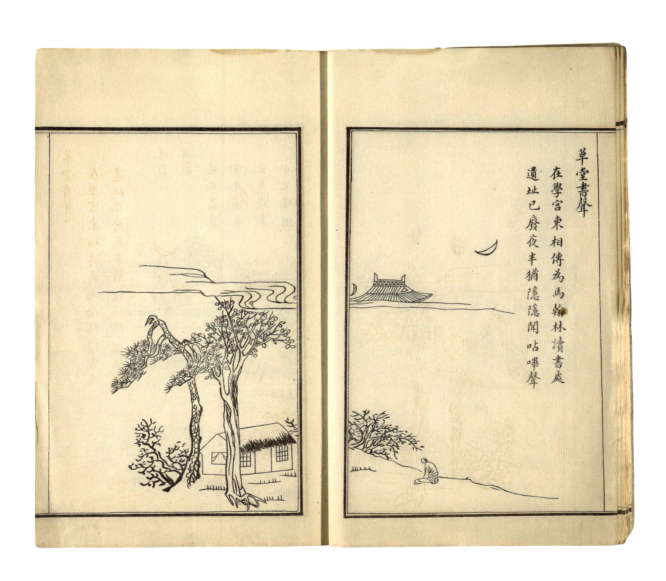

草堂書聲

在學宮東相傳為馬翰林讀書處
遺址已廢夜半猶隱隱聞呫嗶聲

图八：《茌平县训蒙地理志》第八至九页。《草堂书声》图，茌平八景之一，相传为金翰林学士马定国幼年读书处。

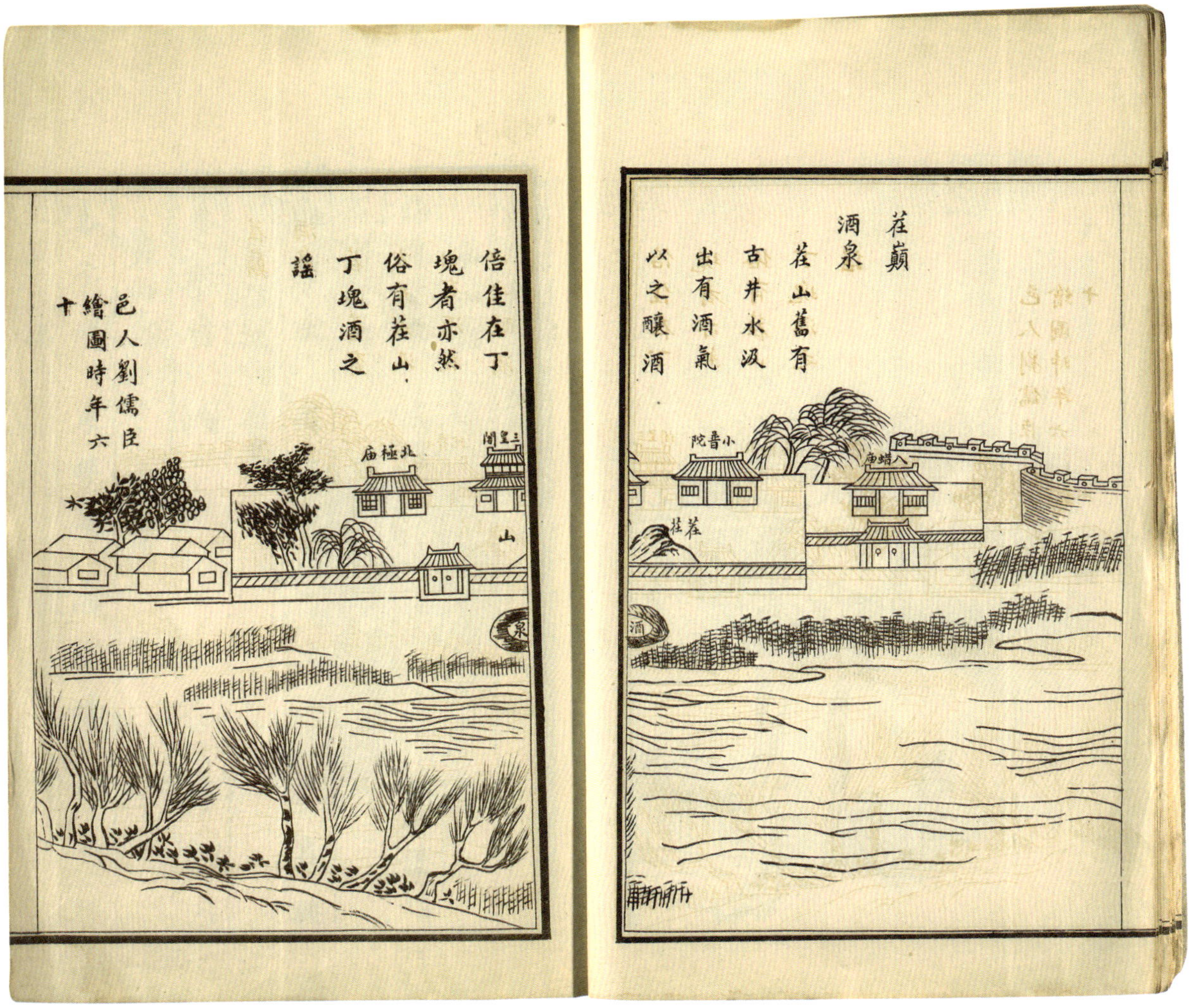

图九：《茌平县训蒙地理志》第九至十页。《茌巅酒泉》图，茌平八景之一，茌山上有井三眼，取之酿酒，甘美异常。

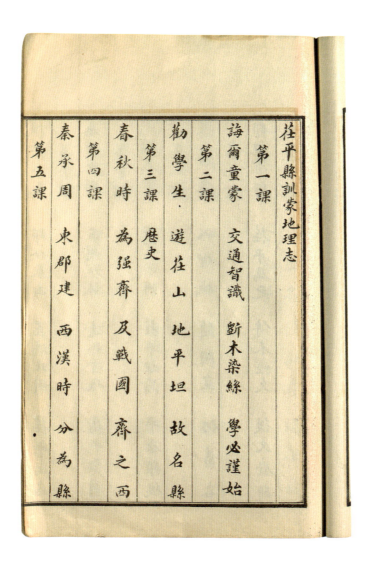

茌平縣訓蒙地理志

第一課
誨爾童蒙　交通智識　斲木染絲　學必謹始

第二課
勸學生．遊在山　地平坦　故名縣

第三課　歷史
春秋時　為强齊及戰國齊之西

第四課
秦承周　東郡建　西漢時　分為縣

第五課

图十：《茌平县训蒙地理志》课文首页．课文均为三四字韵文．朗朗上口，
　　　　便于儿童记诵。

专志

专志是专门记载某一专业或某一事物发生、发展过程的志书，其内容从自然到社会，政治到经济，文化到科技，分门别类无所不包。专志在汉魏隋唐时就已存在，但大多亡佚，宋之后日益增多，主要品种有都邑志、工程志、名胜志、风土志、边关志、盐井志以及古迹、宫殿、寺观、祠庙、陵墓、园亭、书院等专志。如宋代《长安志》，清代王宾《虎阜志》、孙治《灵隐寺志》、高崧《东林书院志》、赵之璧《平山堂志》等等。

中国国家博物馆图书馆收藏有大量专志，本书选取了清初至民国时期编纂的8种加以介绍，包括寺庙志《潭柘山岫云寺志》，桥梁志《浦南通洲桥志》《石狮桥志》《中江第一桥志》，园林志《玉芝园志》《北海公园统计汇览》，风土志《陕甘纪行》和工程志《余姚兰塘乡千金湖浚垦志略》。

【乾隆】潭柘山岫云寺志

《潭柘山岫云寺志》不分卷，（清）神穆德纂。清乾隆四年（1739）刻本。

一册八十六叶，前两叶空白。书高 26.6 厘米，宽 17.6 厘米。框高 18.8 厘米，宽 13.4 厘米。无栏线，正文半叶八行，行十八字，小字双行同；序文半叶六行，行十一字。四周双边，白口，单黑鱼尾。版心上记书名"潭柘山志"，鱼尾下记叶次，正文共八十叶。封面印有书名"潭柘山岫云寺志"一行。"总目""历代法统"叶钤"北京历史博物馆藏书"朱文方印。《中国古籍总目》著录此本北京师范大学图书馆有藏（实为光绪九年〔1883〕增刻本）。另查乾隆本国家图书馆藏有一册，正文止于六十五叶上半叶。

神穆德，即爱新觉罗·申慕德（又写为申穆德、塞木德），清宗室。《清史稿》无传。关于其仕宦，据《清实录》记载，雍正元年（1723）十月，由一等侍卫宗室升为镶红旗满洲副都统；二年（1724）十二月，升为正黄旗蒙古都统；四年（1726）二月，任山西右卫将军；十三年（1735）十一月被免职。乾隆元年（1736）至乾隆四年，任钦差热河练兵镶红旗蒙古都统，四年三月，神穆德"老病乞休，命以原官致仕"。雍正十一年（1733）《朔平府志》前有雍正九年（1731）神穆德作序，末署"钦命镇守朔平等处地方统辖满洲蒙古汉军八旗官兵建威将军奉恩将军宗室申慕德撰"，即为其在山西右卫将军任上所作。

据该志记载，潭柘山在京都正西七十里（今门头沟区东南部），"险峻叠岫，巉干云霄"，属太行山余脉，因"古有龙潭、柘林"而得名；山有古刹，随山得名为潭柘寺。该寺开创于晋，肇兴于唐，重饬于金，明季重修，期间虽屡有更名而以山名之最久，且有燕人古谚称"先有潭柘，后有幽州"，足证其建置年代久远。清康熙三十一年（1692）赐金重修，康熙三十六年（1697）赐御书额"敕建潭柘山岫云禅寺"，亦为此书名来源。有清一代，皇室、宗室屡有颁赐，遂使庙内香火不断。

《潭柘山岫云寺志》为神穆德个人编修寺志。开篇为乾隆四年神穆德所作序文，末署"原任镇守朔平府等处建威将军加二级纪录三次镶红旗都统宗室神穆德谨序"，附刻有"神穆德印"和"庸夫"方印。序文言及该志成书过程，称"访得其抄本旧志及别传、异记诸文，折衷节取、合编参订以成"。序后为总目，列有"主山基宇""梵刹原宗""中兴重建（下院附）""历代法统""行幸颁赐""名胜古迹（附诗）"六部分。总目后即正文，于"中兴重建""历代法统""名胜古迹"三部分用笔最多。"中兴重建"纪事止于乾隆元年。"历代法统"记至第五代本然和尚止，且无相应介绍。

该书对潭柘山寺的建置沿革、历代法统考证翔实，并列有关诗歌述及寺内外景物，具有较高史料价值。

国家博物馆还藏有一部光绪刻本《潭柘山岫云寺志》，两卷两册，上册卷一的版式、内容、避讳（玄、弘避讳，宁、淳未加避讳）均与此乾隆本相同，唯部分版面断版略多，其中有四叶改版重新刊印，一处文字格式修改，十五字剜改重刻。下册卷二版式与卷一同，为光绪九年义庵增补续修，首叶卷端题"续刊潭柘山志略序"，正文内容包括和硕恭亲王奕䜣集唐诗句十八首、有清以来第五至第十七代律师对潭柘寺的建置及个人生平事迹，即对卷一"中兴重建（下院附）""历代法统"两部分内容的补充。据此可知，光绪刻

两卷本《潭柘山岫云寺志》仅第二卷为增补的内容，第一卷是在乾隆年间旧版的基础上校勘内容，且在鱼尾处添加卷次刊刻而成。

《中国古籍总目》著录光绪增刻本有上海图书馆、天津图书馆、南京图书馆、浙江图书馆等四家单位收藏，较乾隆刻本流传稍多。乾隆本是今见潭柘寺志的最早刻本，传世稀少，具有较高的文献价值。

撰文：李静

图一：乾隆《潭柘山岫云寺志》不分卷，（清）神穆德撰，清乾隆四年刻本，一册。

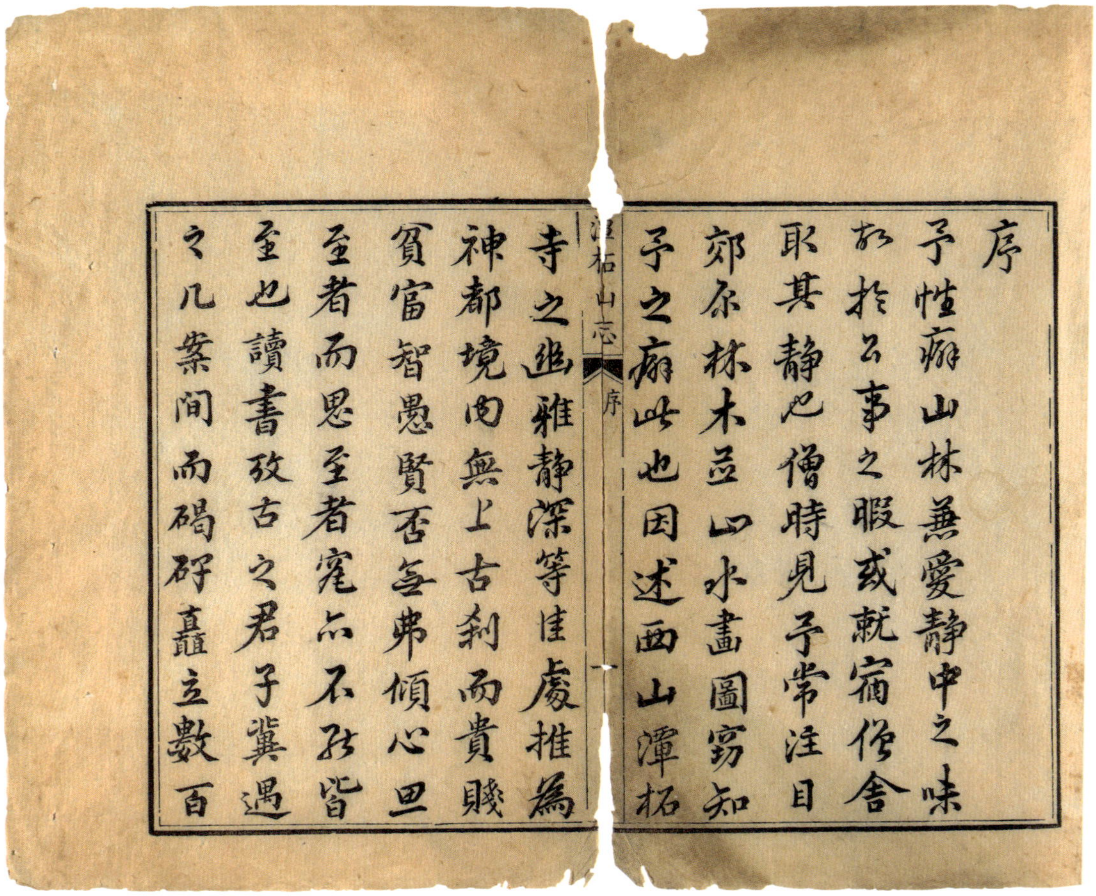

序

予性癖山林無憂靜中之味
於從公事之暇或就宿僧舍
取其靜也僧時見予常注目
郊尔林木邑山水畫圖窃知
予之癖此也因述西山潭柘

寺之幽雅靜深等佳處推為
神都境內無上古刹而貴賤
貧富智愚賢否無弗傾心且
至者而思至者寔六不欵皆
至也讀書玫古之君子冀遇
之几案間而碣矸矗立數百

图二：《潭柘山岫云寺志》卷首，乾隆四年神穆德所作序。

潭柘山岫雲寺志

總目

主山基宇
梵刹原宗
中興重建 附下院
歷代法統
行幸頒賜
名勝古蹟 附詩

潭柘山志 目錄

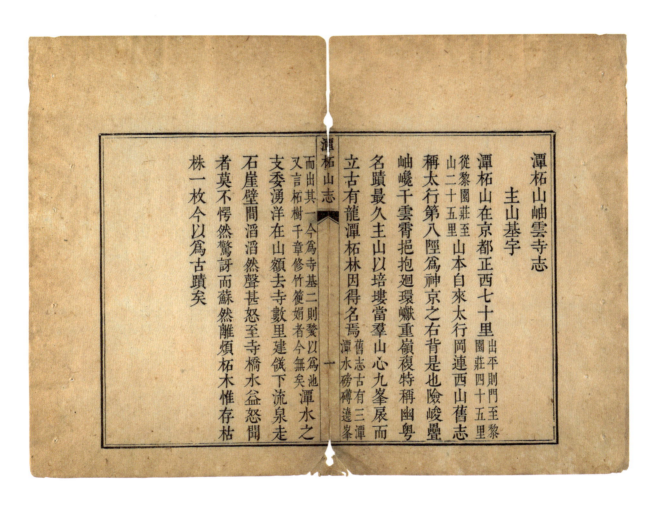

潭柘山岫雲寺志

主山基宇

潭柘山在京都正西七十里　出平則門至黎
園莊至山本自來太行岡連西山舊志
從黎園莊至山二十五里
稱太行第八陘為神京之右背是也險峻疊
岫巘千雲霄抱抱廻環巇重嶺複特稱幽粤
名蹟最久主山以培塿當羣山心九峯展而
立古有龍潭柘林因得名焉　舊志古有三潭
潭水磅礴遠峯

潭柘山志

而出其一今為寺基二則甃以為池潭水之
又言柘樹千章修竹覆娟者今無矣
支委湧洋在山額去寺數里建鐖下流泉走
石崖壁間滔滔然聲甚怒至寺橋水益怒閗
者莫不愕然驚訝而蘇然離煩柘木惟存枯
株一枚今以為古蹟矣

一

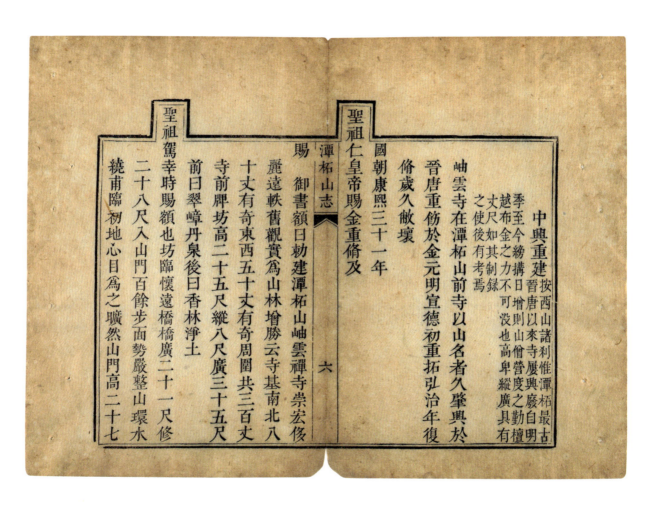

潭柘山志

中興重建按西山諸剎惟潭柘最古
晉唐以來寺屢興廢自明
季至今綿搆日增則山僧營度之勤檀
越布金之力不可沒也高卑縱廣具有
之使後有考焉丈尺如其制錄
岫雲寺在潭柘山前寺以山名者久肇興於
晉唐重飭於金元明宣德初重拓弘治年復
脩藏久敝壞
國朝康熙三十一年
聖祖仁皇帝賜金重脩及

六

賜
御書額曰勅建潭柘山岫雲禪寺崇宏侈
麗遠軼舊觀實爲山林增勝云寺基南北八
十丈有奇東西五十丈有奇周圍共三百丈
寺前牌坊高二十五尺縱八尺廣三十五尺
前曰翠嶂丹泉後曰香林淨土
聖祖駕幸時賜額也坊臨懷遠橋橋廣二十一尺修
二十八尺入山門百餘步面勢嚴整山環水
繞甫臨初地心目爲之曠然山門高二十七

图五：《潭柘山岫云寺志》第六叶，"中兴重建"，记载入清后寺庙建设情况。

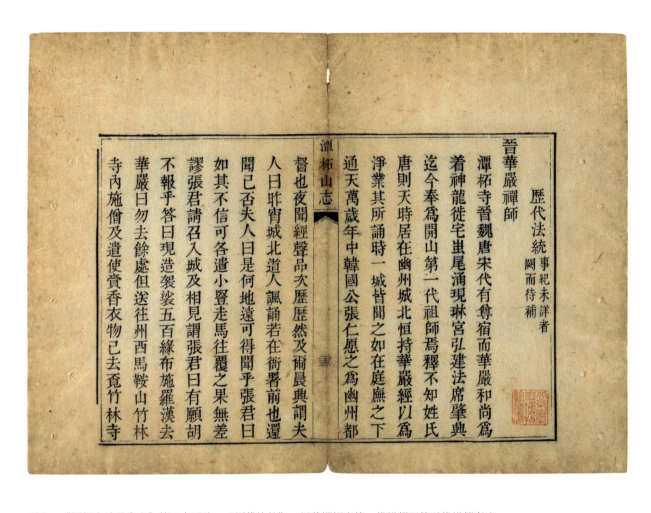

歷代法統　事紀未詳者闕而待補

晉華嚴禪師

潭柘寺晉魏唐宋代有尊宿而華嚴和尚為
着神龍從宅虫尾涌現琳宮弘建法席肇興
迄今奉為開山第一代祖師為釋不知姓氏
唐則天時居在幽州城北恒持華嚴經以為
淨業其所誦時一城皆聞之如在庭廡之下
通天萬歲年中韓國公張仁愿之為幽州都

潭柘山志　三三

督也夜聞經聲品次歷歷然及爾晨興謂夫
人曰昨宵城北道人諷誦若在衙署前也還
聞已否夫人曰是何地遠可得聞乎張君曰
如其不信可各遣小豎走馬往覆之果無差
謬張君請召入城及相見謂張君曰有願胡
不報乎答曰現造袈裟五百緣布施羅漢去
華嚴曰勿去餘處但送往州西馬鞍山竹林
寺內施僧及遣使賫香衣物已去覓竹林寺

图六：《潭柘山岫云寺志》第二十三叶，"历代法统"，记载潭柘寺第一代禅师至第五代禅师事迹。

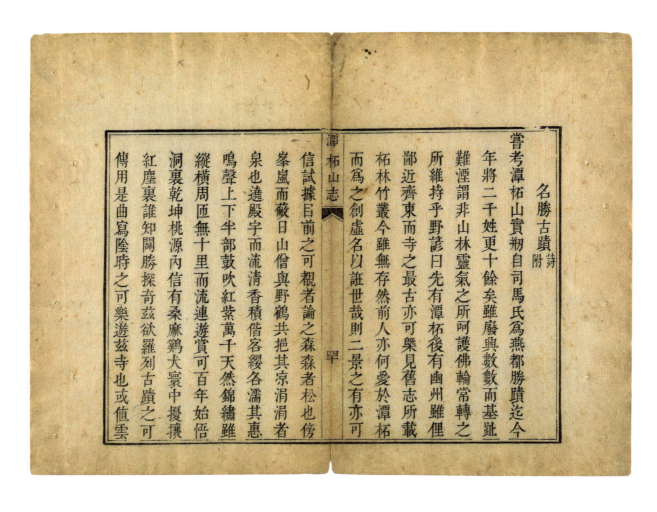

名勝古蹟 附詩

潭柘山志

嘗考潭柘山實翔自司馬氏爲燕都勝蹟迄今
年將二千姓更十餘矣雖廢興數數而基趾
難湮謂非山林靈氣之所呵護佛輪常轉之
所維持乎野諺曰先有潭柘後有幽州雖俚
鄙近齊東而寺之最古亦可櫽見舊志所載
柘林竹叢今雖無存然前人亦何愛於潭柘
而爲之創虛名以誑世哉則二景之有亦可

信試據目前之可觀者論之森森者松也傍
峯嵐而藏日山僧與野鶴共把其京涓涓者
泉也遶殿宇而流淸香積偕客緩各濡其惠
鳴聲上下半部皷吹紅紫萬千天然錦繡雖
縱橫周匝無十里而流連遊賞可百年始悟
洞裏乾坤桃源內信有桑麻鷄犬寰中擾擾
紅塵裏誰知闤勝探奇茲欲羅列古蹟之可
傳用是曲寫陰時之可樂遊茲寺也或值雲

图七：《潭柘山岫云寺志》第四十叶，"名胜古迹"附诗、述及寺内外景物情况。

【光绪】浦南通洲桥志

《浦南通洲桥志》二卷，（清）陈周学、倪宪章纂校。清光绪十九年（1893）木活字印本。

二册。第一册（卷上）六十七叶，第二册（卷下）存七十二叶。书高 29.5 厘米，宽 17.5 厘米，框高 24 厘米，宽 15.5 厘米。半叶十行，行二十字。四周双边，白口，单黑鱼尾。版心上记书名，下记卷次，最下方镌"光绪癸巳新辑"。有朱笔句读，间有墨笔批改。每册首叶钤"北京历史博物馆藏"朱文长方印。《中国古籍总目》仅著录上海图书馆收藏。

陈周学（1837—1919），字昭礼，一字子文，世居浦江县通化乡白沙镇（今属兰溪市横溪镇），在村东开设义泰南货店。清咸丰、同治间曾组织乡勇与太平军作战。光绪年间，浦江知县伍燮寅（1894—1896 年在任）为其居所题匾"一乡之善"。

据清光绪十六年（1890）《浦阳千乘龙池倪氏重修宗谱》载，倪宪章（1838—？）原名倪宪樟，字守其，庠名宪章，字文焕，号豫亭，别号拙翁。浙江省浦江县（今兰溪市）人，秀才出身。

通洲桥位于浦江县南乡（今地属兰溪市梅江镇塔山村），南北向横跨梅溪。梅溪是钱塘江支流兰江最长最大的支流，发源于东雷公、西雷公（又名周公）两山，自东向西流经梅江、马涧、香溪三镇，在杨村汇入兰江，全长 50.3 千米，流域内山高坡陡，雨季时有山洪。通洲桥在清代为金华、兰溪、浦江、建德间的交通要道，康熙年间为木桥，乾隆二十三年（1758）由倪元征捐助改建石桥，嘉庆五年（1800）毁于洪水，暂架木桥。道光三年（1823）由倪望莲等捐资重建。光绪十二年（1886）夏，经当地士绅倪宪章倡议，浦江和兰溪两县民众共同捐款，得银 2173.5 元，钱 5852 千又 540 文，由陈周学主持工程，将木桥改建为石桥，十四年初完工。重建后的通洲桥为六垛五孔半圆形石拱桥，全长 84.8 米，桥面净宽 4.35 米，水面至桥面约 8 米，桥上建有水榭 21 间。该桥 1982 年列为县重点文物保护单位，1985 年被定为浙江省文物保护单位。

通洲桥竣工后，倪宪章等人将历次修桥相关文书汇集成册，即为此书。本书无目录，卷上卷首有光绪十九年季春月上浣（4 月）廪贡生蒋倬章所作序文，本卷收录道光三年和同治六年（1867）重修通洲桥的序文和捐款名录、咸丰十年（1860）成立通洲桥董会的合同、道光二十九年（1849）重建桥旁金星庵合同、光绪重建石桥的碑记和题咏诗赋等文字，第四十八至四十九叶有戴章梁所绘通洲桥十景图一幅。卷下为光绪十二年修桥账目清册，详列捐款名录和工程各项开支，卷末有光绪戊子（1888）冬月浦江县所立碑文，开列了严令禁止的五种有损桥梁的行为。

书中夹有通洲桥董会发布的手书通知单两张，日期分别为光绪十九年二月中浣、下浣（4 月初至中旬），内容均为催促认捐而未交款者尽快补交捐款。

撰文：贾浩

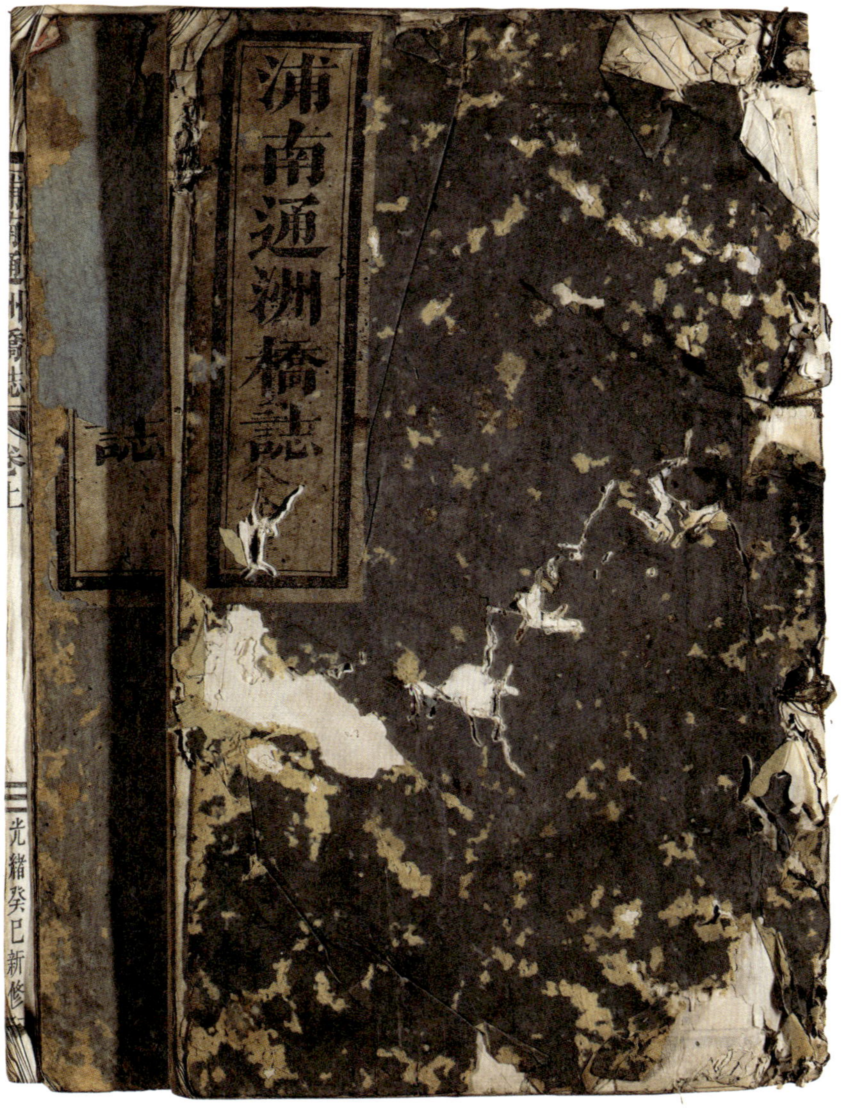

图一：光绪《浦南通洲桥志》二卷，二册，（清）陈学礼、倪宪章纂校，光绪十九年木
活字刻本。

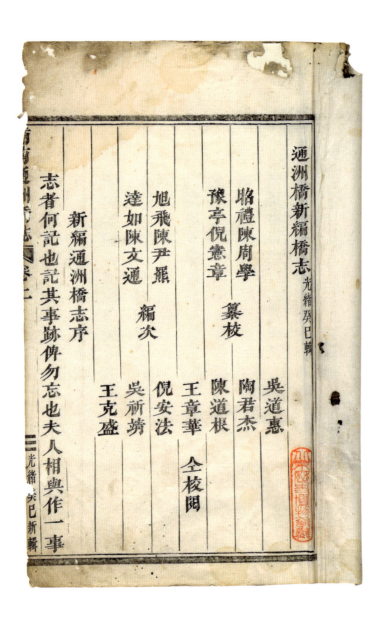

图二：《浦南通洲桥志》卷首《新编通洲桥志序》。作者蒋偁章（1848—
1925），字鹿珊，兰溪人，曾于金华创建梅溪试馆，于杭州倡
立温金衢严四府同乡会，襄助蔡元培中国公学，筹组浙江教育会，
1904 年加入光复会。民国后，致力于实业救国。

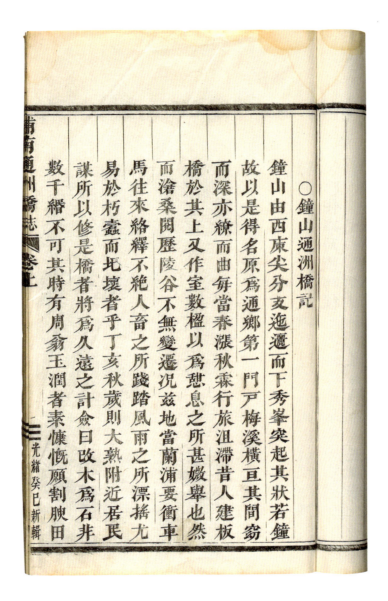

○鐘山通洲橋記

鐘山由西庚尖分支迤邐而下秀峯突起其狀若鐘
故以是得名原爲通鄉第一門戶梅溪橫亘其間窈
而深亦潦而曲每當春漲秋霖行旅沮洳昔人建板
橋於其上叉作室數楹以爲憩息之所甚嫗舉也然
而滄桑閱歷陵谷不無變遷況兹地當蘭浦要衝車
馬往來絡繹不絕人畜之所踐踏風雨之所漂搖尤
易於朽蠹而圮壞者乎丁亥秋歲則大熟附近居民
謀所以修是橋者將爲久遠之計僉曰改木爲石井
數千緡不可其時有周翁玉潤者素慷慨願割腴田

蒲南通州橋志·卷上

三　光緒癸巳新輯

图三：《浦南通洲桥志》首册第四十七叶。《钟山通洲桥记》记叙了通
　　　洲桥易木为石的经过。作者蒋㻑霖，字子祁，兰溪人，廪贡生，
　　　民国初年与人在兰溪水阁塘村合建藏书楼"蒋三乐堂"，有书
　　　二万册。

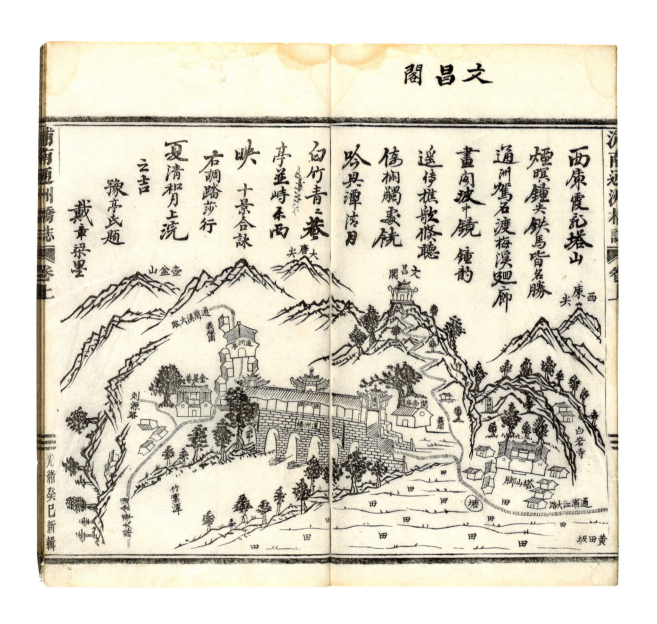

图四：《浦南通洲桥志》首册第四十八至四十九叶。《通洲桥图》描绘了通洲桥及周边景物。

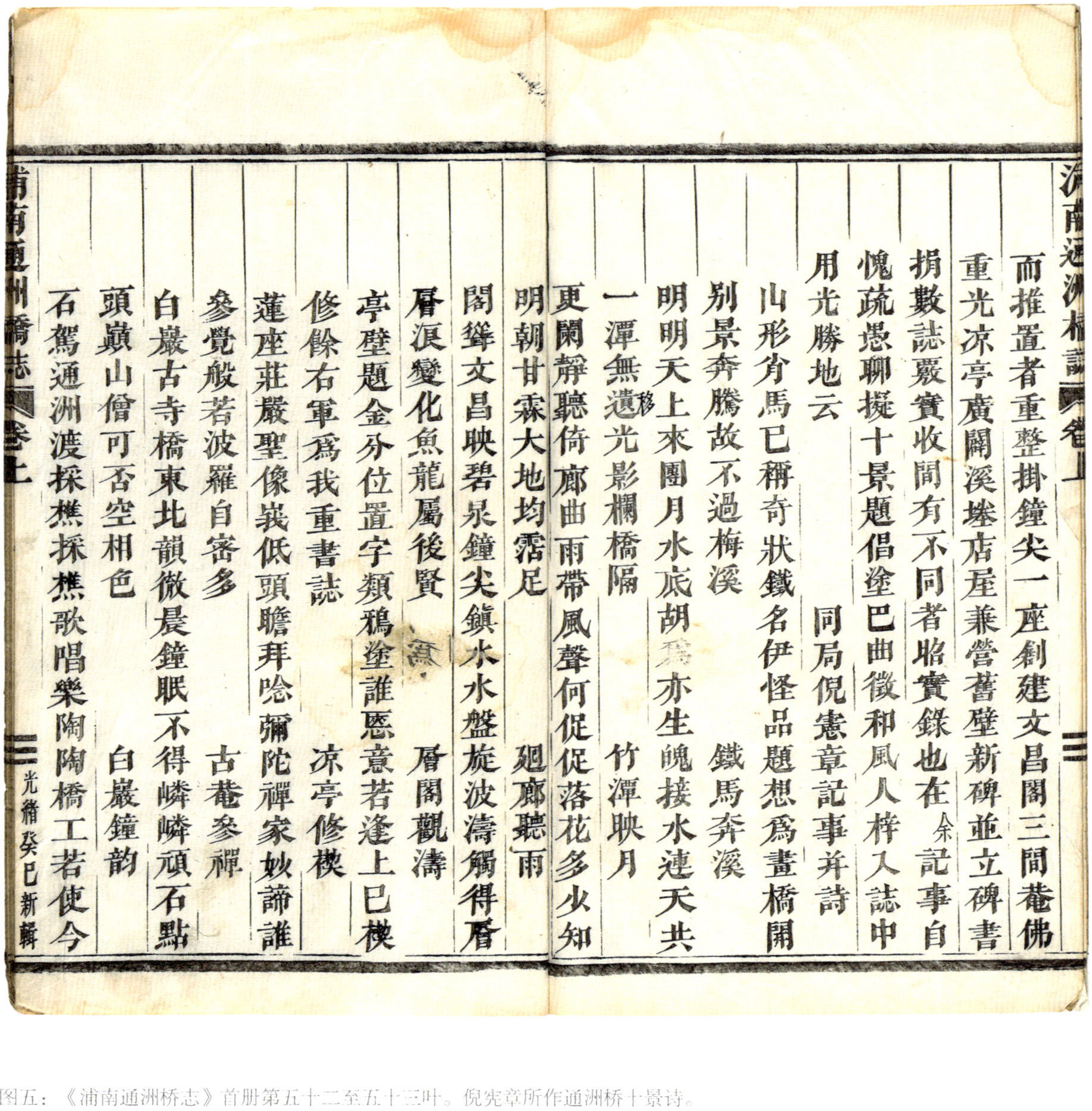

浦南通洲橋志　卷上

而推置者重整掛鐘尖一座剏建文昌閣三間龕佛

重光凉亭廣闊溪埭店屋兼營舊壁新碑並立碑書

捐數誌叢實收間有不同者昭實錄也在　余記事自

愧疏愚聊擬十景題倡塗巴曲徵和風人梓入誌中

用光勝地云　　　　　　同局倪憲章記事并詩

山形攷馬已稱奇狀鐵名伊怪品題想爲畫橋開

別景奔騰故不過梅溪　　　　　鐵馬奔溪

明明天上來團月水底胡窩亦生醜接水連天共

一渾無遺光影欄橋隔　　　　　竹渾映月

更闌靜聽倚廊曲雨帶風聲何促促落花多少知

明朝甘霖大地均霑足　　　　　廻廊聽雨

閣聳文昌映碧泉鐘尖鎮水水盤旋波濤觸得脣

屑浪變化魚龍屬後賢　　　　　層閣觀濤

亭壁題金外位置字類鴉塗誰惡意若逢上巳楔

修餘右軍爲我重書誌　　　　　凉亭修楔

蓮座莊嚴聖像峩低頭瞻拜唸彌陀禪家妙諦誰

參覺般若波羅自窈多　　　　　古菴參禪

白巖古寺韻微晨鐘眠不得嶙嶙頑石點

頭巔山僧可否空相色　　　　　白巖鐘韻

石駕通洲渡採樵採樵歌唱樂陶陶橋工若使今

二

三

光緒癸巳新鐫

图五：《浦南通洲桥志》首册第五十二至五十三叶。倪宪章所作通洲桥十景诗。

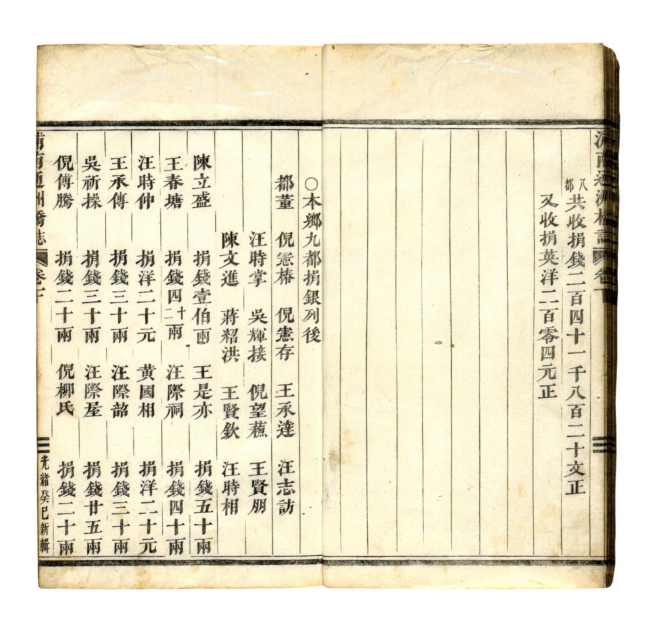

八都 共收捐錢二百四十一千八百二十文正

又收捐英洋二百零四元正

○本鄉九都捐銀列後

都董　倪憲椿　倪憲存　王承達　汪志訪

　　　陳文進　蔣紹洪　王賢欽　汪時相

汪時掌　吳輝接　倪望蕪　王賢朋

陳立盛　捐錢壹伯函　　王是亦　捐錢五十兩

王春塘　捐錢四二兩　　汪際祠　捐錢四十兩

汪時仲　捐洋二十元　　黃國相　捐洋二十元

王承傳　捐錢三十兩　　汪際韶　捐錢三十兩

吳祈操　捐錢三十兩　　汪際厔　捐錢廿五兩

倪傳騰　捐錢二十兩　　倪柳氏　捐錢二十兩

光緒癸巳新輯

图六：《浦南通洲桥志》第二册第三十叶。浦江县南乡九都捐银名单节选。通洲桥重建资金主要来自浦江县南乡民众捐款，其中又以桥梁所在的九都出资最多，共计钱1022千70文，银331元。

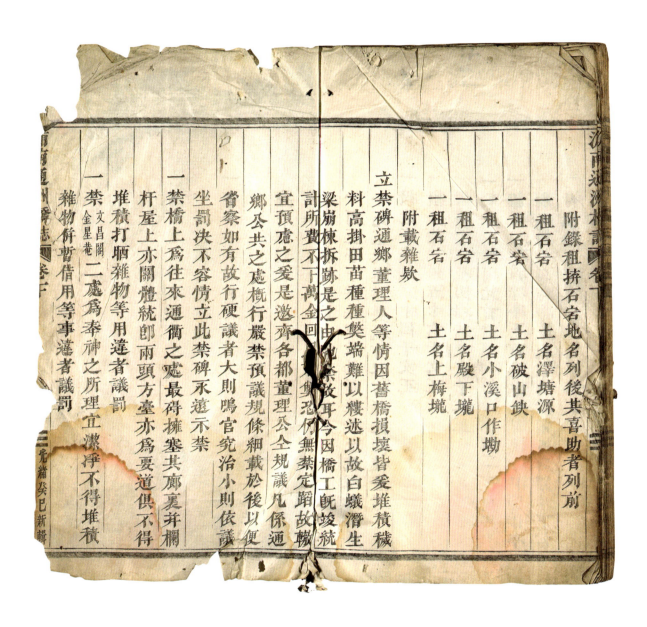

立禁碑通鄉董理人等情因舊橋損壞皆爰堆積穢料高掛田苗種種獎端難以縷述以故白蟻潛生梁崩棟拆跡是之由也兹禁故耳今因橋工既竣筑省察如有故行硬議者大則鳴官窍治小則依議鄉公共之處概行嚴禁預議規條細載於後以便宜預慮之爰是邀齊各都董理公仝規議凡係通訐所費不下萬金回……仍無禁定踵故轍坐罰決不容情立此禁碑永遠不禁

一禁橋上為往來通衢之處最得擁塞其廊裏并欄杆屋上亦關體統郎兩頭方臺亦為要道俱不得堆積打晒雜物等用違者議罰

一禁奉神之所理宜潔淨不得堆積雜物併暫借用等事違者議罰

附錄租挤石岩地名列後其喜助者列前

一租石岩　土名澤塘源
一租石岩　土名破山陕
一租石岩　土名小溪口作㘭
一租石岩　土名殿下壠
一租石岩　土名上梅壠

附載雜欵

文昌閣
金星巷　二處為

光緒癸巳新輯

图七：《浦南通洲桥志》第二册第七十一至七十二叶，通洲桥禁约碑文。

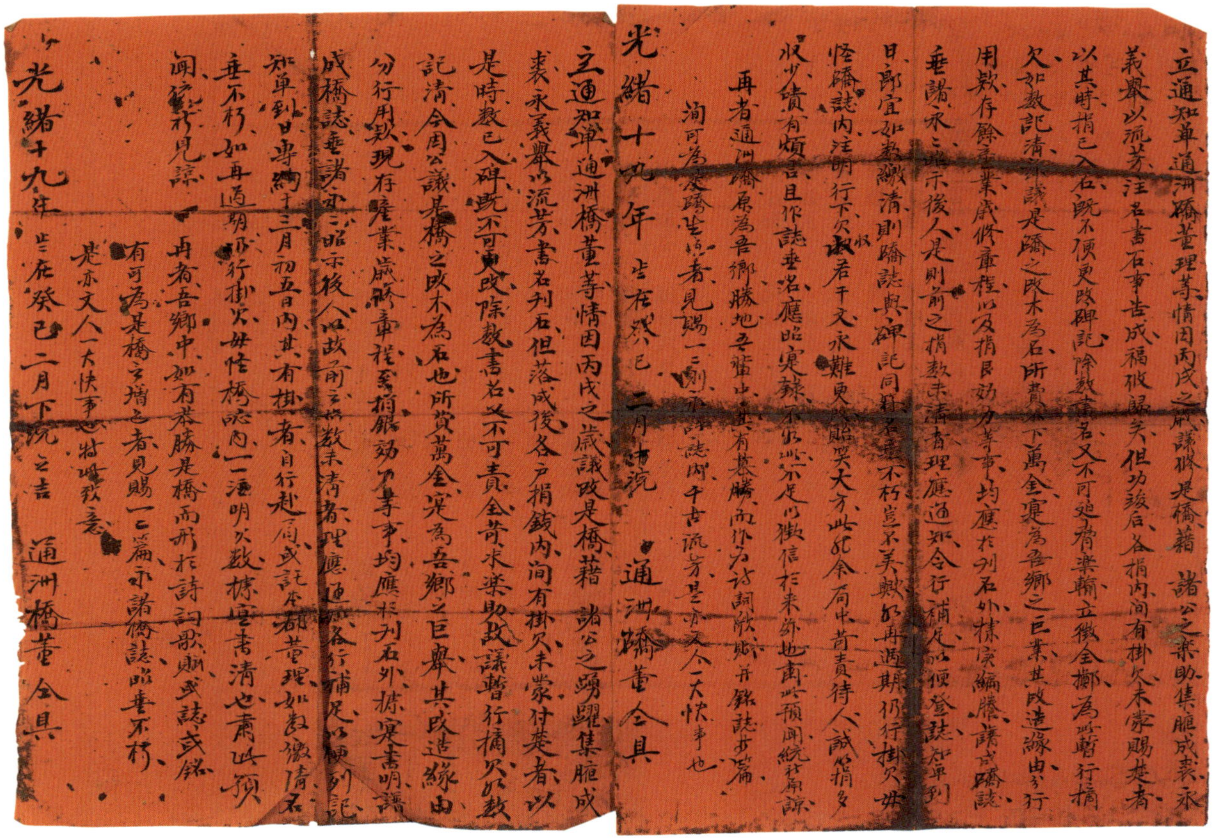

立通知單通洲橋董理等情因丙戌之歲議將是橋藉　諸公之樂助集腋成裘永
義舉以流芳注名書石事告成福被歸矣但功竣后各捐內間有掛欠未蒙賜楚者
以其時捐已入石既不便更改碑記除數書名又不可追責樂輸立徵全擲為此暫行摘
欠如數記清議是橋之改木為石所費不下萬金實為吾鄉之巨業其改造緣由分行
用款存餘產業歲修章程以及捐艮効力等事均應於列石外標俟編纂議成橋誌
垂諸永久昭示後人是則前之捐數未清者理應通知令行補足以便登誌知單到
日即宜如數繳清則橋誌與碑記同垂不朽豈不美歟如再過期仍行掛欠毋
怪橋誌內注明行下欠款若干文永難更改貽笑大方此乃余局中首責待人誠捐多
收少績有煩言且作誌垂名應昭實錄不然此不足以徵信於未來也肅此預聞統祈原諒
再者通洲橋原為吾鄉勝地吾儕中如有甚勝而作為詩詞歌賦并錄誌中篇
詢可為是橋生色者見賜一二則可登誌以千古流芳是亦文人一大快事也
光緒十九年歲在癸巳二月中浣　通洲橋董仝具

立通知單通洲橋董等情因丙戌之歲議改是橋藉　諸公之踴躍集腋成
裘永義舉以流芳書名列石但落成後各戶捐錢內間有掛欠未蒙付楚者以
是時數已入碑既不可更改除數書名又不可責全昔求樂助故議暫行摘欠以數
記清今因公議是橋之改木為石也所費萬金實為吾鄉之巨舉其改造緣由
分行用款現存產業歲修章程暨捐銀効力等事均應於列石外標寔書明編
成橋誌垂諸永久昭示後人所以前之捐數未清者理應通知各行補足以便列記
知單到日尊納於三月初五日內其有掛欠者自行赴局或託本都董理如數繳清名
垂不朽如再過期仍行掛欠毋怪橋誌內一一注明欠數標書清也肅此預
聞統祈見諒
再者吾鄉中如有慕勝是橋而形於詩詞歌賦或誌或銘
有可為是橋之增色者見賜一二篇示諸橋誌昭垂不朽
是亦文人一大快事也特此致意
光緒十九年歲在癸巳二月下浣之吉　通洲橋董仝具

图八：《浦南通洲桥志》书中所夹通洲桥董会催款通知单。

【民国】陕甘纪行

《陕甘纪行》不分卷，李钟美纂。民国三年（1914）稿本。

一册五十一叶，前三叶空白，书高23.5厘米，宽14.3厘米。框高17.5厘米，宽11.6厘米。朱栏，上下双边，黑口，上单鱼尾。半叶十行，行二十至二十八字不等，行书。封面蓝底楷书墨字"陕甘纪行"。四叶至六叶各粘半叶蓝栏笺纸，书口上方印"简练揣摩"，写有题记。第四叶钤"北京历史博物馆藏"朱文椭圆印，第六叶钤"徐仁鉴印"朱文方印。此书无刻印本，亦未见著录，为海内孤本。

李钟美，字皞如，一字皋如，号酩醉生，安徽六安人。民国年间在陕西、甘肃等地游宦多年。传世著述还有《春台谜稿》二卷。李钟美生卒年月不详，史料记载也不多。按《陕甘纪行》中李钟美手记，民国三年李钟美从军官预备学校毕业，因有参加二次革命的嫌疑，被安徽全省通缉追捕。李钟美不得已持其师朱石庵[1]推荐信，从郑州开始一路西行，月余进入兰州。李钟美比较重要的经历是曾多年游宦甘肃，并曾任军阀马氏兄弟的幕僚。清末至民国年间各地军阀割据，派系纷争，民生维艰，马麒、马麟兄弟当时雄踞青海、甘肃，而李钟美是马氏兄弟的重要参谋。1918年7月6日《申报》记，"任命李钟美为宁海镇守使署中校参谋"，1920年7月8日，又加"陆军步兵上校衔"。民国《重修定西县志校注》记，民国十二年（1923）4月至民国十三年（1924）2月李

钟美任定西县知事（县令）。[2]民国十九年（1930）时，李钟美又作为武威知县平息乌水坝争水案。《春台谜稿》中李钟美自序记"壬申二月"，即民国二十一年（1932），仍"作宰五凉"，可推知民国十九年至民国二十一年李钟美任武威县县长。

《陕甘纪行》书前有题记，其后为民国三年郑衡之[3]所作《赠行序》，再后为李钟美自述修志缘起及凡例。正文将行程分为六段："郑州渑池""渑池潼关""潼关西安""西安长武""长武兰州""兰州纪要"。前五段路程，各分别细分出站名里数、沿革、古迹、名胜、险要、风俗、膴瘠、物产、气候、代步等十小类；"兰州纪要"，则分沿革、古迹、名胜、险要、风俗、物产、商业、气候、伟绩等九小类。每小类内容详略不定，然险要一类，所记相对详实，正如李钟美在凡例中指出"陕甘西北重镇，军事上最有价值，此记于险要一端，悉心考查，详细纪要"。偏重军事地理方面的舆情考查，是《陕甘纪行》有别于其他志书的主要特色。

《陕甘纪行》作者虽自谦为游记，记其入兰州之前三十六日所经各地日记。但考书中内容，并非按时间顺序介绍行止的普通游记，而是旁征博引所经各地的沿革、古迹、名胜、险要、风俗、物产等内容。凡例中还提及"军事、政治、财政、教育、实业诸大端脱略未详"，"已另编《甘肃笔记》详述之"。虽未见有《甘肃笔记》传世，但所列诸类与《陕甘纪行》中各类若合并，已完全是常

见的方志体例。因此《陕甘纪行》内容虽稍嫌简薄，但仍为少见之私撰方志。书前题记署"仁鉴谨识"，为民国地理学者徐仁鉴所题。[4]徐仁鉴评价《陕甘纪行》"体例谨严、考证详明"，褒誉甚高。《陕甘纪行》虽是李钟美早年所著，且用时较短，但已经显现出作者对于我国西部地区地理民情的认识以及上佳的方志学修养。李钟美多年仕宦于甘肃、青海地区，一方面对上层军阀的动态谋算颇有了解，另一方面又大量接触处理地方事务，于西部地区方志学上当有建树。然惜未见有地理类著述留世，仅能从《陕甘纪行》中窥斑知豹。

撰文：林璜

注释：

1. 朱石庵，即朱家磐，合肥名士。朱家磐家族在合肥是豪门世家，家族中人才辈出，政商学界具有极大影响力。朱家磐本人亦曾任甘肃花定榷运局长。

2. 政协定西市安定区委员会校注：《重修定西县志校注》，甘肃文化出版社，2011 年，第 255 页。

3. 郑衡之（1877—1938），字树滋，号玉斋，湖北省英山黄林冲人。清末贡生，留学日本，曾参加孙中山在东江创立之同盟会。回国后鼓吹革命，1912 年选为参议院议员。此序即为其任参议院议员时所作。

4. 徐仁鉴，江苏宜兴人，曾在新疆担任幕僚，编纂有《新疆建置沿革考》《西疆建置沿革》等书。

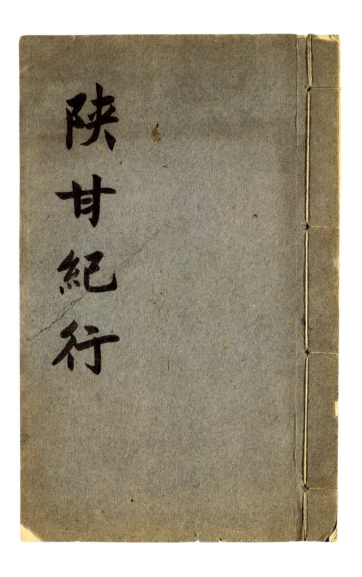

图一：《陕甘纪行》不分卷，李钟美纂，民国三年稿本，一册。
原装封面，蓝底楷书墨字"陕甘纪行"。

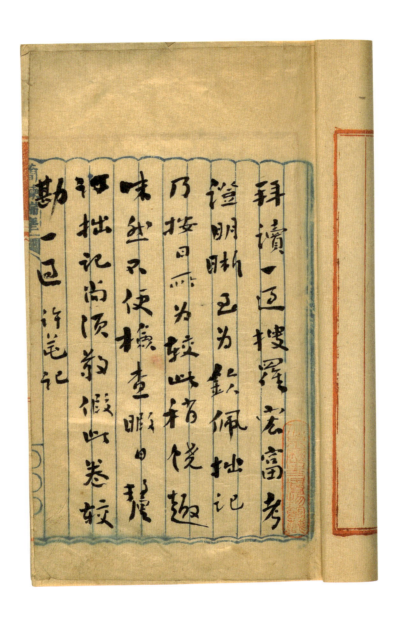

图二：《陕甘纪行》书首叶、钤"北京历史博物馆藏"朱文椭圆印。

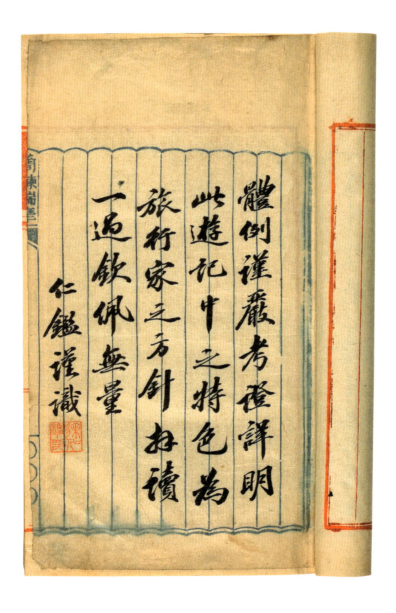

图三：《陕甘纪行》第六叶《题记》，民国地理学者徐仁鉴手书，蓝格纸粘贴，
评《陕甘纪行》"体例谨严、考证详明"，钤"徐仁鉴印"朱文方印。

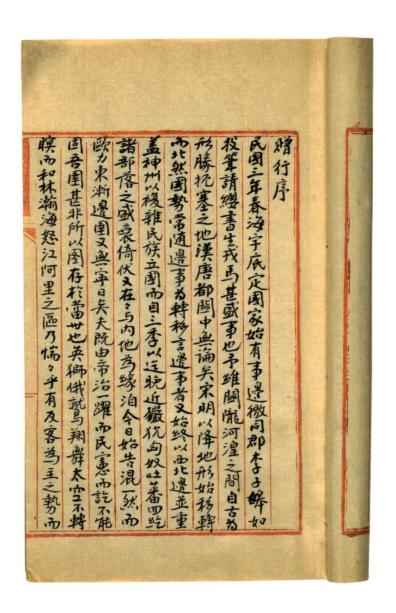

贈行序

民國三年春海宇底定國家始有事邊徼同郡李子鯤如

投筆請纓書生戎馬甚盛事也予維閩隴河湟之間自古為

形勝扼塞之地漢唐都關中無論矣宋明以降地形始移轉

而北然國勢常通邊事為轉移言遺事者又始終以西北邊並重

蓋神州以複雜民族立國而目三季以逐貌近獯狁匈奴吐蕃回紇

諸部落之盛衰倚伏又在與他為緣洎今日始告混一然而

歐力東漸遍圍又興審曰矣夫阮由帝治一耀而民憲而託不能

固吾圉甚非所以圖存於當世也英獅俄就鳥翔鵬太空不轉

暎而和林瀚海怒江阿里之區乃惴惴乎有反客為主之勢而

图四:《陕甘纪行》第七叶,郑玉奇所撰序。郑玉奇是民国初年北京众议院议员。

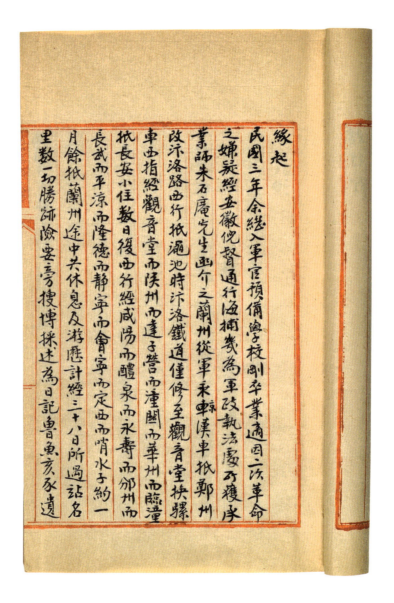

图五：《陕甘纪行》第八叶，李钟美所撰序。李钟美自叙撰书缘起，提及
本人毕业于"军官预备学校"，因有参加二次革命嫌疑而逃离，自
郑州出发一路西行。

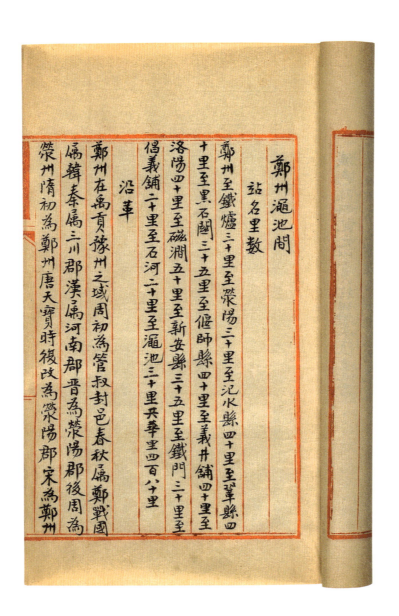

鄭州澠池間

站名里數

鄭州至鐵爐三十里至滎陽三十里至汜水縣四十里至
十里至黑石閼三十五里至偃師縣四十里至義井舖四十里至
洛陽四十里至磁澗五十里至新安縣三十五里至鐵門三十里至
倡義舖二十里至石河二十里至澠池三十里共華里四百八十里

沿革

鄭州在禹貢豫州之域周初為管叔封邑春秋屬鄭戰國
屬韓秦屬三川郡漢屬河南郡晉為滎陽郡後周為
滎州隋初為鄭州唐天寶時復改為滎陽郡宋為鄭州

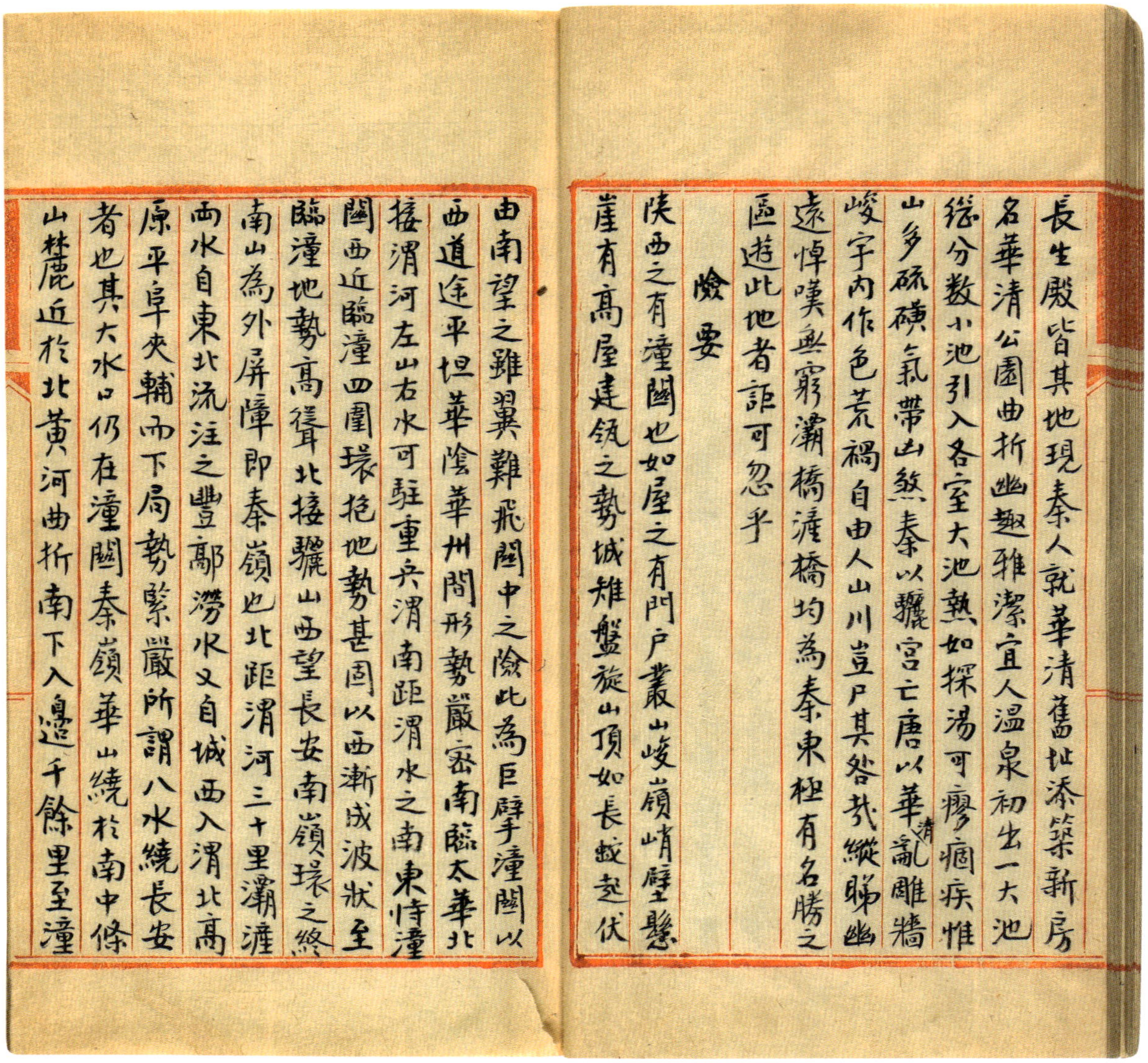

長生殿皆其地現秦人就華清舊址添築新房
名華清公園曲折幽趣雅潔宜人溫泉初出一大池
綜分數小池引入各室大池熱如探湯可療痼疾惟
山多硫磺氣帶山煞秦以驪宮亡唐以華清亂雕牆
峻宇內作色荒禍自由人山川豈尸其咎我縱睨幽
遠悼嘆奧窮灞橋滻橋均為秦東樞有名勝之
區遊此地者詎可忽乎

險要

陝西之有潼關也如屋之有門戶叢山峻嶺峭壁懸
崖有高屋建瓴之勢城雉盤旋山頂如長蚑起伏

由南望之雖翼翼飛閣中之險此為巨擘潼關以
西道途平坦華陰華州間形勢巖巖南臨太華北
接渭河左山右水可駐重兵渭南距渭水之南特潼
關西近臨潼四圍環抱此勢甚固以西漸成波狀至
臨潼地勢高舊北接驪山西望長安南嶺環之終
南山為外屏障即秦嶺也北距渭河三十里灞滻
兩水自東北流注之豐鄗滈澇水又自城西入渭水高
原平阜夾輔而下局勢繁巖所謂八水繞長安
者也其大水口仍在潼關秦嶺華山繞於南中條
山梺鹿近於北黄河曲折南下入邊千餘里至潼

图七：《陕甘纪行》第二十五叶，"潼关西安间"地区的"险要"部分。李钟美认为"陕甘西北重镇，军事上最有价值"，对各地记载"险要"最为着力。

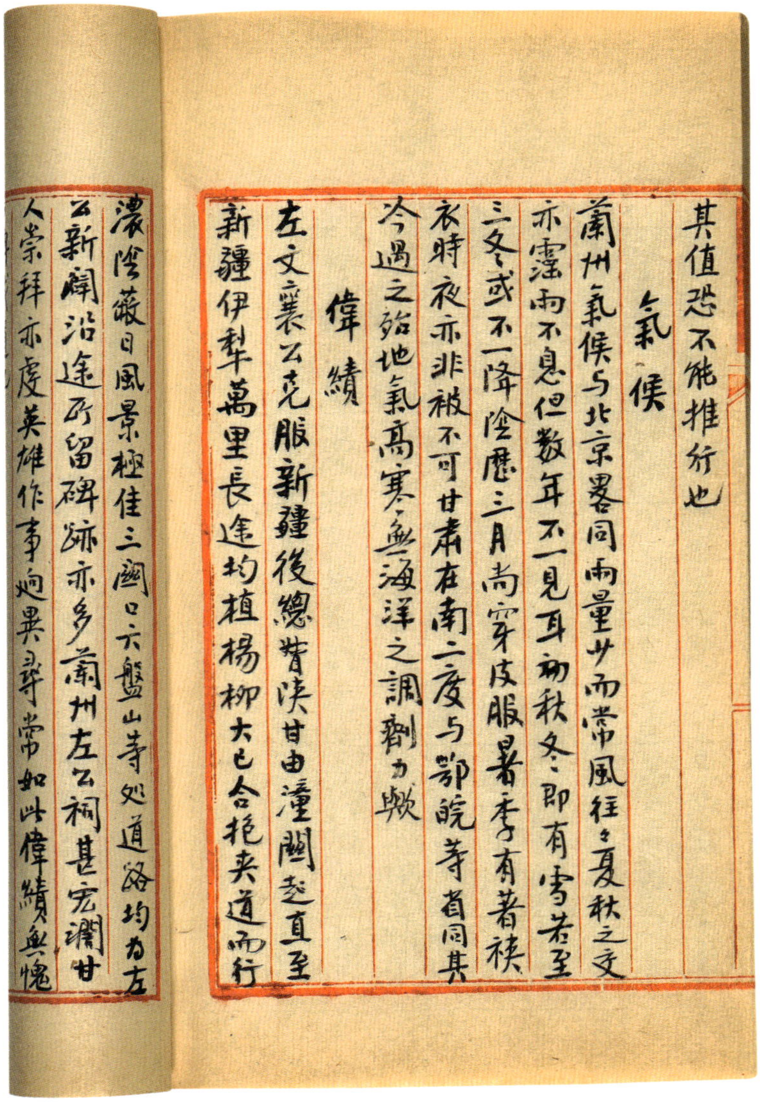

左文襄公克服新疆後總贊陕甘由潼關起直至
新疆伊犁萬里長途均植楊柳大已合抱夾道而行
濃陰薇日風景極佳三關口六盤山等処道路均力左
公新闢沿途所留碑跡亦多蘭州左公祠甚宏瀾甘
人崇拜亦虔英雄作事炯異尋常如此偉績無愧

偉績

左文襄公克服新疆後總贊陕甘由潼關起直至
新疆伊犁萬里長途均植楊柳大已合抱夾道而行

氣候

蘭州氣候与北京畧同雨量少而常有風往之夏秋之交
亦露雨不息但数年不一見耳初秋冬。即有雪若至
三月或不一降陰歷三月尚穿皮服暑季有著裌
衣時夜亦非被不可甘肅在南二度与鄂皖等省同其
今過之殆地氣高寒。無海洋之調劑力嫩

其值恐不能推行也

图八：《陕甘纪行》第四十九叶，正文末叶。李钟美行程终点"兰州"地区的"伟绩"部分，旅程中其他各地记载的小类中无此项。

【民国】石狮桥志

《石狮桥志》不分卷，石狮桥会编，民国九年（1920）刻本。

一册三十三叶。书高 23.5 厘米，宽 15.8 厘米，框高 19.2 厘米，宽 14.5 厘米。半叶八行，行十五字。四周双边，白口，单黑鱼尾。版心书名"石狮桥会志"，下方镌"庚申年制"。封面有墨笔题记"第九会 施连兰 一"，首叶钤"北京历史博物馆藏"朱文长方印。

石狮桥位于浙江省东阳市横店镇八面山北麓，南北向横跨南江。南江为金华江左岸支流，古称画溪，又名洋滩江，因流经东阳南部，故俗称南江，河道全长 110 千米，干流自东南向西北经磐安县、东阳市和义乌市，注入金华江。南江四季流量不均，1972 年南江水库建成前，每到春夏汛期，中下游时有洪涝灾害发生。

八面山麓三紧埠（现名三景头）是南通处州、温州，北达宁波、绍兴的通衢要道，清乾隆年间设有渡口。道光二十六年（1846），当地大智寺僧人大恒（？—1878）倡议在此修建桥梁，几经周折，终于在地方士绅张斌珂（1814—？）等人支持下，于咸丰八年（1858）建成，工程耗钱总计约 3 万千。石狮桥为十三孔半圆形石拱桥，全长 63 丈 4 尺，宽 2 丈余，南北岸筑有石堤，以防桥基被水冲刷。桥南建有夏王庙（供大禹像）、大悲阁、施茗亭等建筑 24 间，桥头东面置地 50 秤（1 秤合 $^2/_3$ 市亩），以租金作为修葺费用。1942 年 7 月 23 日，此桥毁于洪水，今石狮桥为 1948 年重建，2010 年 6 月 12 日被列为东阳市文物保护单位。

光绪二十年（1894），张斌珂长子张志卿（1836—1903）创设石狮桥会，会脚（会员）90 余人，每人出银 7 元，用于每年祭祀夏王，并用余款增置田产，修葺桥梁殿宇，布施茶水。1913 年，桥会设立理事会作为组织机构，将会脚分为 12 组，每组 12 人，按 12 地支顺序值年。桥会成立后至 1930 年曾多次编印桥志，收录建桥相关文献、桥会地产资料和会脚轮值情况。

本书无目录，内容依次为：民国九年三月申屠岳重修石狮桥志序、民国二年（1913）三月桥会理事杨品章石狮桥志叙、光绪二十年孟春月张志卿石狮桥会启、光绪二十一年（1895）春月张志卿重建夏王殿并修复石狮桥募捐引、宣统二年（1910）孟秋桥会理事张九成募修石狮桥引、民国二年阴历正月杨品章重修石狮桥碑记、桥会理事和会脚名单及轮值顺序、桥会田产位置及价格、光绪甲辰年（1904）至民国九年的田产变动情况、会内器物登记。由会脚名单可知，本册桥志原主人施连兰属于第九会，每逢申年当值。

《石狮桥志》不仅反映了石狮桥建造和直至民国初年历次维修的经过，还详尽记载了桥会的组织与活动情况，为研究东阳地区清末民初社会史的珍贵资料。

撰文：贾浩

图一：《石狮桥志》不分卷，一册，石狮桥会编，民国九年刻本。

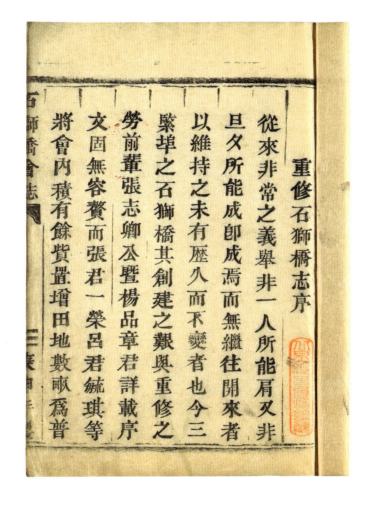

图二：《石狮桥志》首叶。《重修石狮桥志序》，民国九年三月申屠岳撰。

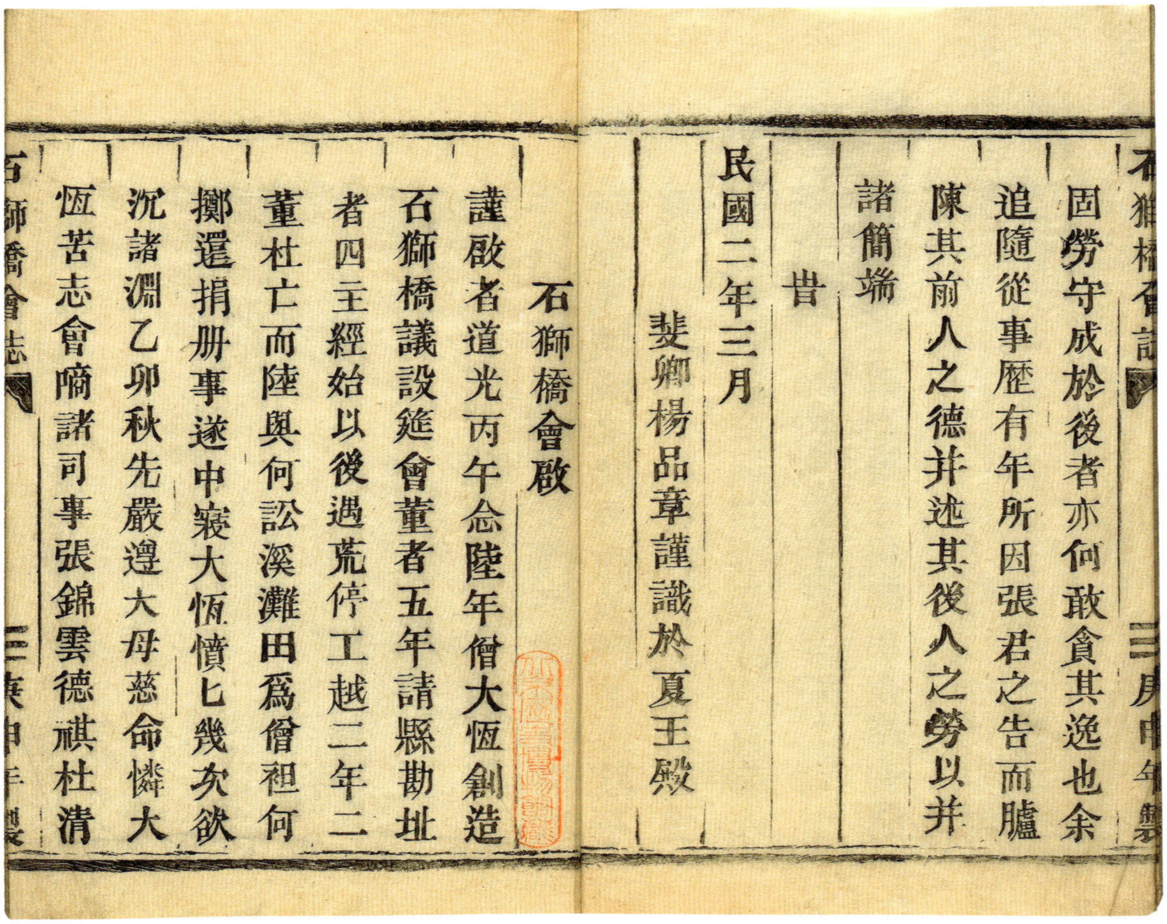
石獅橋會志　三　庚申年製

固勞守成於後者亦何敢貪其逸也余
追隨從事歷有年所因張君之告而臚
陳其前人之德并述其後人之勞以并
諸簡端
昔
民國二年三月
斐卿楊品章謹識於夏王殿

石獅橋會啟

謹啟者道光丙午年僉陞年僧大恆創造
石獅橋議設筵會董者五年請縣勘址
者四主經始以後遇荒停工越二年二
董杜亡而陸與何訟溪灘田爲僧祖何
擲還捐册事遂中寢大恆憤匕幾夾欲
沉諸淵乙卯秋先嚴暨大母慈命憐大
恆苦志會晒諸司事張錦雲德祺杜清

石獅橋會志　三　庚申年製

图三：《石狮桥志》第四叶。《石狮桥会启》，光绪二十年张志卿撰，记叙了石狮桥修建经过和桥会成立缘由。

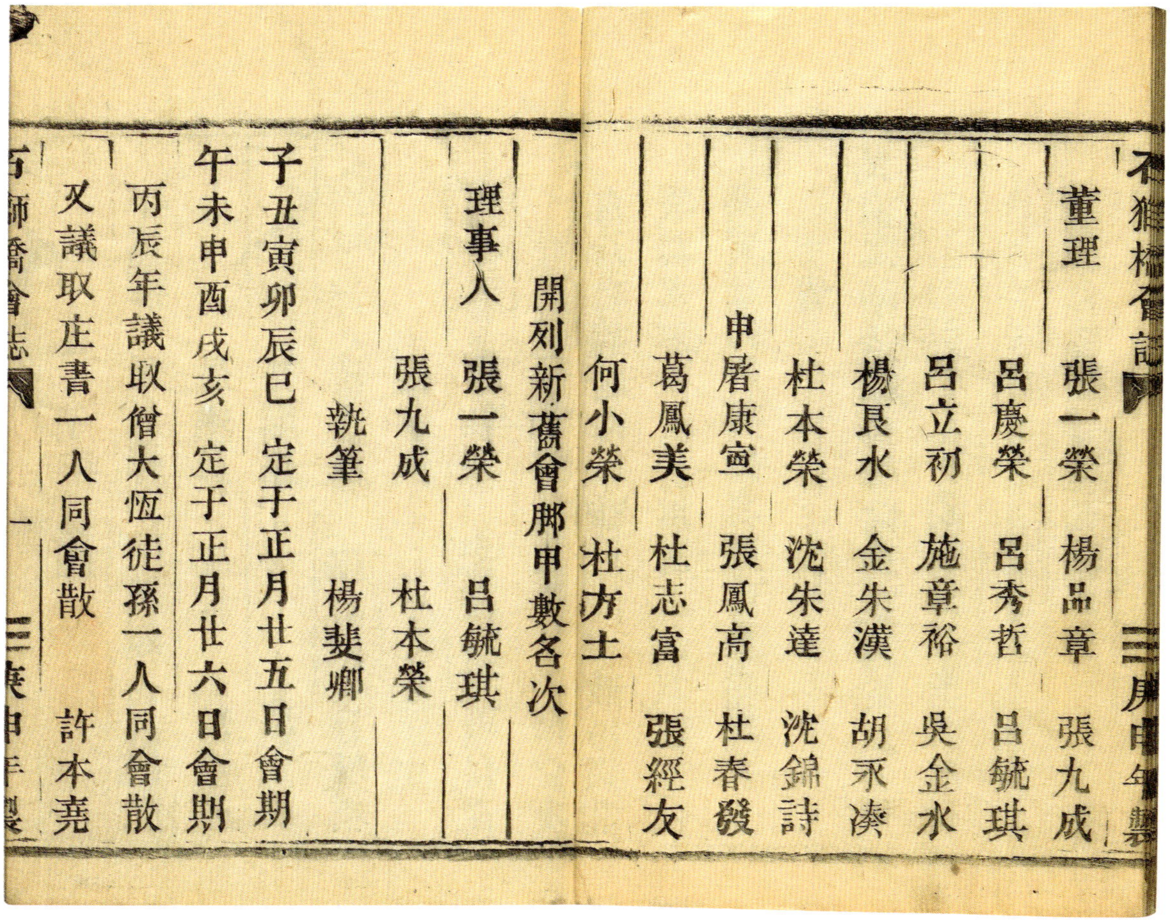

石獅橋會志

董理　張一榮　楊品章　張九成
　　　呂慶榮　呂秀哲　呂毓琪
　　　呂立初　施章裕　吳金水
　　　楊艮水　金朱漢　胡永湊
　　　杜本榮　沈朱達　沈錦詩
　　申屠康宣　張鳳高　杜春發
　　　葛鳳美　杜志富　張經友
　　　何小榮　杜方士

開列新舊會鄉甲數各次

理事人　張一榮　呂毓琪
　　　　張九成　杜本榮
執筆　　楊斐卿

子丑寅卯辰巳　定于正月廿五日會期
午未申酉戌亥　定于正月廿六日會期
丙辰年議取僧大怐徒孫一人同會散
又議取庄書一人同會散

石獅橋會志　　　三　庚申年製

图四：《石狮桥志》第十二叶。民国二年石狮桥会理事会名单。

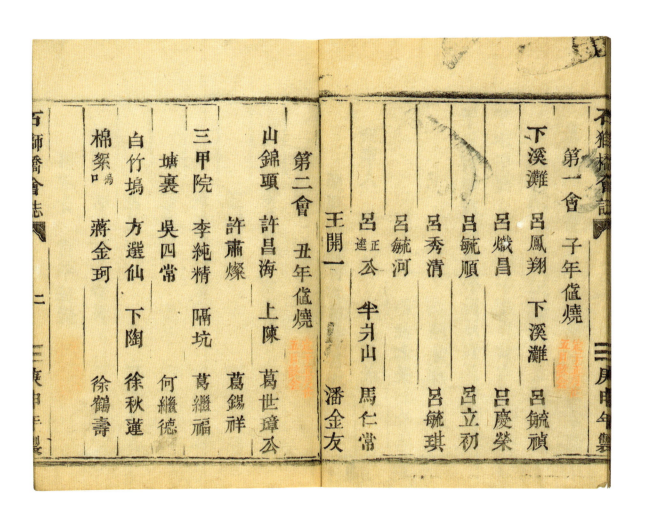

图五：《石狮桥志》第十三叶。民国二年石狮桥会会脚名单，红色戳记为散会日期。

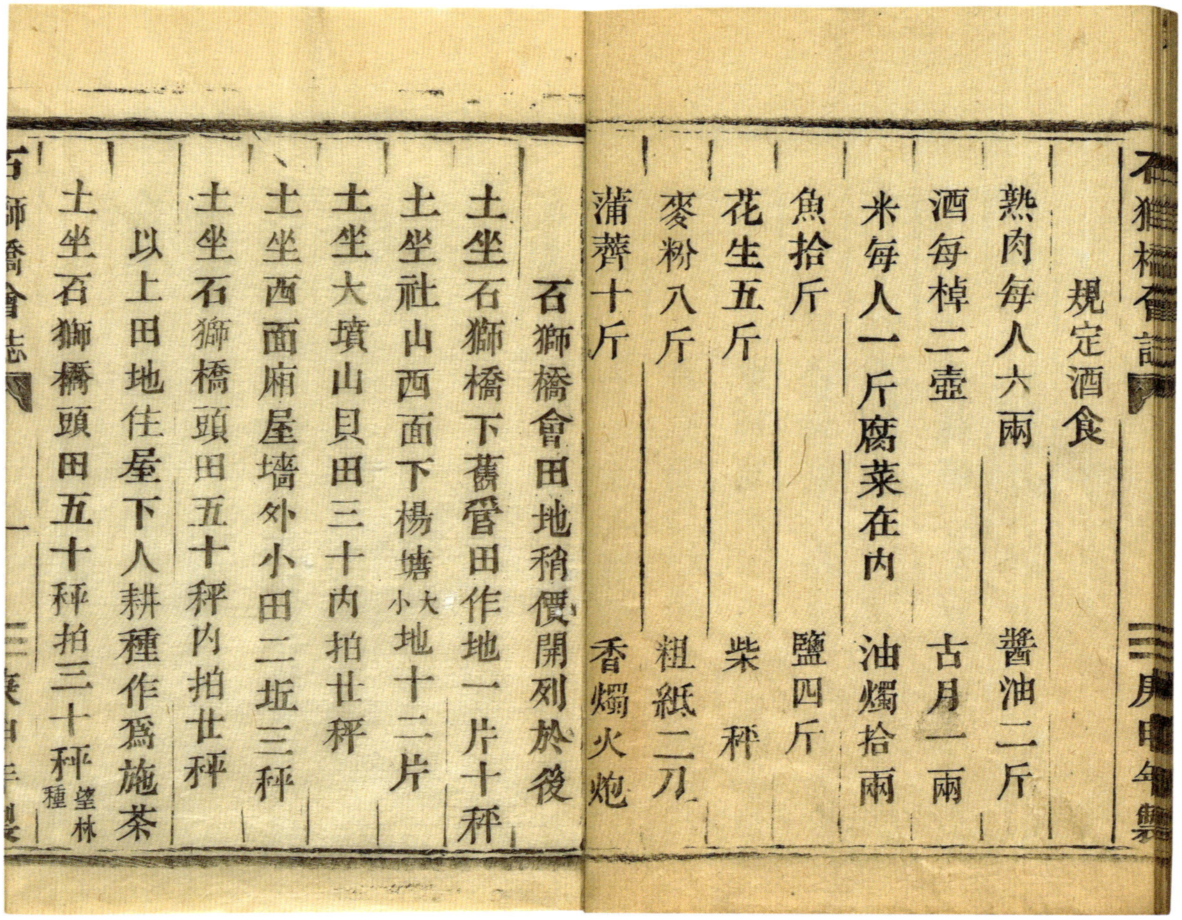

規定酒食

熟肉每人六兩　醬油二斤

酒每棹二壺　古月一兩

米每人一斤腐菜在內　油燭拾兩

魚拾斤　鹽四斤

花生五斤　柴秤

麥粉八斤　粗紙二刀

蒲蕐十斤　香燭火炮

石獅橋會田地稍價開列於後

土坐石獅橋下舊嘗田作地一片十秤

土坐社山西面下楊塘小地大地十二片

土坐大墳山貝田三十內拍廿秤

土坐西面廟屋墻外小田二坵三秤

土坐石獅橋頭田五十秤內拍廿秤

以上田地住屋下人耕種作爲施茶

土坐石獅橋頭田五十秤拍三十秤墾林種

图六：《石狮桥志》第十九叶。石狮桥会值祭酒食和桥会地产记录。

【民国】余姚兰塘乡千金湖浚垦志略

《余姚兰塘乡千金湖浚垦志略》不分卷，陈国材编。民国十五年（1926）铅印本。

一册五十四叶，书高 27.0 厘米，宽 15.3 厘米。框高 18.9 厘米，宽 11.9 厘米。无界栏，四周双边，白口，上单鱼尾。书口上印书名，中记篇名，下印叶码。半叶十行，行二十五字。书前有朱元树[1]题书名页及陈国材像。第二十四页与二十五页之间夹《余姚县兰塘乡开浚千金湖形势图》和《兰塘乡千金湖新垦田亩图》两图，图上墨字书地名及说明。正文首叶钤"北京历史博物馆藏"朱文椭圆印。此书现仅知余姚市文保所及上海图书馆有收藏。

陈国材，字东声，一字东升，浙江绍兴人，曾任余姚知县，姚江同声诗社名誉社董。生平史料稀缺，现地方档案中存留的相关史料主要是陈国材在余姚的仕宦经历。宣统三年（1911）光复军攻克杭州，绍兴乡绅组织临时军政分府，陈国材任治安科科员，但数日后该临时军政分府解散。民国元年（1912）十月至民国四年（1915）四月，陈国材任余姚知事，这段时间他主要精力在处理地方民事，保农、兴学、禁烟。1913年他先后撰《余姚县立乙种农业学校创始碑记》[2]和《业佃产修正地亩进出条款》[3]，勒石以记，至今二碑在余姚尚存。民国四年以后数年事迹不可考，直至民国十年（1921）夏初，陈国材领余姚乡绅请宝静法师讲《弥陀经》，其时陈国材已重任余姚知事。[4]这次任职至少延续至民国十五年年底，除处理民政事务外，

开始偏重于镇压地方民乱，民国十四年（1925）时因此受到嘉奖。[5]陈国材为浙江本地人，又在政局动荡年代任职地方多年，对于地方历史和民情极为了解，所编志略，是千金湖地理历史情况的第一手资料。

《余姚兰塘乡千金湖浚垦志略》书前有陈国材序言及目录，正文多为浚垦千金湖过程中的公文，包括各种指令、呈文、合同、规则、收支清册。此书名为"志略"，体例上与传统方志确有较大区别，实为专门志一类，主要收录民国早年浚垦千金湖的相关史料。然而，在各类公文中，对千金湖的地理区域、湖周面积、灌田面积、旧垦田面积、新垦田面积、惠及区域及人口，均有记载，从内容上讲仍符合了一般湖志、专志绘地记史的功用。尤其是所附《余姚县兰塘乡开浚千金湖形势图》《兰塘乡千金湖新垦田亩图》，详细描绘当时千金湖及其周边地理样貌，绘制精确，资料详实。该书对于现在已基本湮灭的千金湖而言，仍是极为难得地理文献。

千金湖，一名雪湖[6]，位于浙江省余姚市黄家埠东（原民国兰塘乡所在地）。该湖三面环山，湖周千余亩，灌田千顷。因其丰饶沃土，水深鱼多，有日产千金赞誉，故称千金湖。千金湖惠民无数，但一直有淤塞、私垦湖田过度的困扰。清道光六年（1826）时有《禁垦千金湖阜碑记》的禁令严防私垦。《余姚兰塘乡千金湖浚垦志略》所记民国三年疏浚，共浚垦千金湖田二百余亩。后民国

十二年（1923）又浚垦湖田二百余亩。新中国成立后，千金湖基本废湖为田，现已仅余五十余亩，改为鱼塘。

千金湖的浚垦，实际是宁绍湖泊水利史上一次新的尝试。中国古代有"不与水争尺寸之地"的传统水利思想。千金湖当时久未疏通，"灌田虽多，承饮几绝"，传统做法应是还田于水，陈国材等采取办法却是通过地方公债，向地方殷实人家筹钱，将千金湖大部分地方浚低蓄水，另外十分之一二垦高成田。这样田产收入可以逐步偿还公债，还能用于湖泊水利的日常维修。这种浚垦并行的办法，更有利于千金湖水利的长时间维持，可算创举。因此《余姚兰塘乡千金湖浚垦志略》是民国时期浙江绍兴十分重要的农田水利史资料。

撰文：林璜

注释：

1.朱元树（1880—1946），字致棻，号敏人，浙江余姚人。清光绪二十九年（1903）中举，光绪三十年（1904）进士，翰林院编修，公派留学日本东京法政大学，擅书。

2.余姚市政协文史资料委员会、余姚市教育委员会编：《余姚文史资料》第11辑《教苑春秋》，余姚市政协文史资料委员会，1993年，第67—68页。

3.叶树望编：《姚江碑碣》，浙江古籍出版社，2011年，第80—82页。

4.方祖猷编：《宝静法师年谱》，宗教文化出版社，2011年，第293页。

5.《申报》1925年5月22日所记。

6.明代正德年间，余姚名士冯兰致仕归乡，在千金湖畔建雪湖山庄，故千金湖一时改名雪湖。冯兰，字佩之，号雪湖，官至江西提学副使，著名诗人，当时声望极高，与谢迁、李东阳、王阳明均交好，有诗文往来。

图一：《余姚兰塘乡千金湖浚垦志略》不分卷，陈国材编，民国
十五年铅印本，一册。题名叶，为清末翰林余姚名士朱元树
所题。

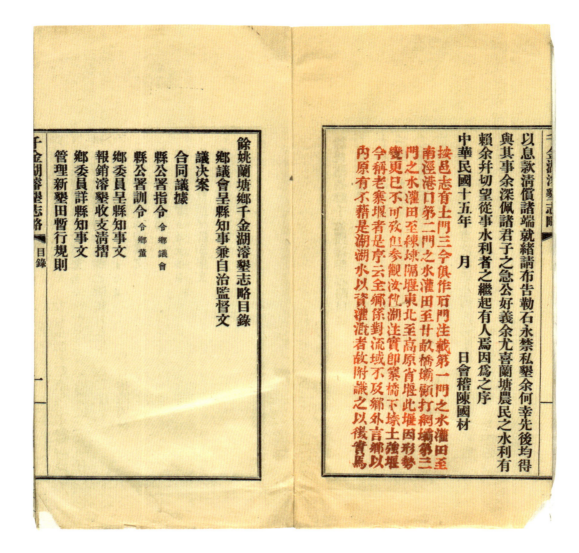

以息款清償諸端就緒請布告勒石永禁私墾余何幸先後均得
與其事余深佩諸君子之急公好義余尤喜蘭塘農民之水利有
賴余幷切望從事水利者之繼起有人焉因爲之序
中華民國十五年　月　日會稽陳國材

按邑志育士門三令俱作百門注載第一門之水灘田至
南涇港口第二門之水灘田至廿畝橋瑀顧打網塥第三
門之水灘田至棟埭隔墢東北至高原肯堰此墢因形勢
變更已不可攷但參觀汝仳湖注寶即紫橋下塚土強堰
今稱老簾堰者是亭云全鄉係對流域不及鄉外言鄉以
內原有不藉是湖水以資灌溉者故附識之以徵實焉

图二：《余姚蘭塘乡千金湖濬垦志略》第四叶，书前目录。

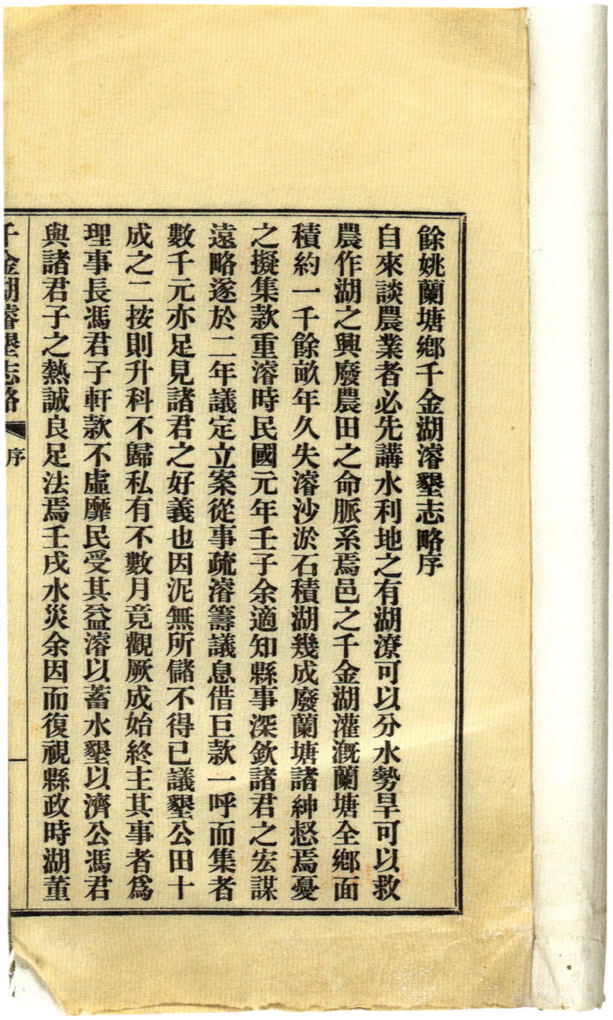

餘姚蘭塘鄉千金湖濬墾志略序

自來談農業者必先講水利地之有湖潦可以分水勢旱可以救
農作湖之興廢農田之命脈系焉邑之千金湖灌溉蘭塘全鄉面
積約一千餘畝年久失濬沙淤石積湖幾成廢蘭塘諸紳懇焉憂
之擬集款重濬時民國元年壬子余適知縣事深欽諸君之宏謀
遠略遂於二年議定立案從事疏濬籌議息借巨款一呼而集者
數千元亦足見諸君之好義也因泥無所儲不得已議墾公田十
成之二按則升科不歸私有不數月竟觀厥成始終主其事者為
理事長馮君子軒款不虛糜民受其益濬以蓄水墾以濟公馮君
與諸君子之熱誠良足法焉壬戌水災余因而復視縣政時湖董

图三：《余姚兰塘乡千金湖浚垦志略》第三叶，陈国材序，记千金湖的历史及因"年久失浚，沙淤石积，湖几成废"而亟需疏浚的形势。

餘姚蘭塘鄉千金湖濬墾志略

餘姚蘭塘鄉議會呈

竊敝鄉千金湖周一千畝有奇湖水流域一以蘭塘自治區域爲
限徵載邑志迄無變更惟久失疎通沙淤石積荒灘強牛灌田雖
多承飲幾絕茲擬濬低蓄水墾高成田估計全湖應濬之處十占
八九應墾之處十居一二庶水量倍增於前而濬費可償於後誠
一舉而兩得也但查此湖曾於道光元年被人於沿湖高阜處私
墾種植爰由十三姓居民禀請石前令立碑禁止此次提議濬墾
並經十三姓公議允洽於本月四日敝會開會議決當請鄉董馮
景周及十三姓各代表孟開成等與敝會三方面訂立合同議據

图四：《余姚兰塘乡千金湖浚垦志略》第六叶，正文首叶，钤"北
京历史博物馆藏"朱文椭圆印。《余姚兰塘乡千金湖浚垦志
略》书中内容多为浚垦千金湖公文，首篇则为地方议会浚垦
千金湖呈文。

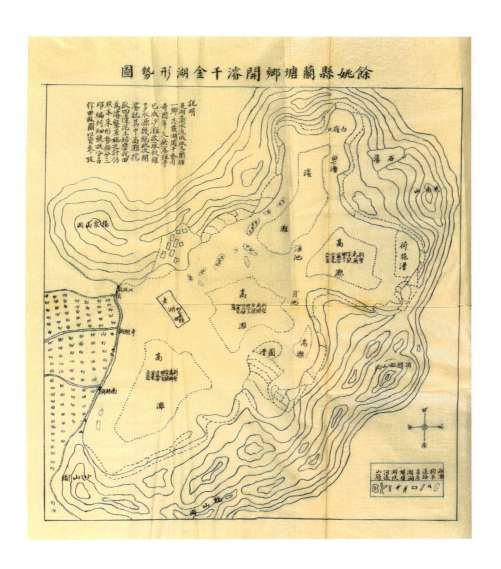

图五：《余姚兰塘乡千金湖浚垦志略》第二十六叶，《余姚县兰塘乡开浚千金湖形势图》。图高 39.3 厘米，宽 35.9 厘米，上北下南，细绘千金湖湖周形貌，湖滩、树木、道路、房屋、湖洞、堰坝、湖堤、河道、山岭等均有专用图示。

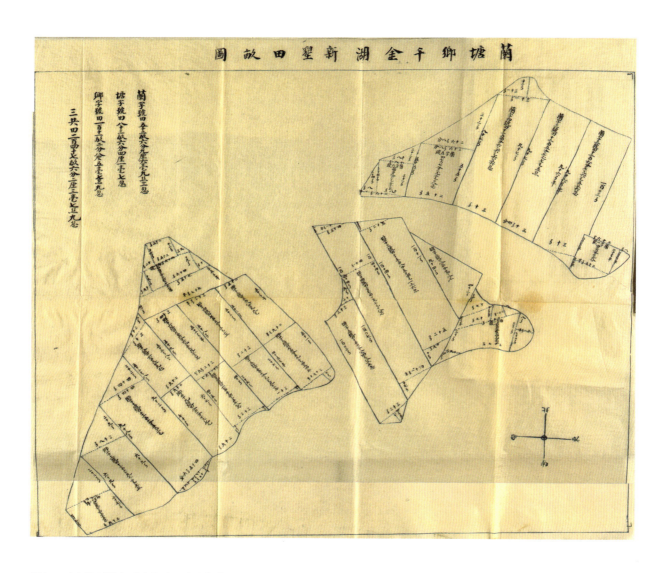

图六：《余姚兰塘乡千金湖浚垦志略》第二十七叶，《兰塘乡千金湖新垦田亩图》。图高 43.2 厘米，宽 53.3 厘米。千金湖浚垦
后新垦田，分兰、塘、乡三字号，合计二百四十七亩六分二厘三毫七丝九忽，计数极细。

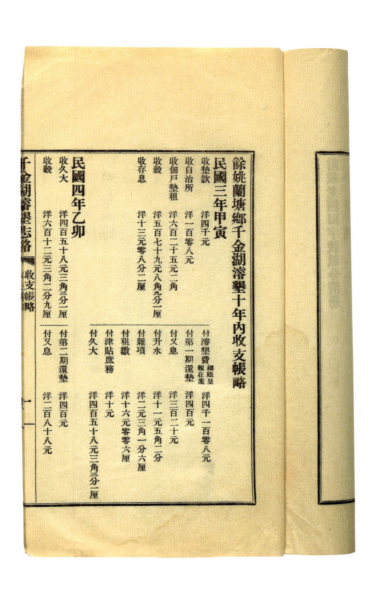

餘姚蘭塘鄉千金湖濬墾十年內收支帳略

民國三年甲寅

收墊款　洋四千元
收自治所　洋一百零八元
收佃戶塾租　洋六百二十五元一角
收穀　洋五百七十九元八角九分二厘
收存息　洋十三元零八分二厘

付濬墾費細賬呈報在案
付第一期還墊　洋四千一百零八元
付又息　洋三百二十元
付升水　洋十一元五角二元
付雜項　洋二元三角一分六厘
付租繳　洋十六元零零六厘
付津貼庶務　洋十元
付久大　洋四百五十八元三角三分一厘

民國四年乙卯
收久大　洋四百五十八元三角三分一厘
收穀　洋六百十二元三角二分九厘

付第二期還墊　洋四百元
付又息　洋一百八十八元

千金湖濬墾志略　收支帳略

图七：《余姚兰塘乡千金湖浚垦志略》第五十三叶，《余姚兰塘乡千金湖浚垦十年内收支帐略》首叶，收支出息均记，反映千金湖水利"浚垦并行"的新尝试。

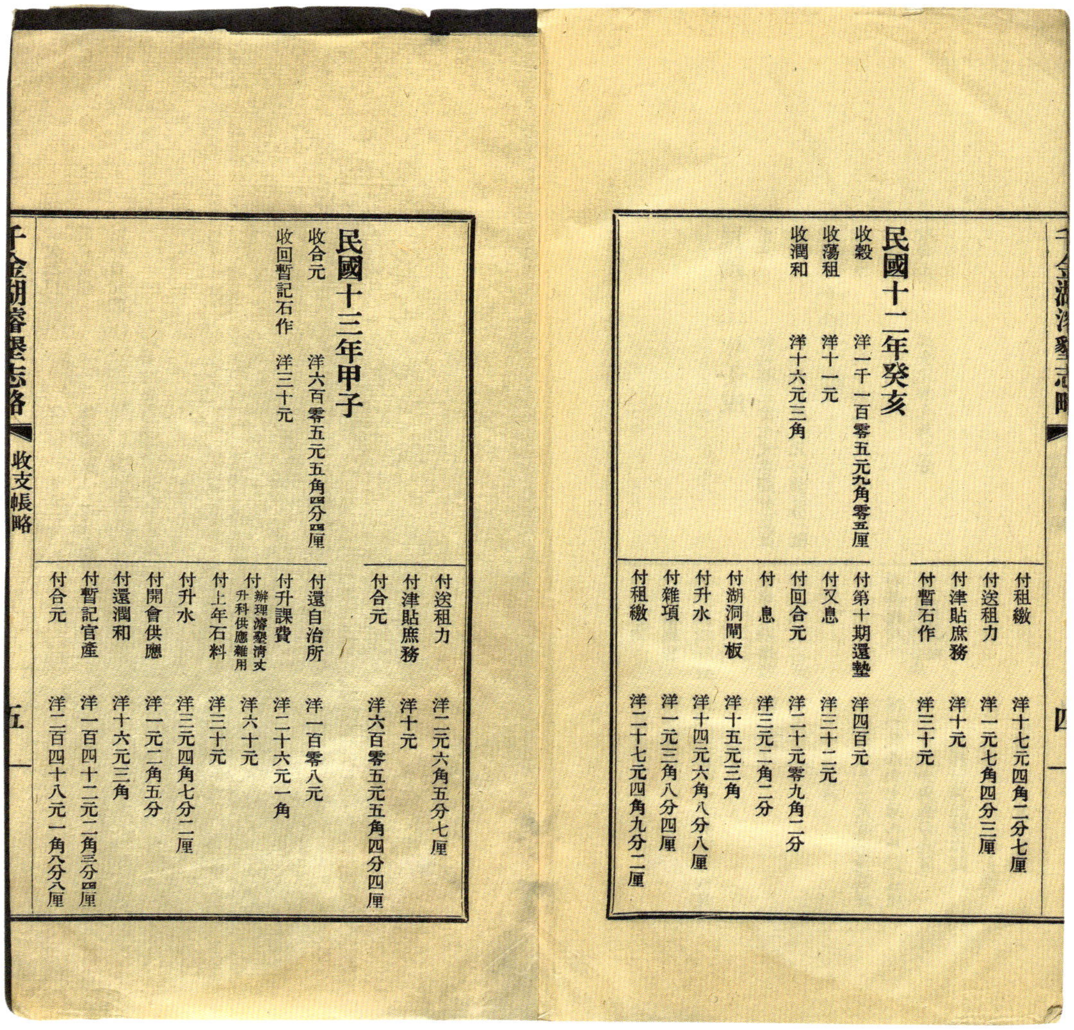

民國十二年癸亥

收穀　洋一千一百零五元九角零五厘
收蕩租　洋十一元
收潤和　洋十六元三角

付租繳　洋十七元四角二分七厘
付送租力　洋一元七角四分三厘
付津貼庶務　洋十元
付暫石作　洋三十元

付第十期還墊　洋四百元
付又息　洋三十二元
付回合元　洋二十元零九角二分
付息　洋三元二角二分
付湖洞閘板　洋十五元三角
付升水　洋十四元六角八分八厘
付雜項　洋一元三角八分四厘
付租繳　洋二十七元四角九分二厘

四

民國十三年甲子

收合元　洋六百零五元五角四分四厘
收回暫記石作　洋三十元

付送租力　洋二元六角五分七厘
付津貼庶務　洋十元
付合元　洋六百零五元五角四分四厘

付還自治所　洋一百零八元
付升課費　洋二十六元一角
付辦理濬墾清丈升科供應雜用　洋六十元
付上年石料　洋三十元
付升水　洋三元四角七分二厘
付開會供應　洋一元二角五分
付還潤和　洋十六元三角
付暫記官產　洋一百四十二元二角三分四厘
付合元　洋二百四十八元一角八分八厘

千金湖濬墾志略　收支帳略　五

图八：《余姚兰塘乡千金湖浚垦志略》第五十七叶，《余姚兰塘乡千金湖浚垦十年内收支帐略》。本书所记起于民国二年（1913），终于本叶提及的“民国十三年”。

【民国】玉芝园志

《玉芝园志》不分卷，许祖禧辑。民国十八年（1929）十二月许祖禧刻本。

一册四十六叶。书高 26.3 厘米，宽 17.5 厘米。框高 23 厘米，宽 15 厘米。四周双边，白口，单黑鱼尾，无界栏。正文半叶十一行，行二十一字；跋文半叶九行，行十五字。版心上记书名，下记叶次。封面"南昌市政府筹备处民国二十九年八月检阅济"蓝文圆形印、"检阅人章大申"蓝文长方形印系日伪政府时期所钤，此外有"北京历史博物馆图书室"蓝文椭圆印，首叶钤"章大申印"朱文方印。此书印刷 100 册，未见著录，目前仅知有江西南昌藏书家王令策私人收藏。

许祖禧（1909—1986），字汪度，以字行，江西省南昌府奉新县（今奉新市）人，系玉芝园修建者许振祎次孙，1926 年江西南昌私立鸿声中学毕业，从事过教师、律师等职业。

玉芝园位于今江西省奉新县赤田镇高冈村，是晚清官员许振祎修建的私家园林。许振祎（1828—1899），奉新人，字伟人，号仙屏。咸丰初年以拔贡生为曾国藩幕僚，参与镇压太平天国起义。同治二年（1863）中进士，授编修，历任陕甘学政、江宁布政使，光绪十六年（1890）任东河河道总督，二十一年（1895）改广东巡抚。

戊戌变法期间裁撤广东巡抚，他乞假回籍，次年病逝，谥号"文敏"。

许振祎任陕甘学政时，于同治十一年（1872）在家乡修建了宅第"恩养堂"，次年又在其左侧引山泉为池，建造水榭、亭台，命名为玉芝园，园林占地约 50 亩，有主要景观 24 处。20 世纪 50 年代时，玉芝园主体建筑尚存，曾用作小学，1973 年被彻底拆毁。

国家博物馆藏《玉芝园志》目录前有许振祎五十岁画像、玉芝园分图 4 幅、全图 1 幅、许振祎光绪二年（1876）序文。正文分记、赋、诗、词、联文五部分，辑录许振祎的亲友、门生为玉芝园所作文 5 篇、诗词 144 首以及景观题联 65 副，卷末有许祖禧跋语。

许振祎早岁喜以诗文会友，又多年提督学政，其故旧、门生中不乏当时的著名文士学士，《玉芝园志》收录有沈文荧、高心夔、陈琅等人所作诗文，其中一些篇目仅见于此。许祖禧辑录此书，意在"园以文传，文以园著"，今玉芝园虽已不存，但通过园志，仍可窥见当年园中景观与文会盛况之一斑。

撰文：贾浩

图一：《玉芝园志》不分卷，一册，许祖禧辑，民国十八年十二月许
祖禧刻本。

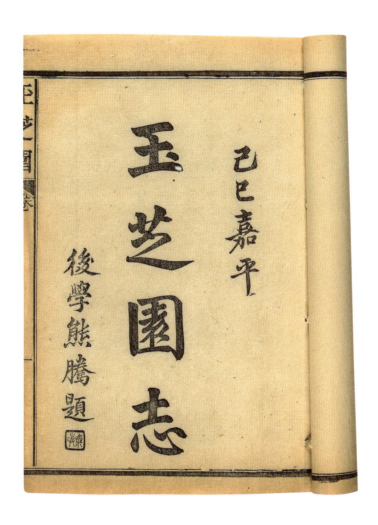

图二：《玉芝园志》第九叶。题字者熊腾（1871—1942），字粟海，号万松，晚号兀翁，江西省新建县（今南昌市新建区）人。光绪二十九年（1903）举人，官至北京内城地方审判厅推事。民国后居乡，专心致力于书画诗文。

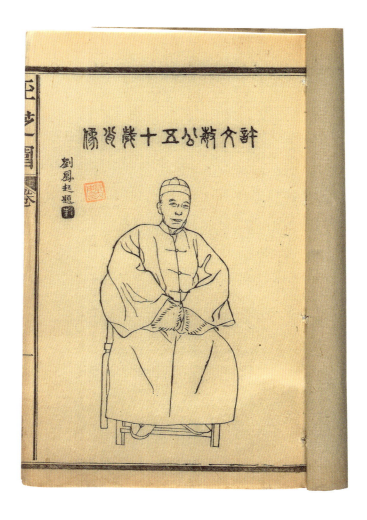

图三：《玉芝园志》卷首《许文敏公五十岁肖像》。绘图者刘凤起
（1867—1933），字木林，晚号贞庐老人，今江西省南城县人。
清光绪二十九年进士，民国元年（1912）任江西民政司长，
工诗词书画，民国十一年（1922）定居上海，以书画自给。

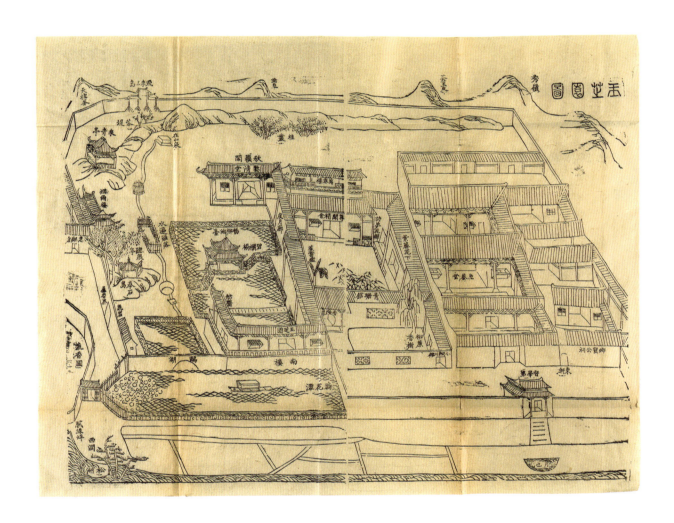

图四：《玉芝园志》第六、七叶间夹叶《玉芝园全图》，由图可见玉芝园为祠堂、住宅、园林一体的建筑群落。

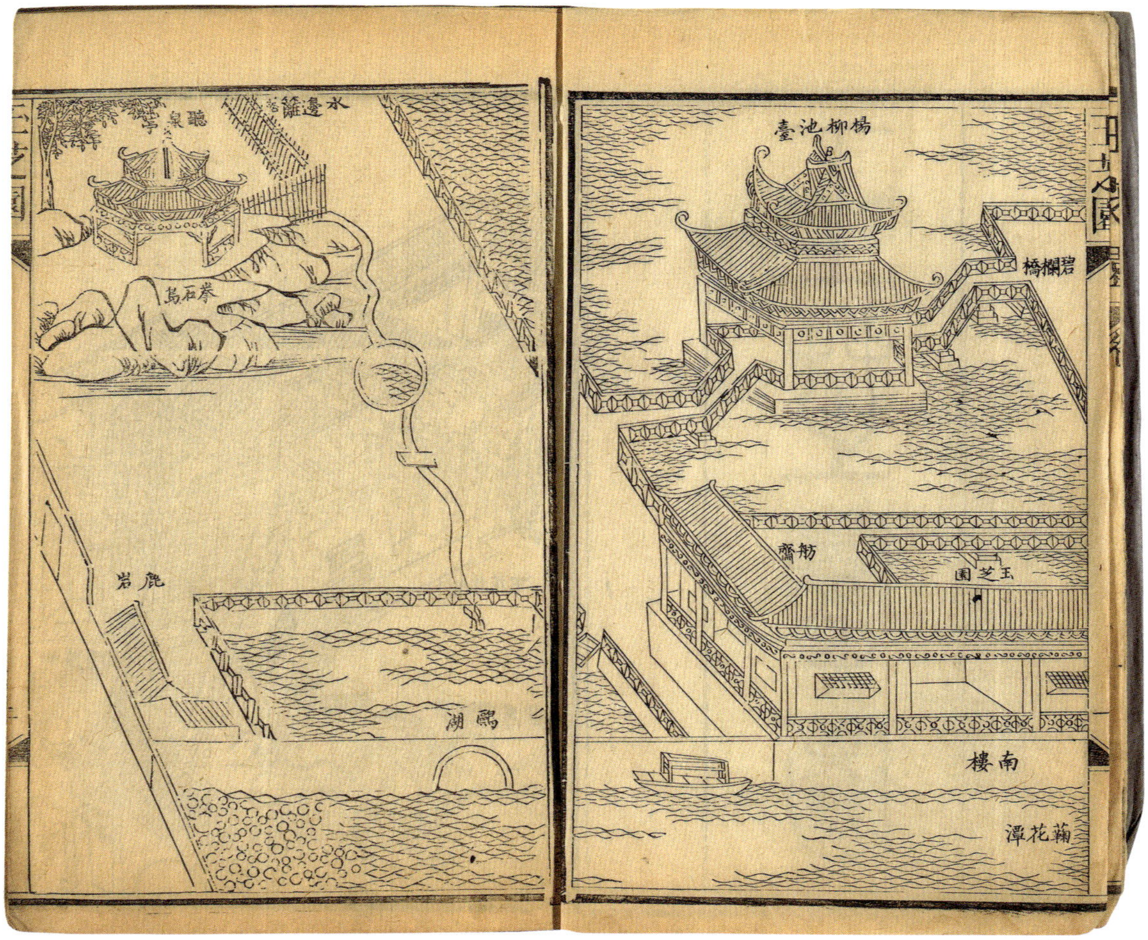

图五：《玉芝园志》第二至三叶。玉芝园园林南部分图，许振袆及友人多次在诗文中称赞南楼为全园观景最佳处。

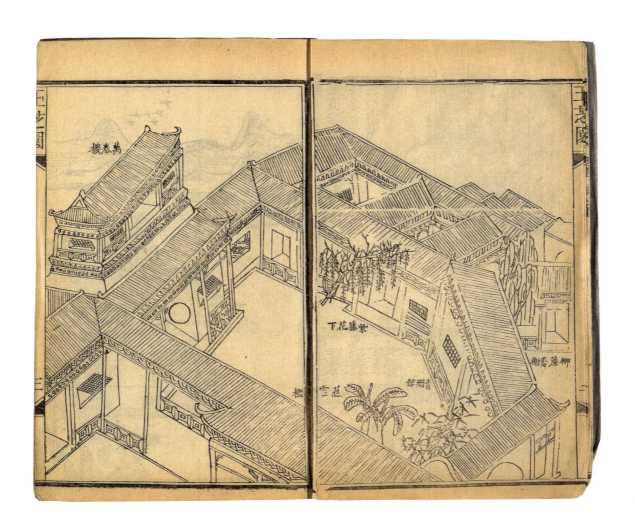

图六：《玉芝园志》第三至四叶。玉芝园东侧住宅部分图，图中万卷楼为清末民初南昌地区较为知名的藏书楼。

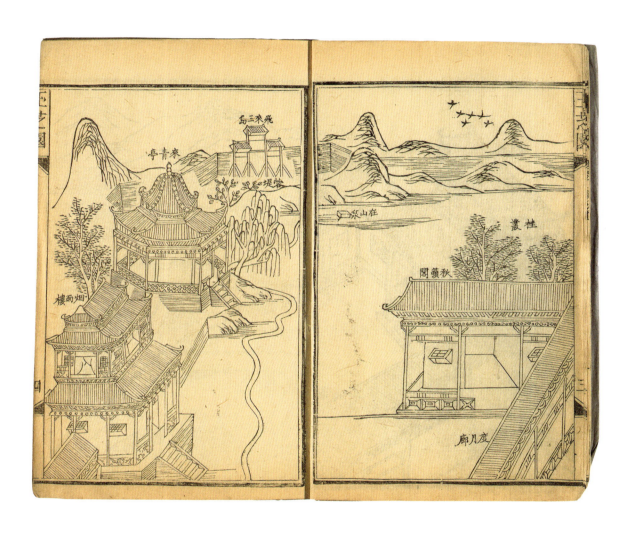

图七：《玉芝园志》第四至五叶。玉芝园园林北部分图，图中"在山泉"提供了玉芝园景观用水。

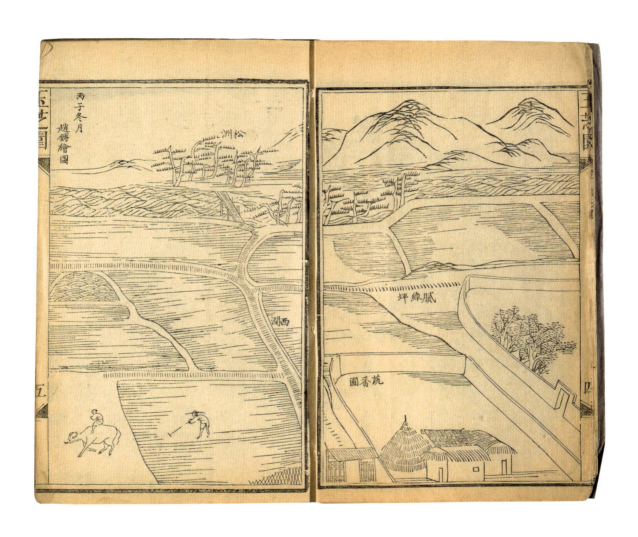

图八：《玉芝园志》第五至六叶。玉芝园西侧分图，图中"腻绿坪""蔬香圃"均为兼具生产功能的景观。

【民国】中江第一桥志

《中江第一桥志》五卷，张若骝、张竹卿辑，民国十九年（1930）木活字印本，方槭卿、杨羽仪、张允升刊行。

四册，首册（卷一）六十八叶，第二册（卷二）八十二叶，第三册（卷三、卷四）一百叶，第四册（卷五）七十六叶。书高 22.8 厘米，宽 14.8 厘米，框高 18.3 厘米，宽 13.2 厘米。半叶九行，行十八字。四周双边，白口，双黑鱼尾。版心上记书名，下记卷次、叶次（首册无叶次）。封面题名"湖泖山中江第一桥志"。每册首叶钤"北京历史博物馆藏"朱文长方印。第四册第三叶有杨羽仪墨笔校勘批注，钤"羽仪"白文椭圆印。本书印量不多，存世稀少，除国家博物馆外，目前仅知还有浦江县博物馆收藏。

张若骝（1878—1929），字子骏，浙江省金华府浦江县马鞍山（今属浦江县郑宅镇安山村）人，清同治河南道监察御史张景青之孙，附贡生。他是中江第一桥工程的主要组织者之一[1]，后于宣统元年（1909）当选浙江省咨议局议员，1912 年至 1917 年任浙江省议会议员，晚年罢政乡居，以诗酒会友，1928 年结"湖山吟社"。[2]有《学海楼前后诗钞》二十卷、《佳社诗存》四卷。

张竹卿，钟士瀛《民国浦江县志稿》作张凤毛，浦江县人，筑桥时担任司账，张若骝称"当会计，称既廪，则张君凤毛力居其最"。为"湖山吟社"成员。

中江第一桥位于浦江县浦南街道湖山村，又名湖山桥，南北向横跨浦阳江。浦阳江全长 150 千米，发源于浦江县花桥乡蛇高岭南路岭脚（海拔 450 米），北流至萧山闻堰注入钱塘江。[3]浦江县地处江水上游，河道弯曲，水流湍急，洪涝灾害频繁。光绪三十年（1904），清廷因慈禧太后七十寿辰，颁旨奖励各地修理捐造桥梁道路，浦江县官绅计划在浦阳江上建造新桥（后建成浦阳桥）。张若骝曾参与商议，因选址意见不合，遂与从祖张荐青、族叔张狮岩等人成立桥董局，募集资金三万五千余元，在湖山、泖山对峙处江面另建一桥。该桥由张狮岩设计并主持建造，光绪三十二年（1906）竣工，系十孔半圆形石拱桥，全长 150 米，桥面宽 5.7 米，桥高 10 米，第五孔墩墙上碑刻"中江第一桥"五个大字。[4]张若骝还用建桥余款加上自出资金和他人捐款，于光绪三十年在桥南建公立湖山高等小学堂。桥成后，又在周边建造浣江楼、得月楼、留芳阁、南浦亭、受书亭等多所亭台楼阁，供行人休息赏景。中江第一桥曾长期充当浦江东南乡前往县城的交通枢纽，至今仍可通行，1984 年被列为浦江县文物保护单位。[5]

张若骝、张竹卿在世时即对建桥文献资料加意收集，张若骝去世后，当地士绅于 1930 年将其付梓以作纪念。全书分五卷，卷首目录后有钟士瀛《中江第一桥志序》，第一卷载碑记、董事题名、章程、艺文。第二卷录捐户姓名及捐款数额。第三卷、第四卷记各项用工用料款项。第五卷详述各杂项开支及桥梁、学校、岁修助产田地的位置和面积。据目录记载，卷首应有桥图一幅，但书中未见有图。

中江第一桥长度仅次于金华通济桥、缙云贤母桥，是浙江省长度名列第三的古石拱桥，在我国桥梁史上有一定地位，被《中国科学技术史·桥梁卷》收录，《中江第一桥志》对其工料情况记载详尽，是研究此桥建筑构造的宝贵资料。

撰文：贾浩

注释：

1. 张文德主编：《浦江文化志稿》，浙江人民出版社，2012 年，第 407 页。

2. 钟士瀛主编：《民国浦江县志稿》卷十九，浦江县县志编纂委员会办公室，1985 年，第 555 页。

3. 《中国河湖大典》编纂委员会编著：《中国河湖大典·东南诸河、台湾卷》，中国水利水电出版社 ，2014 年，第 27 页。

4. 朱惠勇：《中国古船与吴越古桥》，杭州大学出版社，2000 年，第 202 页。

5. 中国人民政治协商会议、温州鹿城区委员会文史资料委员会编：《浦江文史资料》第 3 辑，1986 年印刷，第 95 页。

图一：《中江第一桥志》五卷，四册，张若骝、张竹卿辑，民国十九年刻本。

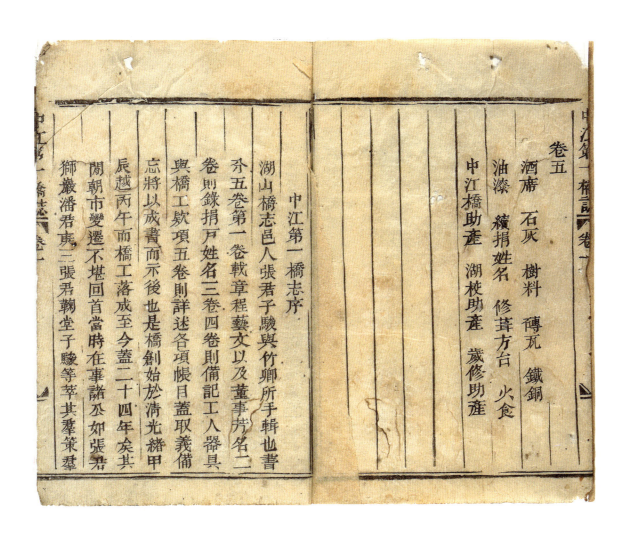

卷五

酒席　石灰　樹料　磚瓦　鐵銅

油漆　續捐姓名　修葺方台　火食

中江橋助產　湖枝助產

　　　　　　　歲修助產

中江第一橋志序

湖山橋志邑人張君子驥與竹卿所手輯也書

分五卷第一卷載章程藝文以及董事芳名二

卷則錄捐尸姓名三卷四卷則備記工人器具

與橋工欵項五卷則詳述各項帳目蓋取義備

忘將以戒薑而不後也是橋創始於清光緒甲

辰越丙午而橋工落成至今蓋二十四年矣其

閱朝市變遷不堪回首當時在事諸丞如張君

獅巖潘君庚二張君鞠堂子驥等莘其羣策羣

图二：《中江第一桥志》卷首载《中江第一桥志序》。作者钟士瀛（1864—1942）号莱州，廪生出身，曾任浙江省立第
　　　七中学国文教师，浦江地方文史学者。本文亦收入他于1935年至1942年编订的《民国浦江县志稿》中，文字略
　　　有不同。

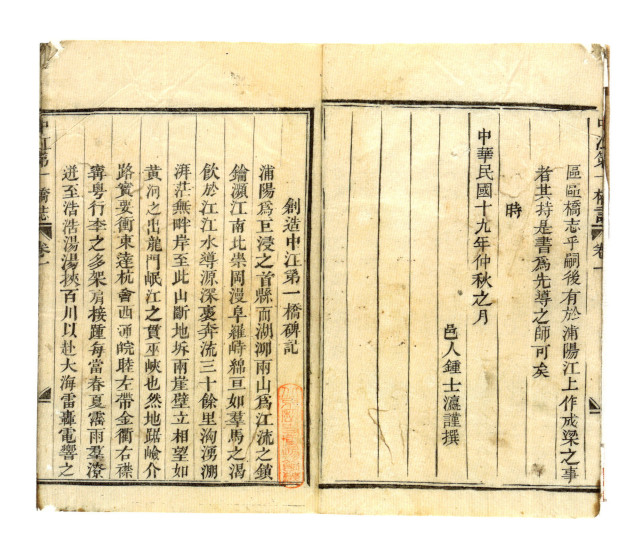

图三：《中江第一桥志》卷一首叶。张若骝所作《创造中江第一桥碑记》。

也謹引　計開章程

一此項公事出入甚鉅凡董事者均宜協力同心毋相推諉

一凡董事自興工至告成止無論司錢司賬勸捐督工在局者均宜自備新水至送洋來局幷因橋局公事至者酌量遠近備飯其尤遠者留宿而閒遊往來者概不借飯

一總竿須定正副二人正者公出副者在局副者公出正者在局則局中與局外庶能兼理不至有顧此失彼之虞

一司錢須定五六十人若每人墊出洋一百元彙計有五六千金墊出洋二百元彙計有一萬餘金則公事可以隨時辦理不至躭悞卽司錢之任亦可稍輕

一司帳須定六人以二人為一班十日交換其交換之日須俟下班到局則上班以出入賬日逐一對向結筭方可交卸以免遺悞再至

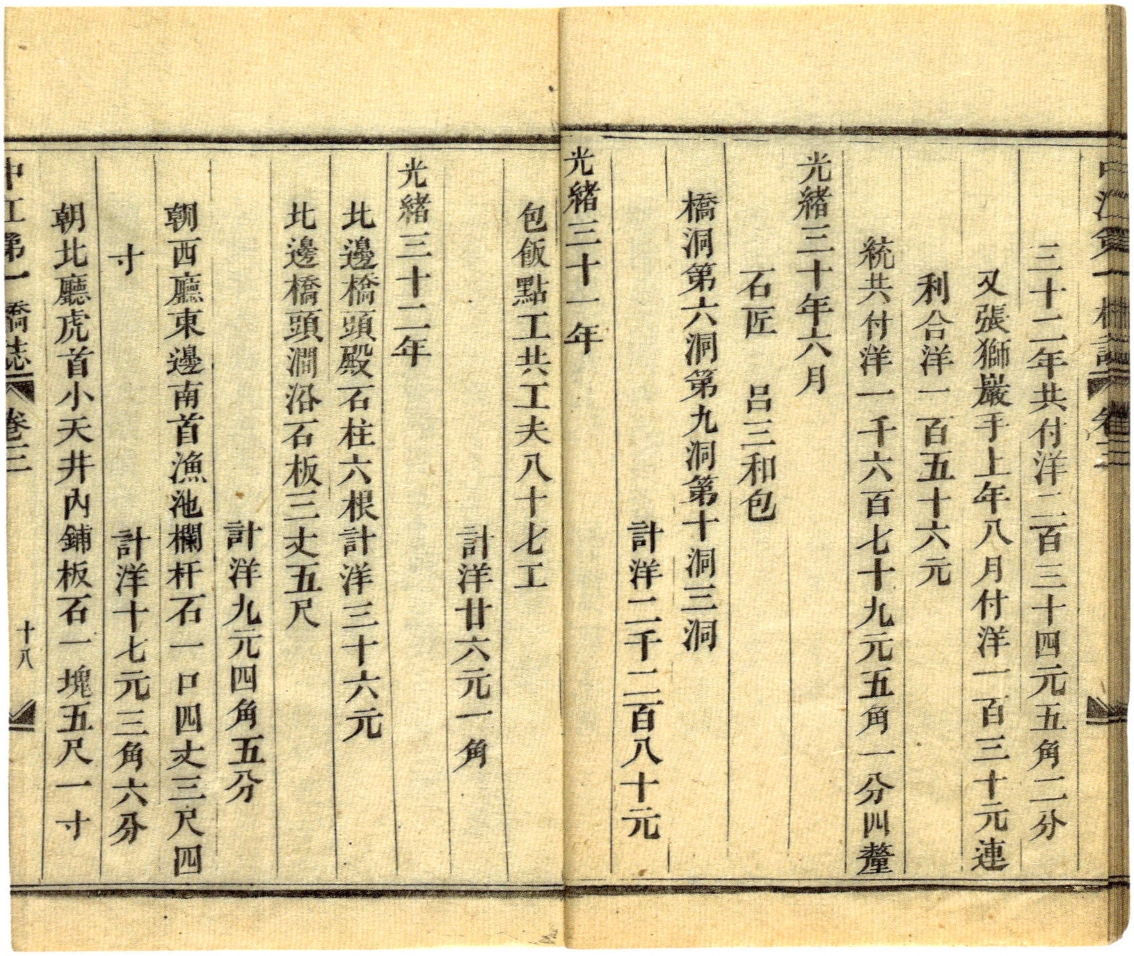

中江第一桥志 卷三

三十二年共付洋二百三十四元五角二分

又張獅巖于上年八月付洋一百三十元連

利合洋一百五十六元

統共付洋一千六百七十九元五角一分四釐

光緒三十年六月

石匠　呂三和包

橋洞第六洞第九洞第十洞三洞

計洋二千二百八十元

光緒三十一年

包飯點工共工夫八十七工

計洋廿六元一角

光緒三十二年

比邊橋頭殿石柱六根計洋三十六元

比邊橋頭澗泑石板三丈五尺

計洋九元四角五分

朝西廳東邊南首漁池欄杆石一口四丈三尺四寸

計洋十七元三角六分

朝北廳虎首小天井內鋪板石一塊五尺一寸

《中江第一橋志》卷三

十八

图五：《中江第一桥志》卷三第十七叶。桥洞第六、九、十三洞的工料记录节选。中江第一桥工程采取分包制，《中江第一桥志》第三、四卷详细记载了各段包工者姓名及工料费用。

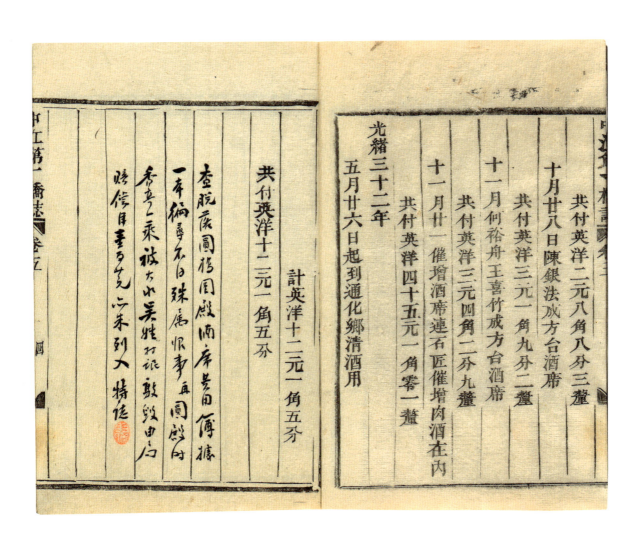

图六：《中江第一桥志》卷五第四叶。出版者杨羽仪关于桥工酒席费用的批注。

【民国】北海公园统计汇览

《北海公园统计汇览》，题北海公园委员会编印。民国二十七年（1938）七月铅印本。

一册四十一页。书高25.5厘米，宽17.5厘米。首页附图钤"中央历史博物馆藏书印"朱文方印。此书除国家博物馆外，目前仅有国家图书馆和北京市档案馆收藏。

该书实际编纂者为祁仲鸿。祁仲鸿，字鹤翙，河北大兴（今北京市大兴区）人，1917年至1919年就读于北京大学国文系，1917年冬与北大学生杨湜生、罗常培等人共同发起成立了"北京大学书法研究社"，1925年7月任北海公园筹办处书记员，后任北海公园事务所文牍员。

自1914年朱启钤将社稷坛改为中央公园起，前清皇家园林、坛庙相继被辟为公园，对民众开放。1916年，北洋政府内务总长许世英首倡开放北海为公园，因时局动荡，提案屡遭废止。1925年，京都市政公所组织北海公园筹办处，同年8月1日，北海公园正式向游人开放。1925年11月，北海公园董事会成立，下设评议部与事务部，总揽公园一切事宜，其中事务部除经营管理外，还负责每季度编写收支报告、事务报告，呈送市公署和各董事。

北平沦陷后，原董事会事务部建筑股委员吴承湜于1938年2月出任伪临时政府北平特别市公署秘书长，为显示其对北海公园"兴革整治"的"成绩"，以公园报告"无综核之记载"为由，提议编制统计汇览。据1938年《北海公园事务委员会报告》记载，董事会决议由祁仲鸿将历年报告汇总成统计图表，于7月中旬编成，经助理员毕垚生、舒永椿校勘后，交京城印书局印刷300册，除呈送伪市公署10册外，还分送各文化机关、本园董事会委员，其余存于园中，备各处征求参考之需。

本书由北海公园董事会副主席傅增湘题写书名，董事会首任主席、伪北京市长江朝宗题词，吴承湜作序。卷首附有园图一幅，主要内容有：组织系统表、售券数目统计（十四年至二十六年）、免费参观人数统计（同前）、游人数目统计（同前）、经费收入统计（同前）、经费支出统计（同前）、建筑统计（同前）、树艺统计（同前）、招租房屋统计（同前）、营业游船历次招商统计（十四年至二十五年）、自营游船各项统计（二十六年）、各项水产收益统计（十五年至二十六年）、保管划船统计（十四年至二十六年）、图书室各项统计（二十四年至二十六年）、董事人数统计（十四年至二十六年）、职员人数统计（同前）、园工人数统计（同前）。

本书利用表格、曲线图、柱状图和饼状图等形式，直观展现了北海公园开放14年间的发展变化，可视为一部简略的园志，书中丰富的统计数据是研究北海公园开放初期情况的宝贵资料。同时，本书被有意安排在"七七"事变一周年之际出版，也是日本侵华历史的物证。

撰文：贾浩

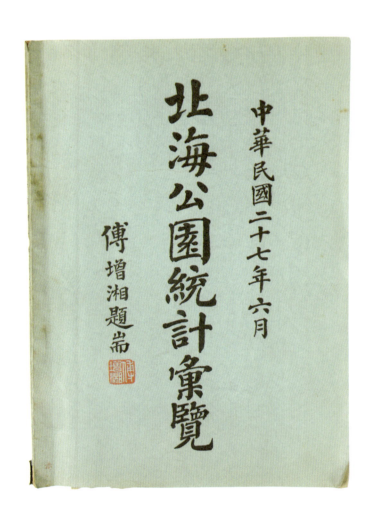

图一：《北海公园统计汇览》，一册，题北海公园委员会编印，民国
二十七年铅印本，本页为傅增湘题书名。

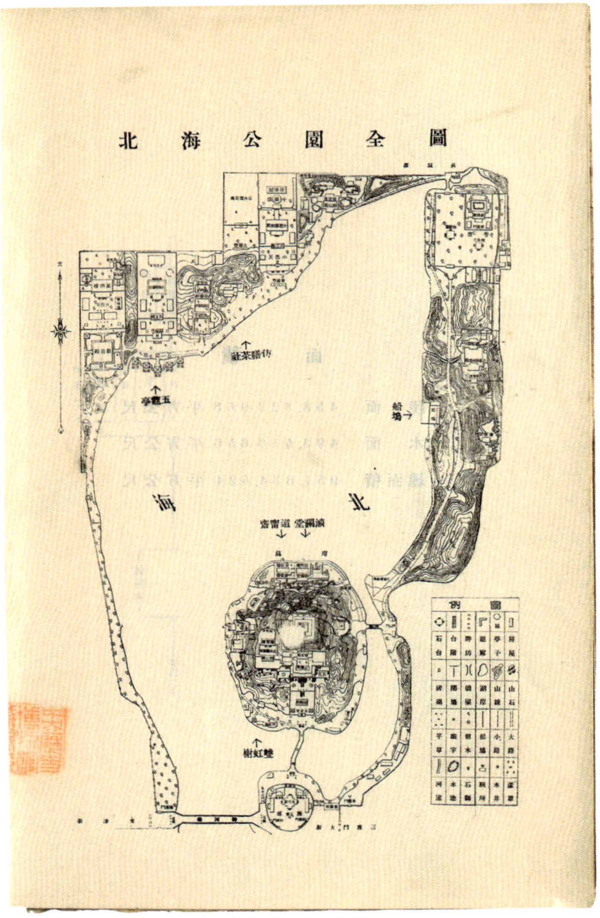

图二：《北海公园统计汇览》卷首。《北海公园全图》。

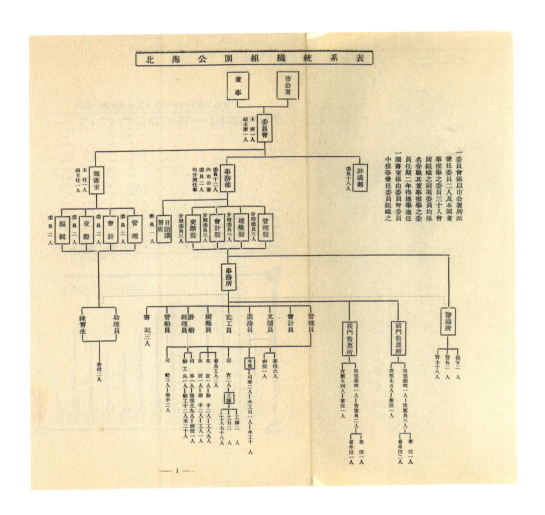

图三：《北海公园统计汇览》第 1 页。《北海公园组织统系表》，该表反映了北海公园开放初期管理机构的组织情况，日语讲习班为北平沦陷后新增。

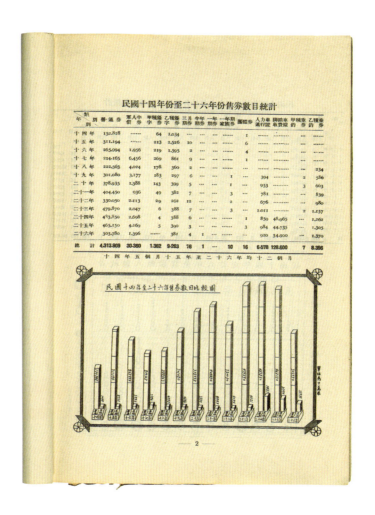

图四：《北海公园统计汇览》第 2 页。《民国十四年份至二十六年份售券数目统计》，该表反映了北海公园开放 13 年间历年游客数量变化情况。

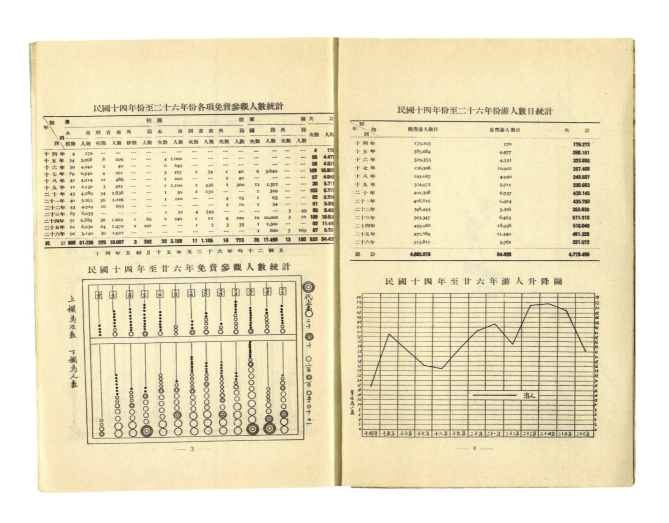

图五：《北海公园统计汇览》第 3 至 4 页。民国十四年份至二十六年份游人数量分类统计图表。

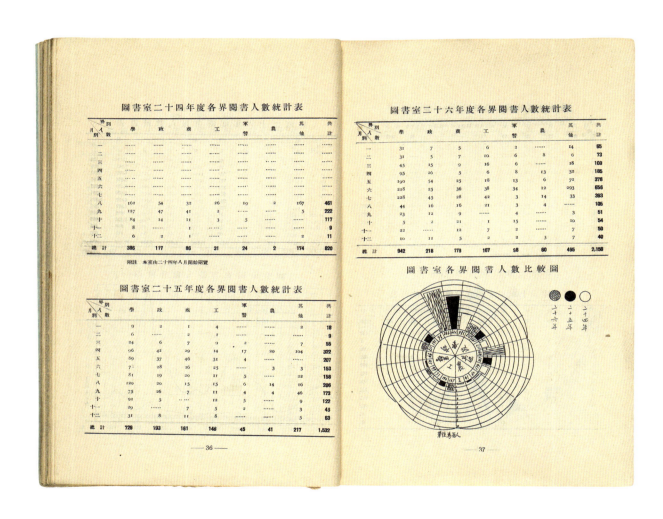

图六：《北海公园统计汇览》第 36 至 37 页。北海公园图书室《各界阅书人数统计表》，可见当时读者以学界人士居多。

参考书目

中国科学院图书馆选编：《稀见中国地方志汇刊》，中国书店，1992 年。

《著名图书馆藏稀见方志丛刊》，国家图书馆出版社，2006—2017 年。

李欢主编：《故宫博物院藏稀见方志丛刊》，故宫出版社，2012 年。

罗琳主编：《中国科学院情报文献中心藏稀见方志丛刊》，国家图书馆出版社，2014 年。

（明）张居正：《新刻张太岳先生文集》，明万历（1573—1620）刻本。

（明）孙文龙等纂修：《万历承天府志》，明万历三十年（1602）刻本。

（明）徐阶等纂修：《明世宗肃皇帝实录》，明刻本。

（清）神穆德撰：《潭柘山岫云寺志》，清乾隆间刻本。

（清）神穆德撰，（清）释义庵续辑：《潭柘山岫云寺志》，光绪九年（1883）增刻本。

（清）倪宪章等总理：《浦阳千乘龙池倪氏重修宗谱》，光绪十六年（1890）刻本。

（清）江峰青修，顾福仁纂：《重修嘉善县志》，光绪十八年（1892）刻本。

（明）聂心汤纂：《钱塘县志》，光绪十九年（1893）刻本。

（清）吴汝纶：《深州风土记》，光绪二十六年（1900）文瑞书院刻本。

敷文社编：《最近官绅履历汇录》，1920 年铅印本。

山东历史博物展览会编：《山东历史博物展览会报告书》二编，1923 年。

牛占诚督修，周之祯总纂：《茌平县志》，1935 年。

行政院农村复兴委员会编：《浙江省农村调查》，商务印书馆，1935 年。

（明）杨士奇等编著：《文渊阁书目》，商务印书馆，1937 年。

北京市档案馆藏：《北海公园事务委员会报告》二十七年七月一日至九月三十日止，档案号：J077—001—00092。

（伪）河北省公署秘书处编：《河北省冀东道县知事会议纪事》，（伪）河北省公署秘书处印刷，1938 年。

（伪）冀东道公署编：《冀东道统计概要》，（伪）冀东道公署印刷，1939 年。

黎锦熙撰：《方志今议：城固县志续修工作方案》，1939 年铅印本。

余正东修，黎锦熙纂：《洛川县志》，1944 年铅印本。

北京大学五十周年筹备委员会：《国立北京大学历届同学录》，国立北京大学出版部，1948 年铅印本。

《武强贺氏家谱》，民国间（1912—1949）贺氏朱丝栏抄本。

权量：《适园老人年谱》，民国铅印本。

北京图书馆、首都图书馆主编：《北京地方文献联目录（初编）》，油印本，1959年。

（清）永瑢等撰：《四库全书总目》，中华书局，1965年。

郭立志：《桐城吴先生（汝纶）年谱》，沈云龙主编：《近代中国史料丛刊》第73辑，文海出版社，1972年。

赵尔巽等著：《清史稿》，中华书局，1977年。

（清）卢廷俊修，（清）颜希圣、（清）何深纂：《雍正连平州志》，广东省连平县档案馆图书馆，1980年油印本。

中国地方志协会、吉林省图书馆学会编辑：《中国地方志总论》，吉林省图书馆，1981年。

（晋）皇甫谧：《帝王世纪》，中华书局，1985年。

中国科学院北京天文台：《中国地方志联合目录》，中华书局，1985年。

钟士瀛主编：《民国浦江县志稿》卷十九，浦江县县志编纂委员会办公室，1985年油印本。

崔建英编：《日本见藏稀见中国地方志书录》，书目文献出版社，1986年。

黄苇主编：《中国地方志词典》，黄山书社，1986年。

中国第一历史档案馆，北京大学图书馆、故宫博物院图书馆、中华书局影印：《清实录》，中华书局，1986年。

万斯年：《西域闻见录之版本与著者》，收于北京图书馆同人文选编委会编：《北京图书馆同人文选1912—1987》，书目文献出版社，1987年。

来新夏主编：《中国地方志综览1949—1987》，黄山书社，1988年。

《中国方志大辞典》编辑委员会编：《中国方志大辞典》，浙江人民出版社，1988年。

刘声木：《桐城文学渊源撰述考》，黄山书社，1989年。

中央档案馆等编：《浙江革命历史文件汇集（地县文件）一九三一年——一九三六年》，内部出版，1989年。

邱关鑫、黄燕生编纂：《中国历史博物馆古籍善本书目》，中国书店，1990年。

政协高唐县文史资料委员会编：《高唐文史资料》第四辑（内部参考），1990年。

兰溪市市志编纂委员会办公室编：《兰溪编志补遗》，1992年。

中国人民政治协商会议浙江省东阳市委员会文史资料委员会编：《东阳文史资料选辑第11辑》，1992年。

（明）归有光：《震川集》，上海古籍出版社，1993年。

（清）黄汉纂：《瓯乘补》，《中国地方志集成·浙江省专辑》第58册，上海书店，1993年。

魏廉主编：《浙江古今建筑》，上海科学技术文献出版社，1993年。

新兴县地方志编纂委员会编：《新兴县志》，广东人民出版社，1993年。

徐世昌：《大清畿辅先哲传》，北京古籍出版社，1993年。

余姚市政协文史资料委员会、余姚市教育委员会编：《余姚文史资料第11辑教苑春秋》，余
姚市政协文史资料委员会，1993年。

中国历史博物馆陈列部编制：《中国通史陈列展品项目及说明》，1993年。

洛川县地方志编纂委员会：《洛川县志》，陕西人民出版社，1994年。

江津县志编辑委员会编：《江津县志》，四川科学技术出版社，1995年。

黎泽渝：《黎锦熙年谱》，收入《汉字文化》1995年第2期。

金恩辉，胡述兆主编：《中国地方志总目提要》，台湾汉美图书有限公司，1996年。

纪稾缘、虞桃秀主编：《中华学府志·四川卷》，中共中央党校出版社，1998年。

武威市市志编纂委员会编：《武威市志》，兰州大学出版社，1998年。

邓洪波、彭爱学主编：《中国书院揽胜》，湖南大学出版社，2000年。

陕西省地方志编纂委员会编：《陕西省志·著述志》，三秦出版社，2000年。

朱惠勇：《中国古船与吴越古桥》，杭州大学出版社，2000年。

（清）吴汝纶撰：《吴汝纶全集》，黄山书社，2002年。

中国历史博物馆图书资料信息中心编：《中国历史博物馆藏普通古籍目录》，北京图书馆出版社，
2002年。

东阳市作家协会编：《东阳名村志》，2004年。

刘廷銮、孙家兰编著，《山东明清进士通览·清代卷》，山东文艺出版社，2004年。

王国平主编：《西湖文献集成》，杭州出版社，2004年。

江庆柏：《清代人物生卒年表》，人民文学出版社，2005年。

山东省图书馆编：《山东省地方志联合目录》，中国文联出版社，2005年。

杨奎松：《一九二七年南京国民党"清党"运动研究》，收于《历史研究》2005年第6期。

昌平县志编纂委员会编：《昌平县志》，北京出版社，2007年。

方志钦、蒋祖缘主编：《广东通史·古代》，广东高等教育出版社，2007年。

（澳）费克光撰，王玉祥译：《〈承天大志〉与嘉靖皇帝》，收于田澎、王玉祥、杜常顺主编：
《第十一届明史国际学术讨论会论文集》，天津古籍出版社，2007年。

王兴亮：《爱国之道 始自一乡——清末民初乡土志书的编纂与乡土教育》，复旦大学历史系
中国古代史博士学位论文，2007年。

瞿冕良编著：《中国古籍版刻辞典》，齐鲁书社，2010年。

张岱年主编：《中国哲学大辞典》，上海辞书出版社，2010 年。

浙江省通志馆编、浙江省地方志编纂委员会整理：《重修浙江通志稿标点本》，方志出版社，2010 年。

方祖猷编：《宝静法师年谱》，宗教文化出版社，2011 年。

叶树望编：《姚江碑碣》，浙江古籍出版社，2011 年。

政协定西市安定区委员会校注：《重修定西县志校注》，甘肃文化出版社，2011 年。

（清）傅恒等撰：《钦定皇舆西域图志》，文渊阁《四库全书》影印本，北京出版社，2012 年。

（清）阮元等撰，冯立昇、邓亮，张俊峰校注：《畴人传合编校注》，中州古籍出版社，2012 年。

（明）徐象梅撰：《两浙名贤录》，浙江古籍出版社，2012 年。

张文德主编：《浦江文化志稿》，浙江人民出版社，2012 年。

张亚群编：《自强不息 止于至善——厦门大学校长林文庆》，山东教育出版社，2012 年。

中国古籍总目编纂委员会：《中国古籍总目》，中华书局、上海古籍出版社，2012 年。

北京市档案馆编：《北京档案史料·北京的名山名园》，新华出版社，2013 年。

（明）刘应钶，沈尧中纂：《嘉兴府志》，上海古籍出版社，2013 年。

王令策：《稀见的私家园林——玉芝园与〈玉芝园志〉》，收入许怀林主编：《江西文史》第 7 辑，江西人民出版社，2013 年。

吴立梅：《悠悠东阳》，上海交通大学出版社，2013 年。

许怀林主编：《江西文史》第 7 辑，江西人民出版社，2013 年。

朱志先：《〈兴都志〉与〈承天大志〉纂修考述》，收于《中国地方志》，2013 年第 7 期。

霍艳芳：《中国图书官修史》，武汉大学出版社，2014 年。

《中国河湖大典》编纂委员会编著：《中国河湖大典·东南诸河、台湾卷》，中国水利水电出版社，2014 年。

江飞主编：《大师》，南京大学出版社，2015 年。

李新：《中国教科书发展史丛书·百年中国乡土教材研究》，知识产权出版社，2015 年。

郭立暄：《中国古籍原刻翻刻与初印后印研究》，中西书局，2015 年。

后　记

　　2017 年 12 月，当将所有的底稿和图像交付出版社时，我为数月来魂牵梦系的工作终于告一段落感到轻松，也深为成书即将面临评判和检验而忐忑。从在校求学时起，方志学就是我感兴趣并致力于研究的方向。2013 年 7 月到国家博物馆工作后，数年来我专注于学校象牙塔式研究与工作实践的转变，在方志研究上没有太多成果。图书馆原主任黄燕生先生是方志研究领域的专家，一直提醒我关注馆藏方志，拓实研究基础，将以往的所学所思与实物联系起来。馆藏稀见方志的研究，也是黄燕生先生率先提出的题目。

　　"中国国家博物馆馆藏文献研究系列丛书"是为贯彻国家博物馆"学术立馆"的办馆方针，更好地利用第一次文物普查的成果，充分发掘馆藏文献的史料价值而决定出版的学术研究丛书。2017 年 5 月 19 日下午，陈成军副馆长第一次询问馆藏方志以往的研究基础，以及是否可以作为系列丛书的首卷出版。尽管当时我对于研究丛书的具体形式和工作难度还没有头绪，但是怀着传承图书馆前辈学者研究传统的心愿，以初生牛犊不怕虎的勇气，近于莽撞地决定接下这次任务。

　　在《馆藏稀见方志》编纂工作启动之时，对于图书的出版流程、内容形式和参与人员的职责等问题，我都十分茫然。幸好馆领导非常重视这一系列研究丛书的出版，给予了很多指点和帮助。尤其是陈成军副馆长更是一直勤抓不辍，无论是出版单位的联系沟通，内容质量的要求把关，还是版式形式的选定，甚至于格式统一和图像处理等细节，都与我们大家进行认真的沟通。这也是馆藏稀见方志研究能够如期出版的关键原因。

　　《馆藏稀见方志》是系列丛书的首卷，未有前例可作参考。但是所有参与研究出版工作的图书馆同事都同心协力，尽心尽职，特别是参与撰稿的贾浩、李靖、李静等几位同仁更是在撰写过程中一直不断地摸索、学习、尝试和整理。对于提要和论文撰写过程中遇到的任何问题，大家都会互相帮助，集中讨论解决方法，有时还要去其他研究机构寻求、搜罗相关资料。图书馆几任负责人，尤其是张志华副主任作为部门主要负责丛书出版的领导，多方帮助我们提高文稿的学术质量，并为保证编纂和出版进度经常与各方协调。黄燕生先生作为熟知图书馆馆藏的地方志研究专家，对所有文稿都进行了仔细的审读和批点。半年多来的学习和讨论使我在方志学研究上受益匪浅，前辈和同仁的辛勤付出更让我每每感动。

　　古籍图书的拍照和扫描是馆藏方志研究中文字撰写之外的另一项重要内容。在未尝试出版之前，我并不知此项工作是如此繁难和细琐。为了让古籍文物更真实地展示出原貌，图书馆的黑梦岩、孙碧佳两位同事一直陪伴我不断尝试，其间为了保证图片质量，甚至曾经数次更换所有图片，重新构图采集。在版式设计过程中，展览一部的刘洋老师也不厌其烦地运用自己的专业知识和过往的出版经验不断提供建议和设想。正是因为有了这些同仁的帮助，才使得《中国国家博物馆馆藏文献研究系列丛书·稀见方志》今日能够以这样的质量出版。

由于才疏学浅，我们这次馆藏稀见方志研究也存在一些缺憾。比如，舆图等一些地理文献是否能够纳入到研究的范畴中；有些资料系外埠的研究机构所藏，以至于我们在此次研究中无法提及或进行深入探讨，等等。但是我们坚信，馆藏稀见方志的研究出版，一定会提高部门所有研究人员尤其是广大青年才俊对馆藏文献的研究兴趣和学术水平，真正传承前辈学者优良的学术传统，使文献研究成为大家毕生的梦想和追求，使科研工作在图书馆蔚然成风。

林 璜

图书在版编目（CIP）数据

稀见方志 / 吕章申主编. -- 北京：北京时代华文
书局，2018.1
（中国国家博物馆馆藏文献研究系列丛书）
ISBN 978-7-5699-2020-8

Ⅰ.①稀… Ⅱ.①吕… Ⅲ.①地方志—介绍—中国
Ⅳ.①K290

中国版本图书馆CIP数据核字(2017)第297464号

中国国家博物馆馆藏文献研究系列丛书
稀见方志

主　　编：吕章申
出 版 人：王训海
责任编辑：余　玲　徐敏峰
出版发行：北京时代华文书局 (http://www.bjsdsj.com.cn)
地　　址：北京市东城区安定门外大街138号皇城国际A座8层
邮　　编：100011
发 行 部：010－64267120　010－64267397
印　　制：北京雅昌艺术印刷有限公司
开　　本：635×965　1/16　印张：21　印数：1000册
版　　次：2018年1月第1版　2018年1月第1次印刷
书　　号：ISBN 978-7-5699-2020-8
定　　价：380.00元